匠人营国

张晓虹 著

中 国 历 史 上 的 古 都

The Ancient
Capitals and Cities
in
Chinese
History

江苏人民出版社

图书在版编目(CIP)数据

匠人营国：中国历史上的古都/张晓虹著. —南京：江苏人民出版社,2020.8
ISBN 978-7-214-16775-0

Ⅰ.①匠… Ⅱ.①张… Ⅲ.①都城(遗址)—介绍—中国 Ⅳ.①K928.5

中国版本图书馆CIP数据核字(2019)第203465号

书　　　名	匠人营国：中国历史上的古都
著　　　者	张晓虹
策 划 编 辑	石　路
责 任 编 辑	石　路
责 任 校 对	孟　璐
装 帧 设 计	刘葶葶
出 版 发 行	江苏人民出版社
地　　　址	南京市湖南路1号A楼,邮编:210009
照　　　排	江苏凤凰制版有限公司
印　　　刷	苏州市越洋印刷有限公司
开　　　本	652毫米×960毫米　1/16
印　　　张	16.75　插页4
字　　　数	180千字
版　　　次	2020年8月第1版
印　　　次	2021年11月第2次印刷
标 准 书 号	ISBN 978-7-214-16775-0
定　　　价	58.00元(精装)

(江苏人民出版社图书凡印装错误可向承印厂调换)

目　录

引　言　1

上编　考古与传说时代

第一章　城·市——早期城市的起源　2
一　致天下之民　7
二　造郭以守民　16
三　聚天下之货　19

第二章　都·邑——夏商周都城　22
一　夏都二里头遗址　22
二　盘庚迁殷与殷墟的发现　27
三　武王伐纣与丰镐二京的建立　31
四　营建成周　37

中编　古　都

第三章　京·师——国都的确立与转移　40
一　定都之议　40
二　四塞之地长安与四方之中洛阳　52
三　天下之枢开封　58
四　南北往复　62

第四章　都·京——首都与陪都　71
　　一　东西二京　71
　　二　五京制度　73
　　三　京师拱卫　82

第五章　城·郭——都城形态的演变　90
　　一　匠人营国　90
　　二　居主奥区　96
　　三　承天之序　110
　　四　万世之邦　118

第六章　里·坊——都城社会的发展　148
　　一　闾里阛阓　148
　　二　坊肆谨严　151
　　三　绣筛相招　160
　　四　勾栏瓦舍　178

下编　城　市

第七章　市·镇——城市与经济　184
　　一　宋代草市　186
　　二　明清市镇　195

第八章　水·城——城市与交通　211
　　一　水陆会通　211
　　二　运河城市　221
　　三　江海通津　229

第九章　中·外——城市与中外交流　235
　　一　丝路城市　235
　　二　开埠城市　242

引 言

按照中国传统,中华文明史起自三皇五帝时期,号称"中华文明五千年"。我们或可认为三皇五帝不过是中华共同体形成之初"王天下"的代表人物。[1] 但在传说中,神农曾有"石城十仞,汤池百步,带甲百万,而亡粟,弗能守也"[2]的事件发生。另一位传说中的人物黄帝,据说也曾"为五城十二楼"。[3] 大禹的父亲鲧更有"鲧做城郭"[4]之说流传下来。这些记载或传说其实都表达了一个意思:在中华共同体形成初期,城就相伴而生了。

更重要的是,这些传说都被当代的考古发现间接证实。近年来考古发现的大量城址,暗示着那些传说并非无本之木。目前已发现的黄河中游地区山陕蒙交界地区大量的龙山文化时期的石城,长江中游地区属屈家岭文化到石家河文化时期的诸城址,长江上游地区属宝墩文化时期的诸城址以及长江下游的良渚特大城址等,从时间上来看似乎都属于三皇五帝传说时代的城。

在人类社会早期,城与国往往合为一体,一城大多就是一

---

[1] 参见吕思勉:《先秦史》第6、7章,上海古籍出版社1962年版。
[2]《汉书》卷24《食货志上》。
[3]《汉书》卷25《郊祀志下》。
[4]《世本·作篇》。

国,一国更多的只有一城。这些国或城分散在神州各地,规模、形式并不见得都相同,但相互之间却总有些联系,或争战、或交易,就在这分分合合、纠结不清的过程中,最终形成中华共同体,城也就成为这一民族共同体重要的物化标志。[①]

到了夏商时期,中华共同体已经稳步发展,并在中心地带的河洛地区首先建造了最早的都城。被认为是夏代都城遗址的二里头遗址位于河南偃师,而商的早期都城亳,位于今河南偃师,后来再迁到今河南郑州,史称隞,再迁至今河南安阳洹水畔的相城。这些城池从目前考古发掘的情况来看,都规模宏大、雄伟壮丽。除了这些位于黄河流域的大型都城外,长江流域这一时期也出现不少的城址,甚至这些城址的规模与出土的文物并不逊色于河洛地区的都城,其中最典型的是浙江余姚良渚遗址、广汉三星堆遗址,以及湖北黄陂的盘龙城遗址。

夏商之后的西周,在武王伐纣,尤其是在周公平叛三监之乱后,封建诸侯,以屏藩周。各诸侯就国后所做的第一件事就是兴建王城。而周公率先垂范,在洛水之滨兴建成周。由于周王室推崇"大聚",所以,各国诸侯纷纷兴筑大城,并延续了外郭内城的制度。再到后来,狼烟四起的战国时代更是进入了修城的高潮时期,在《左传》中我们就可以常常看到"城"某地的记载。这里的"城"是动词,也就是修筑城墙、兴建城市之意。

秦灭六国,一统天下,建立了第一个皇权专制的中央集权制国家,并改西周实行的分土而治的封建制为分民而治的郡

[①] 曲英杰:《古代城市》,文物出版社 2003 年版,第 4—5 页。

县制。秦虽二世而亡,但其制度却为西汉政权所继承。汉兴之初,高祖刘邦即"令天下县、邑城"。① 据此,全国兴起了一波筑城的风潮,这一记载也为考古出土所证实:西至后来为武帝所征服的河西地区,东到沿海,南到岭南,北抵阴山,到处都有汉代古城的发现。不过,除了皇都长安,以及西周延续下来的诸侯国都外,大多数郡县邑城规模狭小,与后世的通都大邑相比,不足为道。不过,话又说回来,在当时即便是通都大邑,也多没有规划,基本上是因地制宜,因陋就简。甚至连国都长安,也不过是一个宫殿集中分布、官署杂错其间的城区,城墙是在多年后才修建起来的。至于所谓的"南象南斗,北象北斗"的斗城之说,其实不过是西汉长安在将修建城墙时,因建城区域形状不规则,城墙不得不曲折避让的结果,并没有后世所描述得天花乱坠的理念蕴含其中。

但是,在汉武帝"罢黜百家,独尊儒术"后,儒学从此成为统治阶层主导意识形态,都城的实体建设也就发生了根本的改变。尽管两汉都还来不及将儒家的礼制完全贯彻到都城规划与都城建设中,但这一理念却从此深入人心,因此无论是六朝建康,还是曹魏邺都,都力图在城市建设中体现出儒家礼制,把国家意识形态具体化。不过,这一时期真正把儒家礼制运用到都城建设中的巅峰之作却出自鲜卑族所建立的北魏政权,他们所营建的都城洛阳堪称当时最能体现《周礼·考工记》原则的佳作,并显然启发了后来宇文恺营建隋都大兴城的思路。而关于这一点,我们会在后文中详细论述。

唐代,作为中国封建社会的鼎盛时期,国都长安及东都洛

---

① 《汉书》卷1《高帝纪》。

阳城市建筑宏伟壮丽。其规划整齐的坊市，巍峨壮观的宫城，成为当时周边国家，如日本、渤海国和南诏国争相模仿的典范。事实上，唐代的长安确实是将儒家礼制应用到都城规划中的又一个经典之作，它直接承袭了北魏洛阳的规划思想与城市布局理念，并且对后世的都城规划影响深远，尤其是元大都的修建隐约透露出唐长安的影响。

这一时期中国的城市还有一个重要的特征，就是国都之外的城市也得到了长足的发展。长江流域的扬州与益州（今成都）"号为天下繁侈"，其城市规模与经济生活都达到了十分可观的水平。事实上，这也是我国经济重心南移的一个重要表征，由此反映出经济活动已开始在城市发展中居于重要位置。

宋、辽、金、元是中国城市发展史上的重要阶段。从都城规划上，出现了元大都这样完美地实现了《周礼·考工记》儒家礼制的都城；与此同时，地方经济的发展，催生了大批地方城市，其规模与地位可与都城分庭抗礼。因此，这一时期是从唐代到明清时期的重要转折时期。

被西方汉学家称为"帝国晚期"的明清时期，城市发展进入到一个新的阶段。城市规划方面虽没有创新，但地方城市的兴起，使得城市在全国经济中占据了十分重要的地位，尤其是市镇经济的发展，几乎成为这一时期最重要的经济特征。在这一阶段的末期，列强的进入，沿海、沿江地区开埠城市的出现，则完全改变了中国城市的旧有格局与景观，成为学者所称的"镶嵌在老式长袍四周的新式花边"。

上编 考古与传说时代

第一章　城·市——早期城市的起源

　　城市是社会经济发展的必然产物。也就是说,当社会经济发展到一定阶段,必然会出现城市。这是马克思主义唯物史观的看法。

　　一些治城市史者又在经济因素之外增加了技术和文化因素。如美国著名的城市理论学家刘易斯·芒福德认为城市"由村庄演化而来,村庄连同周围的田园,构成了新型聚落。人们渐渐学会了制陶、灌溉、耕作,建成了最初的房屋、圣祠、蓄水池、公共道路、集会场地。人类这一系列技术发明和改造自然的行为就是后来形成城市的一个重要组成部分,它是先于城市进行的。"而澳大利亚历史学家柴尔德则在城市形成因素中,加入了文化要素:他指出聚落规模、人口规模和大型建筑、剩余产品的出现、阶级的分化、文字的发明、社会组织的出现是早期城市的特征,这其中大型建筑和文字明显属于文化的范畴。①

---

① 柴尔德:《城市革命》,载孙逊、杨剑龙主编:《都市文化研究》第6辑《网络社会与城市环境》,三联书店2010年版。

第一章
城·市——早期城市的起源

　　具体到中国早期城市的特征,学术界争论不休,并没有形成完全一致的看法。著名考古学家张光直先生认为中国早期城市应该有五大特征:防御性的夯土城墙、战车、兵器;政治性的宫殿、宗庙与陵寝;宗教性的祭祀法器与祭祀遗址;经济性的手工业作坊和形态性的聚落在定向与规划上的规整性。① 这一总结是张光直先生基于他对商代城址的考察得出的。另有一些学者不完全同意这一观点,或强调要从中文"城市"涵义出发,即城市必须是同时具备军事防御与经济贸易两大功能的聚落形式。②

　　由上述关于城市起源的争论中我们可以看出,对城市的认识并非是简单的形态学的意义,以考古学为基础的学者大多是将城市起源置于文明和国家的探源中考量,城市的起源往往成为判断国家政体存在的依据,在一个区域中追溯原始村落到城址的发展历程,实际意义在于探索人类历史早期的社会演变轨迹。③ 而以历史学为基础的学者,则更拘泥于传统文献中的含义以及与后世城市功能之间的历史关联。

　　正是基于这样不同背景的学术考量,在多年激烈而严肃的讨论之后,对中国城市起源的认识逐渐汇总为两种意见:一种意见认为,原始社会后期的龙山文化,就已出现了城市,因为考古学家已经在中国各地发现了大量龙山文化的古城址,表明当时的人类已经有能够组织修建大型工程的社会机构,社会形态也不再简单,甚至可能已形成国家的雏形,这些城就

---

① 张光直:《关于中国初期"城市"这个概念》,载张光直著:《中国青铜时代》,三联书店1999年版。
② 郭正忠:《城郭·市场·中小城镇》,《中国史研究》1989年第3期。
③ 陈淳:《聚落考古与城市起源研究》,《杭州师范大学学报》2014年第1期。

是各个社会组织的权力中心,这样的城可视为早期的城市①;第二种意见认为,中国早期城市出现于原始社会的第一次大分工之后,早于农业与手工业相分离的第二次社会大分工。并且认为人类社会的第二次大分工并不是手工业与农业的分离,而是城乡分工和脑力劳动与体力劳动的分工。②

其实,这两种意见并没有本质上的不同:前者是从考古学出发,后者强调的是社会组织已有一定的复杂程度。但我们从目前发现的大量龙山文化的城址来看,其规模巨大,不仅有防御性的城墙,而且城址内部有明显的职能分区,以这样的城址状况,如果其社会组织没有发生农业和手工业的分工是不可想像的。

早期的人类,由于征伐不断,所以必须建立有效的防御体系,以保存自己的实力,因而就形成了在居住地区修筑城墙的特点。但是修筑城墙与社会组织之间必须有一定的联系。这一点古人早已认识到,如早期典籍《黄帝内传》《世本》《淮南子》《吴越春秋》等就记载"筑城以卫君,造郭以守民",其中筑城是"卫君"的,君是社会组织的管理者,有君就说明已有一定的社会分工,社会组织已经有一定的复杂程度。

从目前我国的考古发掘报告来看,我国筑城的历史非常悠久。虽然在新石器时期的仰韶文化和龙山文化时期都有聚落遗址发现,但明显的是仰韶文化聚落遗址以村落为主,如半坡遗址比较有代表性。其聚落虽然有防御性的沟壕围绕,遗址中部亦有一公共建筑,但整体来看,聚落内部以居住房屋为

---

① 张喜庆、王立华:《中国早期城市起源理论初探》,《兰州学刊》2017 年第 3 期。
② 何一民:《第一次"城市革命"与社会大分工》,《甘肃社会科学》2014 年第 5 期。

第一章
城·市——早期城市的起源

主,没有专门的手工业作坊和特定功能的区域。因此判定这是一个以农耕渔猎为主的村落遗址。仰韶文化遗址大多如此,反映出这一时期尚未出现明显的社会分工,社会结构也比较简单。而龙山时期的城址不同,大多建有规模宏大的墙体,甚至有学者认为龙山文化时期是我国城郭之制孕育、形成的重要时期。① 遗址内部有明显的区域功能分异,并且不少遗址还发现有大型手工业作坊遗迹和宫殿遗迹。这样的聚落遗址,明显已有早期城市的功能与职责。虽然大型的史前城址广泛分布在我国南北方,但以黄河流域为主,约有40余座。②

后期城市的主要要素——商品交易,也就是市场,开始时和城没有太直接的关系。《世本·作篇》中有颛顼时"祝融作市"。唐代学者颜师古对此注称:"古未有市,若朝聚井汲,便将货物于井边货卖,曰市井。"这是说早期的市场,只是进行物物交换的场所,大多数情况是人们就近在每天汲水的井边进行交易,并没有专门的场所,最多也是与今天的农贸市场或农村集市相似,与城的关系不大:前者为了"买卖",后者为了"盛民",互不相干。

至于与后世内涵完全一致的城市,在中国最晚应该出现在西周时期。著于战国时代的《易·系辞》中有十分明确的表述:

> 包牺氏没,神农氏作,列廛于国,日中为市,致天下之民,聚天下之货,交易而退,各得其所,盖取诸噬嗑。

---

① 张国硕、王琼:《史前夏商城址城郭之制分析》,《中原文物》2014年第6期。
② 曲英杰:《古代城市》,文物出版社2003年版,第11页。

匠人营国
中国历史上的古都

在这段文字中的"噬嗑"是卦名,意为设法以合物,也就是彼此合宜的意思。国即为国都,廛则是市场。城、市首次在这里合二为一。更重要的是,这段文字强调了都城中的经济功能:致天下之民,聚天下之货。还有一个文献证据是被认为成书于西周时期的《周礼》,其中有"司市"之名,说明市场的设立和管理已成为政府行政职能的一部分,而且也明确了这一职司的管理职责:"平市""均市""止讼""去盗""除诈"等。这一时期国都的市场已是一个固定的场所,按时启闭,定时交易。《周礼·司市》中如是说:

> 大市日昃而市,百族为主;朝市朝时而市,商贾为主;夕市夕时而市,贩夫贩妇为主。

如此看来,西周时期城市无论是职能还是形态已与后世并无二致,这说明城市在这一时期已完全发育成熟。

不过,我们还要注意一个问题,即中国城市虽然在西周时期已完全形成,其形态与后世基本一致,但在西周的文献中却并没有"城市"这个专用名词。最早将城市连在一起使用,是《诗·鄘风·定之方中》。这首诗在讲到春秋时期卫文公徙居楚丘后,"始建城市而营宫室"。只是这里的城、市各有其意,并不是后来我们常用的"城市"概念。在《战国策》中则有"城市邑"的说法,如《战国策·赵策一》中,赵国曾割"城市邑五十七,命以为齐,而以求安平君而将之"。同一时期,韩国为了阻挡秦国,求救于赵时,许诺"有城市邑十七,愿再拜献之大王"。① 可见,战国时期

---

① 《资治通鉴·周赧王五十三年》。

第一章
城·市——早期城市的起源

流行着城市邑这一名词。对此,宋元间著名学者胡三省在注解《资治通鉴》时,特别解释道:"城市邑,言邑之有城市者,指言大邑也。"显然,这里的"城市"还是有"城"加有"市"的意思。

明确与今城市概念相同的城市名词出现在《韩非子·爱臣》中:"大臣之禄虽大,不得藉威城市。"但,这已到战国晚期了。

一 致天下之民

虽然关于中国城市的形成时代众说纷纭,但是并不妨碍我们从早期古城址的发掘中一窥早期城市的基本特征。

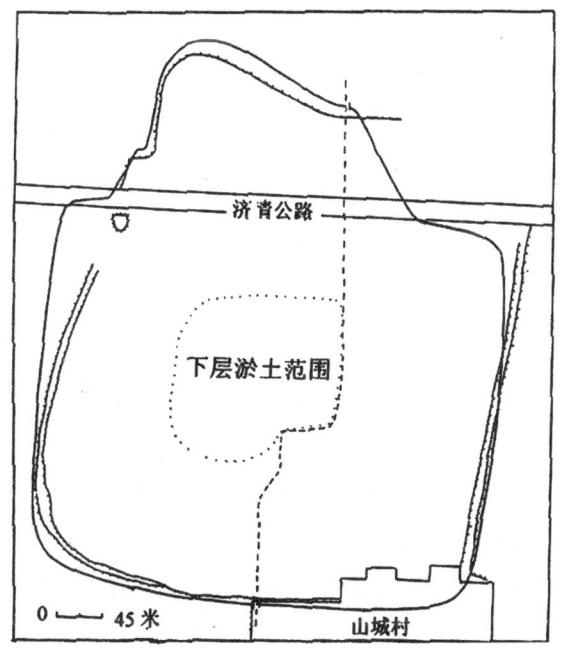

图1-1 山东章丘城子崖史前期城址平面示意图①

---

① 曲英杰:《古代城市》,文物出版社2003年版,第18页。

7

匠人营国
中国历史上的古都

现代考古学一般是将夏代以前划为史前期。对这一时期的城址发掘,早在上一世纪的 30 年代初就已开始,经过考古工作者 80 余年的不懈努力,目前已发现史前期城址 50 余座,①其中最为著名的,也是比较有代表性的就是龙山文化时期的城子崖城址。

城子崖城址位于山东省章丘龙山武源河畔的台地上。1930 年冬,中央研究院与山东省政府合组山东古迹研究会,由著名考古学家李济主持在此进行了首次发掘。参加这次发掘的人员有大名鼎鼎的学者董作宾。第二年 10 月,再由著名考古学家梁思永主持进行了第二次发掘。根据这两次发掘的情况,1934 年由傅斯年、李济、董作宾、梁思永、吴金鼎、郭宝钧、刘屿霞七人编著的《城子崖——山东历城县龙山镇之黑陶文化遗址》一书在南京出版。在这本书的附录中,董作宾将这一出土了漆黑光亮的蛋壳陶的早期文化命名为龙山文化,黑陶也就成为龙山文化的特征之一。而在第三章"建筑之遗留"中,首次描述了城子崖龙山文化古城的特征。

20 世纪 80 年代,山东省文物考古研究所再次对城子崖遗址进行了复探和试掘,由此对龙山文化城有了更为准确的认识:在 30 年代的发掘报告中,城子崖古城南北长约 450 米、东西宽约 390 米,残存的城墙高度在 2—3 米之间,而城基宽约 10.6 米。到了这时考古学家们又重新测量了整个城址,发现城东西长 455 米,南北最大距离 540 米,面积约为 20 万平方米。残存的城墙深埋于地表以下 2.5—5 米,残宽 8—13 米。而且城址也并不十分规则,其北垣弯曲,中部呈弧形外凸,其

---

① 曲英杰:《古代城市》,文物出版社 2003 年版,第 11 页。

余三面城垣平直。城墙由堆筑、版筑结合筑成,拐角呈弧形,属台城类型,墙体壁面外陡内缓。另外,城墙南北互相对应,连以通道。北部外凸的部分地下有大型建筑基址。

据多次考古发掘的考察,学者们发现城子崖的城垣始建于龙山文化早期,也就是公元前 2600 年前后,在经历了整个龙山文化时期后一直延续到夏代。甚至在这个古城址上,还叠加了部分春秋时期的城址。显然,这个城址一直为早期人类所使用。

作为我国文明起源的另一个区域,长江流域在这一时期也出现了大量的城址。位于湖南澧县西北的城头山城址,显然是具有代表性的。

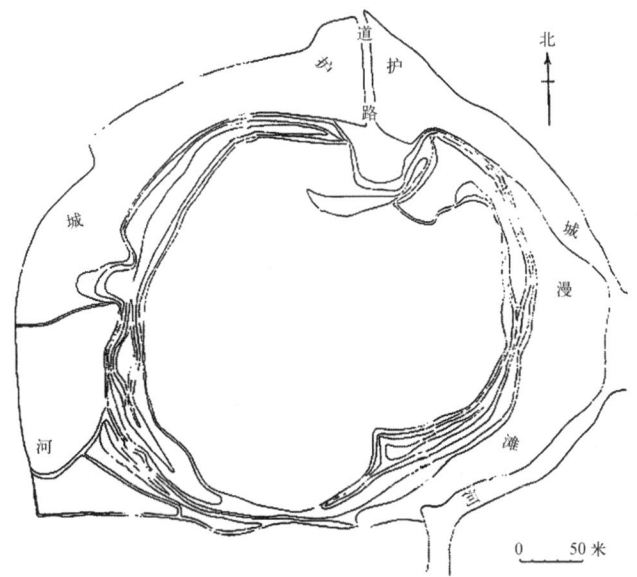

图 1-2　湖南澧县城头山史前期城址平面示意图①

---

① 曲英杰:《古代城市》,文物出版社 2003 年版,第 29 页。

匠人营国
中国历史上的古都

　　城头山城址位于洞庭湖的西北岸,南临澹水,与江汉平原连成一片。这个城址至今仍然突起于地面,遗迹清晰可见。1991年冬,湖南省文物考古研究所单先进等人首先对这个城址进行了调查和试掘,随后何介钧等人加入,先后在这里发掘了8次,自然得到了十分宝贵的资料。

　　根据测量,城头山城址的城墙高出城外平地5—6米,城址平面呈现出相当规整的圆形,这与黄河流域的城址有很大的区别。城址的外圆直径约325米,内圆直径在314—324米之间,城址总面积约为8万平方米。在城址的东、南、北三面中部各开一个门,东门底部发现有卵石路面。但北面似乎不同,现在看来北面地势最低,内有一个直径约30余米的圆形大堰。这个堤堰通过北门与城外护城河连接在一起,所以人们认为北门是一个水门。环绕着城址的护城河又深又阔,宽在35—50米之间,深约4米,对当时的人们来讲,显然是难于逾越。而且护城河部分由人工开凿,还有一部分是利用了自然河道,十分合理。

　　在城头山城址内的中央部位,人们发现了成片的夯土台基,有的房屋甚至建在高达1米多的夯土台基上,看来是有比较高的规格。在城内的东部及西南部也发现有许多房屋的基址,而在西南部居住区内,考古学者们还发现了一条宽2米多,由红烧土铺成的道路,更让人称奇的是道路的两旁还设有排水沟。在东北部发现一处制陶作坊区,这里有多座陶窑,另有许多条取土的坑道、众多的贮水坑和泥坑,甚至还有工棚。这是一个大溪文化制陶作坊区。在城址的西北部等处还发现了大面积的墓葬区,有墓葬五百余座。在东城墙的内侧还有一个祭坛,这个祭坛大体是一个不规整的椭圆形,南北长径约16米,

第一章

城·市——早期城市的起源

东西长径约 15 米,面积超过 200 平方米。在祭坛上有圆形的浅坑、瓮棺葬和土坑墓,在祭坛外也发现了用来置放动物骨骸、陶器、大砾石等的土坑,这些显然是与祭祀活动有关。据考古学家们认定,这个祭坛建造于大溪文化一期,也就是不晚于距今 6000 年的时代,并且一直延续到大溪文化二期偏晚,也就是距今 5800 年左右。可见,城头山古城应当是中国目前所见最早的一座城址了。①

在这些龙山文化的早期城址中,与中华民族早期历史关系最为密切的当属位于陕北黄土高原地区的石峁遗址。

石峁遗址位于陕西省榆林市神木县高家堡镇洞川沟附近的黄土山梁上。上世纪初,居住在附近的人们就在耕地时发现大量玉器。不久,这一消息不胫而走,为外界所知。1929 年,时任德国科隆远东美术馆代表的美籍德国人萨尔蒙尼(A. Salmony)在北京征集到榆林府农民出售的牙璋等玉器 42 件,据称这批玉器为石峁遗址出土。

但由于石峁僻处山陕蒙交界处,并没有受到考古学界的重视,直到 1976 年陕西省考古研究所的戴应新先生才开始正式对石峁遗址进行调查,并在附近征集到一批极具特色的陶器和百余件精美的玉器,发现石峁遗址是一处规模宏大、遗存丰富的龙山文化遗址。随后,1981 年西安半坡博物馆对石峁遗址进行了小规模发掘,1986 年和 2009 年先后有吕智荣和罗宏才对这里进行了踏查和研究,但都没有更进一步的认识。直到 2012 年由陕西省考古研究院、榆林市文物考古勘探工作队以及

---

① 参见湖南省文物考古研究所、湖南省澧县文物管理所:《澧县城头山屈家岭文化城址调查与试掘》,《文物》1993 年 12 期;湖南省文物考古研究所:《澧县城头山古城址 1997—1998 年度发掘简报》,《文物》1999 年第 6 期。

匠人营国
中国历史上的古都

神木县文体局组成的联合考古队对石峁遗址进行了大规模的发掘,挖掘了石峁遗址内城皇城台、外城东门和城内部分遗迹,才在考古学界引起了极大的震动,其超大的城池面积、复杂的城垣结构、数量众多的出土遗物、特殊的地理位置和时段都刷新了人们对新石期晚期史前社会的诸多认识,因此被评为 2012 年度中国考古十大发现之一,2013 年又入选世界考古重大发现。

作为石峁遗址的主要组成部分,石峁城址是在 2011 年区域系统考古调查工作中发现并首次确认的。2012 年,石峁考古队对城圈结构和城垣走向展开了复查,再次确认石峁城址由"皇城台"、内城、外城三部分构成。其中,"皇城台"是四周砌筑层阶状护坡的台城;内城以"皇城台"为中心,沿山势砌筑石墙,形成一个封闭的空间;外城则依托内城东南部的墙体修筑一道不规则的弧形石墙,与内城东南墙结合构成相对独立的外城区域。利用 Arcgis 系统测量及推算,内城面积约 210 万平方米,外城略小,190 万平方米,总面积超过 400 万平方米。①

考古学家们在"皇城台"和内、外两城城墙上均发现城门,内、外城城墙上发现了方形石砌的墩台,外城城墙上还有"马面"、角楼等防御性设施。此外,在外城东门还有壁画、玉铲、人头骨等重大发现。而皇城台的顶部还有大型包石夯土台基、"池苑"、四周有护坡石墙、疑似道路与路堤、大型白灰面石墙房址等重要遗迹和菱形"石眼"、柱础石、纴木、壁画残片等重要遗物。

---

① 陕西省考古研究院、榆林市文物考古勘探工作队、神木县文体局等:《陕西神木县石峁遗址》,《考古》2013 年 7 期。

第一章
城·市——早期城市的起源

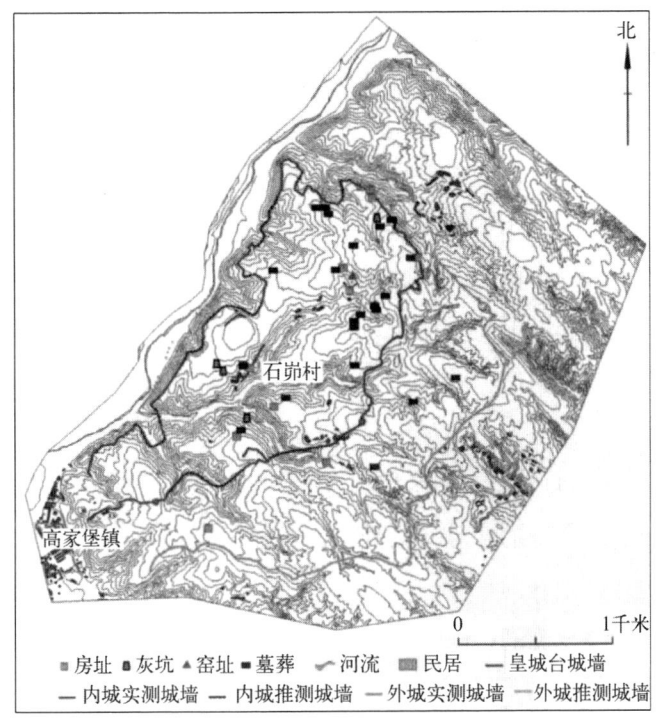

图 1-3　陕西神木石峁城址平面示意图①

根据测年结果及器物特征，石峁城址最早修建的是皇城台和内城部分区域，大约是在公元前 2300 年左右完成；外城大约是在公元前 2100 年前后修成，到公元前 1800 年前后石峁进入衰败期。②

石峁遗址位于黄河之流秃尾河东岸海拔 1100—1300 米之间的梁峁山地上，四望沟壑纵横、地面支离破碎，无法想象在四五千年前这里会有如此规模的大型聚落。但事实上，除

---

① 陕西省考古研究院、榆林市文物考古勘探工作队、神木县文体局等：《陕西神木县石峁遗址》，《考古》2013 年 7 期。
② 邵晶：《试论石峁城址的年代及修建过程》，《考古与文物》2016 年第 4 期。

13

石峁遗址外这一区域还分布有大量新石器时期龙山文化的石城，只是石峁规模宏大的石砌城墙与数量可观的玉器，无疑显示了石峁城在北方文化圈中居于核心地位，对中华民族的起源和早期文明格局的形成都有着重要的意义。

另一个必须提及的龙山时期城址是位于浙江省杭州市余姚区的良渚古城。

从杭州市最中心的武林门往西北方向大约20公里处是余杭区的良渚镇，1936年施昕更先生就是在这里调查发现了良渚遗址。由此再往前10公里则是余杭区的另一个镇——瓶窑镇，出自天目山山脉的东苕溪从镇前流过，瓶窑镇的东面是天目山山脉的余脉和以瓶窑山为主的低山丘陵区，再向东则是逐渐敞开的平原，良渚古城就是在这样一个依山面水的环境中被发现的。

2006年6月至2007年1月，浙江省文物考古研究所为了解良渚遗址重点保护区域内农民住宅外迁安置点的地下情况，在瓶窑葡萄畈村高地西侧发掘时，发现了一条良渚文化时期的南北向河沟，在对河沟东岸高地进行勘查后发现，这一高地完全由人工堆筑而成，厚达4米，且在最底部铺垫了一层石块。正是这一发现，揭开了良渚古城的神秘面纱。①

经过多年的发掘，良渚古城的结构已基本清晰，其主体部分东西长约1770米，南北长约1910米，总面积约300万平方米，略呈正南北方向的圆角长方形。主体部分可分为三重：最中心为莫角山宫殿区；其西侧的南北向长垄上，则分布着反

---

① 刘斌、王宁远、郑云飞等：《2006—2013年良渚古城考古的主要收获》，《东南文化》2014年第2期。

山、姜家山和桑树头等王陵和贵族墓地;其外分别为城墙和外郭所环绕,堆筑高度也由内而外逐渐降低,显示出明显的等级差异,形成类似后世都城的宫城、皇城、外郭的三重结构。城墙底部普遍铺垫石块作为基础,其上再用较纯净的黄土堆筑而成宽 20—150 米的城墙,保存较好的地方高度有 4 米左右。目前共发现 8 个水城门,南城墙还发现 1 处陆城门。同时,古城北部和西北部还分布着规模宏大的水利系统,与天文观象测年有关的瑶山、汇观山祭坛以及广阔的郊区,整个城市系统占地面积达到 100 平方公里。①

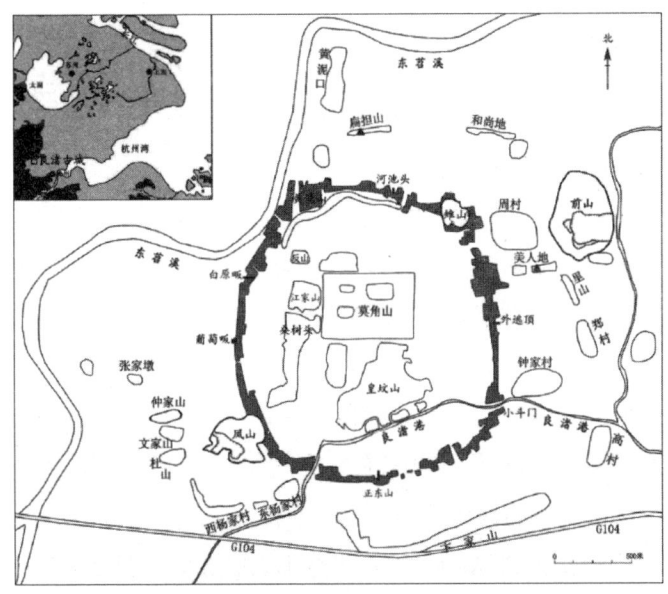

图 1-4　浙江余杭良渚古城平面示意图②

---

① 王宁远:《良渚古城及外围水利系统的遗址调查与发掘》,《遗产与保护研究》2016 年第 5 期。
② 刘斌、王宁远、郑云飞等:《2006—2013 年良渚古城考古的主要收获》,《东南文化》2014 年第 2 期。

良渚古城是长江下游地区发现的最早的古城,它的出现改写了长江下游地区的早期历史。

从近些年我们不断发现的众多史前期城址,我们对中国古代城市或早期国家形态的特征也有了进一步认识。这些史前期的城址不仅为中国城市起源年代的判定提供了实例,更重要的是,它们在全国各地的分布,又与史籍中三皇五帝时期"万国(城)"林立、五方并存的状况相呼应,也说明先祖们开始在局部联合的基础上为中华民族共同体的形成做了先期准备。

二 造郭以守民

早期的城市,首要功能是防御,史前城址中大多仍残存着夯土城墙可以为据。

1975年,河南省文物工作队在河南登封东南告成镇西发掘了东周阳城城址。这个城址分为东西二城,城内面积近1万平方米。据专家判断,东城修筑在前,在被河水冲毁后,又利用东城的西墙向西修建了西城。从发掘的情况来看,尽管目前仅残存部分城墙基础槽以及槽内的夯土层,不过城墙的走向还是清晰可见。其中,东城墙残存了南部的一段,大约长65米,南城墙的西段保留了约30米。在西南城角两段残存的城墙相交的地方,内侧呈凹弧形,外侧呈凸弧形,大致向外凸出2米左右。西城残存的南墙长82.4米,西墙长92米,北垣西段残存29米,其西南、西北城角与东城西南角形制略同。在这个城址中最值得注意的是,西城南城墙东端与东城西南角之间有一段长9.5米的缺口,似为西城的城门设施。(如图1-5)

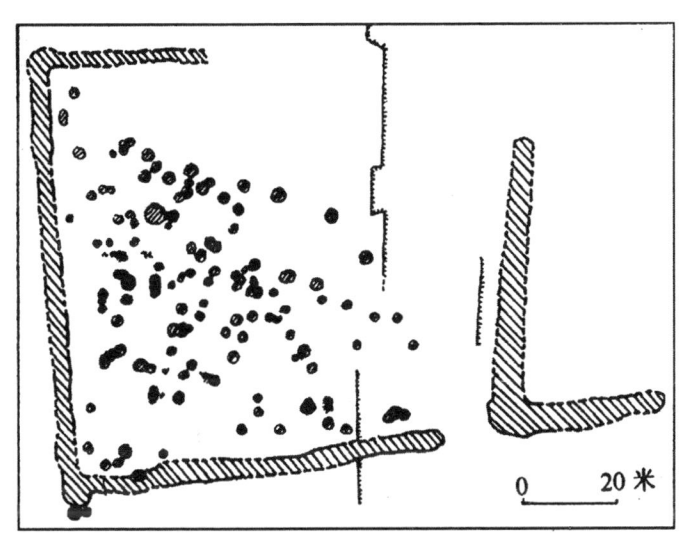

图 1-5　河南登封王城岗史前期城址平面示意图①

显然,用城墙或壕沟作为城市的第一道防线,不仅在东周阳城中如此,在史前遗址中也是很平常的。我们在塞外的河套地区黄河东西岸也发现了不少城址,如寨子塔城址、寨子上城址,马路塔城址及后城嘴城址等。值得注意的是,这些或相互成群,或邻近成组的石城,大多选择在山岗河崖等地势险要处。可见,它们首要的目的就是设防护卫。②

其实,从后人对古代城市的论述中,甚至在之后很久的西周时期,城市仍然保持着这一重要的功能。

周初的大分封,分茅列土,在全国建立起许多统治和防御据点,使周的统治深入到各旧部族之中。《吕氏春秋·观世》中有"周之所封四百余,服国八百余"。这些众多的姬姓诸侯

---

① 曲英杰:《古代城市》,文物出版社 2003 年版,第 13 页。
② 曲英杰:《古代城市》,文物出版社 2003 年版,第 23 页。

匠人营国
中国历史上的古都

在新封地中,处在异族的包围下,所以他们到达封地后,首要的工作就是建立城堡,用坚固的城郭和深阔的沟池来保障自己的安全,同时对被征服的人民则严加防范:一方面是"宅尔邑,继尔居"①,另一方面是用高城深池把自己与被统治者分离开来。姬姓贵族平日深居城中,绝不敢轻出城外。这样建立起来的封建都邑,当然都是以防御和保护为目的的军事堡垒。到了东周时期,随着列国经济的发展和政治力量的增强,社会进入了一个诸侯割据称雄的时代。列国诸侯之间是"强凌弱,众暴寡",经常互相吞并,因而"争城以战,杀人盈城"②,战争不断。列国诸侯无论是为了进攻还是为了防御,都不得不根据自己的政治和军事需要,极力扩大旧城或建立新城,筑起坚固、规模宏大的城墙。因此,城市的防御功能更为突出。在春秋战国时期的各种文献中有许多这样的例子记载下来。如:

> 《国语·齐语》:(桓公)筑葵兹、晏、负夏、领釜丘,以御戎翟之地,所以禁暴于诸侯也;筑五鹿、中牟、盖与、牡丘,以卫诸夏之地,所以示权于中国也。
>
> 翟人攻邢,桓公筑夷仪以封之……翟人攻卫,卫人出庐于曹,桓公城楚丘以封之。
>
> 《穀梁传·襄公二十九年》:(鲁)仲孙羯会晋荀盈、齐高止、宋华定、卫世叔仪、郑公孙段、曹人、莒人、邾人、滕人、薛人、小邾人城杞。古者天子封诸侯,其地足以容其

---
① 《尚书·多士》。
② 《孟子·离娄上》。

民,其民足以满城以自守也。杞危而不能自守,故诸侯之大夫相帅以城之。

在春秋战国时的文献中,这一类的记载很多,这充分说明直到这一时期,所有的旧城扩建与新城兴筑,都是从防御目的出发的。对于这一点,古人其实认识得十分透彻,也有许多精辟的论述。例如《左传·襄公七年》:季康欲伐邾,及飨大夫以谋之,子服景伯云:"民保于城,城保于德。"而《穀梁传·隐公七年》也明确地指出:"城为保民为之也。"其实,这样的论述,我们还可以举出很多:

《墨子·七患》:食者国之宝也,兵者国之爪也,城者所以自守也。此三者,国之具也。

《管子·权修》:地之守在城,城之守在兵,兵之守在人,人之守在粟。故地不辟,则城不固。

这些都说明,在中国早期的历史中,城市最主要的功能是防御,是守卫,是统治广大地域的中心,并且这一功能为后世城市所继承,一直延续到中华帝国的晚期。

三 聚天下之货

虽然如上述所言,早期的城市防御功能居于十分重要的地位。但毕竟由于集中了大量人口,早期城市也就不可避免地成为区域的经济活动中心。这当然也是从考古遗址发现中总结出来的。

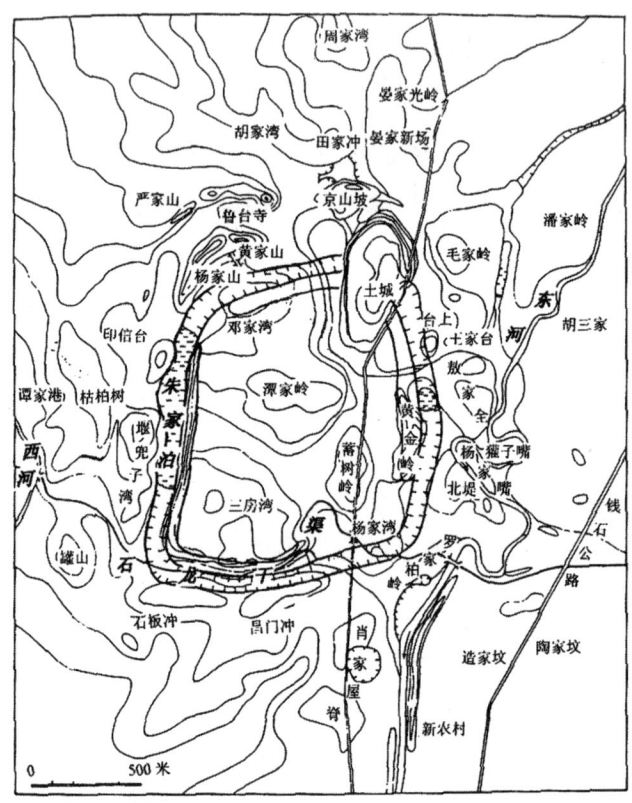

图 1-6　湖北天门石家河史前时期城址平面示意图①

1979年,由河南省文物研究所曹桂岑主持,开始发掘河南淮阳平粮台遗址。在这个城址中,不仅城内发现有高台建筑的遗存,有平地起建的房址,更重要的是还出土了3座陶窑和大量的铜渣。这座修筑于公元前2500年前,属龙山文化油坊类型的城市,显然是一座十分重要的手工业城市。无独有偶,1991年至1993年由山东大学历史系考古专业发掘的丁公

---

① 曲英杰:《古代城市》,文物出版社2003年版,第26页。

城址，城内也有陶窑、水井等遗迹。而在湖北天门石家河城址，经北京大学考古系和湖北省文物考古研究所等多次发掘，在城西北邓家湾遗址出土了大量的狗、鸟、鸡、羊、象、鳖和跪坐人抱鱼等形态的陶塑，估计这里是一个专门生产陶制品的工地。此外，在该城外东南部的罗家柏岭遗址中，在一个庭院式建筑遗迹中，出土了不少蝉形饰、龙形环、凤形环、璧、人头像等精美玉器以及玉石器半成品和石料等。①（图1-6）这些出土器物虽然不能直接判定其经济活动的发达与否，但至少说明了即使是在史前时期的城市中，经济活动仍然是城市的重要组成部分。

如此看来，中国的早期城市尽管多是从政治、军事目的出发兴建起来的，但是在已建成的城市中，总是有一些城市的位置刚好处在交通枢纽、河川渡口或物产特别丰富的地方，因此这些城市的工商业就依靠交通便利而逐渐发展起来，成为经济都会。如洛阳地处"天下之中"②，且"东压江淮，食湖海之利。西驰崤渑，据关河之胜"③，因此可以"东贾齐鲁，南贾梁楚"，商业最为发达，甚至洛阳当地的风俗也因此而变得"巧伪趋利，贵财贱义，高富下贫，憙为商贾"。显然，这一文化现象是经济功能强大的产物。只不过，这样的描述都是到了城市发展较为成熟的春秋战国时期了。

---

① 参见曲英杰：《古代城市》，文物出版社2003年版。
②《史记》卷4《周本纪》。
③《读史方舆纪要》卷48《河南府》。

第二章 都·邑——夏商周都城

古代文献中常提到的邑,在卜辞中是土地和人民的象形,可见邑是泛指所有的居民点。邑有时还有市,就称为"有市之邑"。从城市的定义来看,这种有市之邑才是指城市型居民点。《战国策·齐策五》中苏秦在游说齐缗王时所说:"通都小县,置社有市之邑,莫不止事而奉王。"就是指这样的城市。

另外,还有一个与城市有关的字是都,专指有宗庙之邑。古代中国人信奉祖先崇拜,家有家庙,国有宗庙,宗庙所在即君王所驻。所以,都又用来指称国家的统治中心。这一含义后来延伸,就是国都这一专用名词的出现。

然而,早期的国都与早期的历史一样,晦暗不明,而且由于其"不常厥邑",故一直是困扰着史学家的谜团。自上个世纪初,考古学家对夏商都城的持续探寻,尤其是殷墟与二里头遗址的发掘,终使夏商传说时代的都城历史初现曙光。

一 夏都二里头遗址

上世纪20年代末对殷墟的发掘,鼓舞了考古学家们,他们试图在豫西、晋南一带寻找到"夏墟",将传说中的夏代落实

第二章
都·邑——夏商周都城

下来。但由于战争等原因,这一努力不得不中断。1959年,中国科学院考古所徐旭生在河南登封、禹县(今禹州)、巩县(今巩义)、偃师等处重新开始调查,终于有所斩获,发现了著名的二里头遗址与东下冯遗址。

二里头遗址位于河南偃师西南约10公里处的洛河南岸,整个遗址南北长约2000米,东西宽1500米。遗址地面上有四块较高的地块,其中最大的一块位于遗址的中部,面积约12万平方米。就是在这块突起的地方,至今考古学家们已探出数十座宫殿的基址,占地约8万平方米,显然这是当时的宫殿区。在这片宫殿区的周围,考古学家们还发现了一些普通房屋的基址、墓葬,以及青铜器作坊、制骨作坊遗址和烧制陶器的陶窑等。这些建筑的时代大致是在公元前1900到公元前1400年间。

考古学家们对主要宫殿区的三座建筑进行了重点发掘:位于宫殿区正中的中心殿堂,平面是一长方形,东西长约32米,南北宽约12米,坐北朝南。殿堂前有一个庭院,殿堂后有一座与这座建筑同期的大墓;1号宫殿基址的平面略呈正方形,面积在1万平方米左右,其中心殿堂的平面则是长方形,东西长约30米,南北宽约11米,坐北朝南,是一个四坡屋顶式建筑。堂前同样有一个庭院,四周围以廊庑,南面设门;2号宫殿基址位于1号宫殿的东北部,是一个南北延伸的长方形:东西宽约58米,南北长约72米,体量较大。另外,2号宫殿东、西、北三面都有夯筑的墙垣,南面则设有一个带东西塾和穿堂的庑式大门。1号宫殿和2号宫殿的修筑时间,据考古学家判定都属于二里头文化三期,也就是公元前1700至公元前1600年间。

就二里头遗址所在的方位,存在的时间及规模来看,考古学家与历史学家曾一度断定其为汤都亳城,但后来又认为这个城址应该是更早的夏代都城,即桀时期的都城斟鄩。① 不过,因为《逸周书·史记解》中有:"宫室破国。昔者有洛氏宫室无常,池囿广大,工功日进,以后更前,民不得休,农失其时,

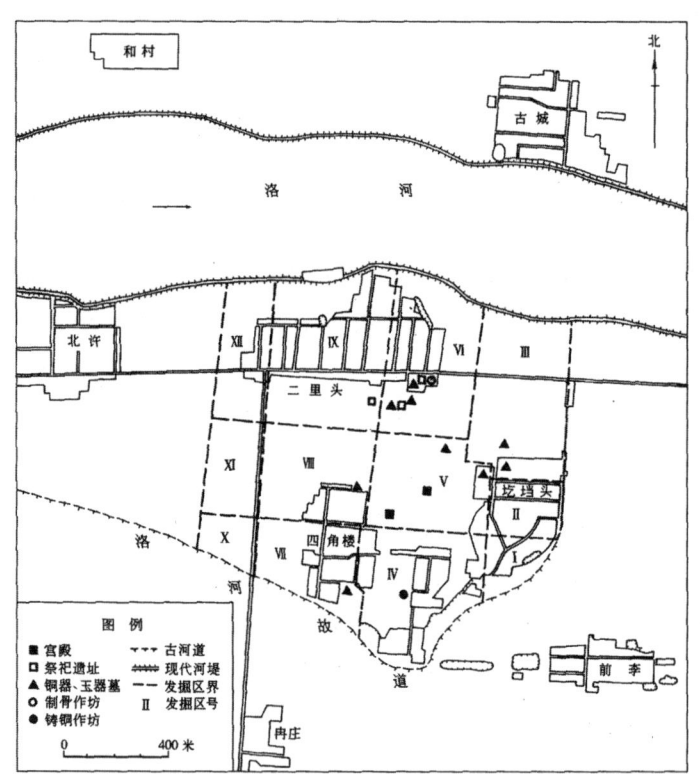

图 2-1　河南偃师二里头夏代城址平面示意图②

---

① 中国科学院考古研究所洛阳发掘队:《河南偃师二里头遗址发掘简报》,《考古》1965 年第 5 期;赵芝荃:《论二里头遗址为夏代晚期都邑》,《华夏考古》1987 年第 2 期。
② 《中国考古学·夏商卷》,中国社会科学出版社 2003 年版,第 62 页。

第二章
都·邑——夏商周都城

饥馑无食,成商伐之,有洛以亡。"孔晁注解这段话时认为:"汤号曰成,故曰成商。"所以,考古学家曲英杰认为二里头遗址就是这段引文中所说的成汤征讨的是有洛氏都城,而有洛氏不过是夏的一个属国而已。①

但不管是夏都还是夏的属国之都,令考古学家与历史学家不解的是,在二里头遗址中迄今没有发现筑有城墙,这显然与我们所认为的早期中国都城形态不同。

因此,在1974年秋至1979年冬,中国科学院考古研究所继续在"夏墟"的范围内进行搜寻。其中,孟凡人等在山西夏县东北约15公里的青龙河南、北岸的台地上进行了发掘,这就是东下冯遗址。

东下冯遗址的总面积约25万平方米,分东、中、西(南岸)、北(北岸)四个区域。总体来看,这里的文化面貌与二里头文化大同小异,考古学界将其定为东下冯类型,这一文化类型所属的年代大约在公元前1900至公元前1600年间,正是传说中的夏的时代。

在东下冯遗址的中区,考古学家们发现了一座城址。虽然这个城址的北部被水冲毁,残存的部分城垣也已被覆盖,不过我们还是能从遗址中看出这个城的大致轮廓:东城墙残存了南段,约长52米,西城墙所遗留下来的南段则长140米,南城墙总长有440米,但这段城墙的中部有些折曲,并不是平直的,因此东城墙与西城墙之间的距离平均约为370米。在南城墙接近西南拐角的地方,考古学者们用探沟发现,城墙残高1.2—1.8米,底宽8米,残顶宽约7米,外侧近似竖直,内侧则

---

① 曲英杰:《古代城市》,文物出版社2003年版,第35页。

向外倾斜,因此城墙的横剖面是个梯形。这段城墙的两侧都有夯筑的斜坡,并且在城墙的外侧还挖有城壕。城壕的口宽5.5米,底宽4米,深达7米。这段城墙修筑在所属时代不明的第四层和属于庙底沟第二期文化的第五层之上,斜坡上则压有属于商代二里冈期上层文化堆积。在东城墙的南段,考古学者也进行了探沟发掘,他们发现这段城墙残高约1米,底宽7.8米,残顶宽6.7米,墙外也有城壕。而这部分城墙是修筑在庙底沟第二期文化层上,保护城墙的斜坡也是被二里冈期上层文化堆积覆盖。另外,在这个城内的西南部还发现了与城墙属于同一时期的圆形建筑基址群,以及灰坑、水井及墓葬等遗存。

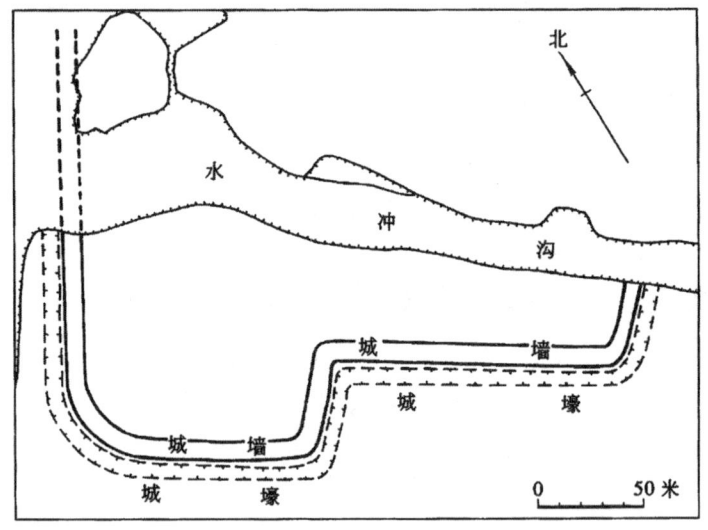

图 2-2 山西夏县东下冯夏代城址平面示意图①

---

① 《中国考古学·夏商卷》,中国社会科学出版社 2003 年版,第 235 页。

发掘者将东下冯遗址中城的修筑年代确定为东下冯遗址第五期。从时代来看,这时已到商代早期。不过,考古学家与历史学家也认为,从整个遗址以及城墙的叠压关系等方面判断,这个城址并不排除是建造于更早的夏代的可能。①

尽管我们至今仍不能确定夏都所在,但从这一时期的考古发现中,我们可以肯定的是这时已有较大型的城市出现了。

二 盘庚迁殷与殷墟的发现

被认为是东方部族的商,自成汤称王,建都于亳,始开启早期中国历史上一个辉煌灿烂的时代。商到了仲丁时代迁都隞,到河亶甲时期再迁相。商都的前后数迁,这在史书上都有记载。到了盘庚,更有七迁之说。但是,从已有的考古发现来看,这些不断迁移的都城所在,大多数至今仍不能确指。商都所在以及商都"不厥常邑"的原因都是我国早期历史上的难解之谜。我们现在仅能从已发现的商代城址中,试图拨开掩盖着这段早期历史的迷雾,推测一下商都,尤其是盘庚时期都城的可能位置。

《尚书·盘庚》第一句就讲的是迁都问题:

  盘庚五迁,将治亳殷,民咨胥怨。作《盘庚》三篇。

之后又明确指出"盘庚迁于殷"。由这段文字我们知道,盘庚迁都就是把都城从亳迁到了殷。

盘庚迁殷是我国早期都城史上的重大事件,史学家们正

---

① 曲英杰:《古代城市》,文物出版社2003年版,第35—36页。

匠人营国
中国历史上的古都

是以此事件作为商代历史上的一个分水岭：此前，尤其是从成汤至仲丁，社会稳定，都城一直设立在亳。亳的所在，有些学者认为就是今天的郑州商城。但仲丁之后，王位纷争，"比九世乱"，诸侯叛离，政局混乱，因此都城屡次迁徙。盘庚迁殷后，王道复兴，四方安定，从此都城不再频繁迁徙，直至殷纣亡国。所以说，盘庚所迁的殷在商代历史上居于十分重要的地位。至于我们现在将商称为殷商，或直接以殷指代商，即是这一缘故。那么，殷到底在什么地方？

关于盘庚所迁的"殷"的地望，几十年来的考古发现与研究，甲骨文的出土与探测，都证明了现在河南安阳的殷墟就是盘庚到殷纣亡国之间的都城遗址。而殷墟的发现则是近代中国学术史上一个重大而曲折的事件。

事实上，殷墟都城的发现是由殷墟甲骨文的发现与研究引起的。清代末年，今河南安阳小屯村一带的农民在田间耕作时，常翻挖出带字的龟甲片。起初当地农民们认为这是不吉祥的东西，就丢弃在路边田埂上。后来这些刻有字划的龟甲，被当作中药的一味药剂龙骨，被中药铺大量收集。1899年，在北京任国子监祭酒的王懿荣身患疟疾，在药铺配制中药时，发现龙骨上有隐隐约约的刻划符号。王懿荣是一位卓有成绩的金石学家，精通铜器铭文。这些刻划符号当然引起了他的兴趣，于是在京城广收龙骨进行研究，终于认定这些有刻划符号的龟甲，就是一种久已失传的商代卜骨。从此，甲骨文就成为研究商代历史的第一手资料。

甲骨文的发现，也引起了学者们对出土地安阳小屯村的注意。中央研究院历史语言研究所成立了考古组，从1928年开始进驻安阳小屯一带进行考古发掘工作，开启了殷墟长达

第二章
都·邑——夏商周都城

数十年的科学发掘历史。第一次发掘工作直到1937年日本侵华战争爆发才被迫停止。这期间大约进行了15次大的发掘工作,在宫殿区发现有50多座夯土台基,发掘出大量的青铜器、玉器和石刻等,还有两万多片的刻字甲骨。在王陵区发掘了10座带墓道的大墓,1000多座小墓,其中也有不少青铜器、玉器、石器和漆木器等。中华人民共和国成立后,又组织了多次大规模的发掘。殷墟的基本情况逐渐清晰,蒙在商代都城上的神秘面纱逐渐被揭开了。

如果我们查看中国地形图就会发现,在中国地势的第二级阶梯向第三级阶梯过渡的地方,有一个呈带状分布的平原区,这就是太行山脉东麓一线的冲积平原,而殷墟正位于这个冲积平原的中南部,处于一个东西长约6公里,南北长约5公里,总面积约为30平方公里的范围内。这里土地肥沃,形势险要,所谓的"左孟门而右漳釜,前带河,后被山"[①]。殷墟的遗址区,按考古发掘工作的重要性分为重点区、一般区和外围区三个部分。(见图2-3)尽管殷墟考古已经进行了近80年,但可惜的是,至今也未发现城墙,所以殷墟的平面形状我们仍然无法确定,只能判断出它大致的功能分区。

殷墟遗址的居住区主要分布在洹河两岸,且以南岸为主,洹河北岸只有大司空村南、武官村南及侯家庄南地发现居住遗存;小屯村及花园庄是宫城区。而在宫城区的东、北为洹河,西、南有壕沟,壕沟与洹水正好围成封闭的防卫沟。显然,这里是殷商都城重点防守的区域。在这一区域中,考古学家们在小屯村东北部发现有50多座宫殿建筑遗址。在这些宫

---

① 《战国策·魏策》吴起语。

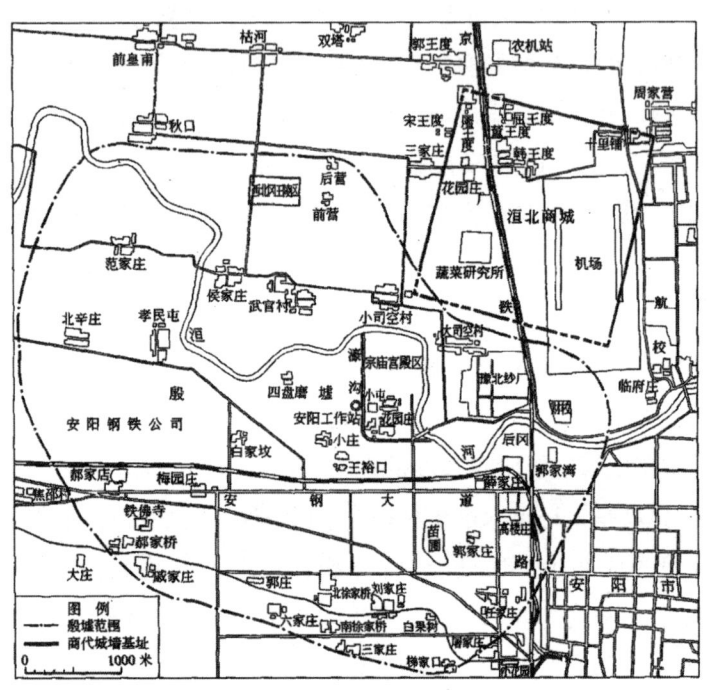

图 2-3　河南安阳小屯村殷墟遗址平面示意图①

殷建筑之间还杂错分布着铸铜作坊遗址、玉器作坊遗址、制骨作坊遗址和制陶作坊遗址，明显是为宫殿区的贵族服务的。

虽然殷墟中没有发现城墙，但不意味着商代都城中没有城墙的形制。因为无论是河南郑州商城、还是偃师商城、洹北商城，都不仅有城而且还有郭。如郑州商城包括内城和外城两部分：内城平面近长方形，城垣周长 6960 米，内有宫殿分布；外城城墙分别发现于内城东南角和南墙、西墙之外，长度也超过 6000 米，多见手工业作坊、一般居民点和墓葬。偃师商城更为复杂一些，由大城、小城和宫城组成，小城大致为长

---

① 《中国考古学·夏商卷》，中国社会科学出版社 2003 年版，第 285 页。

第二章
都·邑——夏商周都城

方形，面积 80 万平方米。其中部偏南处为宫殿密集分布区，是为宫城；北部发现有祭祀遗存和池苑遗迹。大城位于小城东北部，利用小城一部分修建，故推测大城城墙建成之后小城城墙旋即废弃不用。大城发现多处中小型建筑及窖穴、水井、灰坑等遗存，并分布有制陶、铸铜作坊和墓地。从宫城、小城和大城的叠压关系可以判断，应该是先有宫城和小城，后人口增加，小城扩大为大城，宫城依旧。由此可知，城墙的修建也是商代都城的重要特点。

三 武王伐纣与丰镐二京的建立

殷商到了后期，因纣王的荒淫无道，人心背离，起于西方的周人，取而代之，成为中原地区新的共主。

史籍记载，西周在东征之前已经营关中数代，并在文王时从西部的岐山迁到了关中中部渭水之滨的丰。文王之子武王再筑镐京，这就是西周时期的丰、镐二京。

据《史记·周本纪》记载，周人兴起于今陕西、甘肃一带，传说其始祖名弃，为姜姓有邰氏女姜嫄所生。弃在尧舜时任农师之职，受封于邰，也就是今天的陕西武功西。弃又号后稷，实际上，我们可能更熟悉他的号。后稷死后，他的子孙世代为夏朝的农官，传到不窋时，正值夏处于衰亡之际，于是不窋逃到戎狄之间。但不久，他的孙子公刘就带领族人定居到豳，即泾河流域的今陕西旬邑县西。公刘在这里发展农耕业，并很快使豳成为"行者有资，居者有畜积"[1]的富庶地区。公刘再传九世，到了古公亶父时，来朝走马，止于岐下，把活动中

---

[1]《史记》卷 4《周本纪》。

匠人营国
中国历史上的古都

心从戎狄杂居的泾河流域迁到了关中平原岐山之南的周原地区。不过,从历年的考古发掘情况来看,周原的文化遗存十分丰富,分属于仰韶、龙山、晚商、西周和东周五个时期。① 可见,这里在古公亶父之前就已得到开发,不过是到了古公亶父时周人才真正定居下来,开垦土地,修治田垄,营建宫室,并建立了周第一个王都岐邑。

据考古发掘的情况,周都城岐邑的范围大致是以今陕西岐山县京当乡贺家村为中心,西抵岐阳堡,东至樊村、齐村,北至岐山山麓,南至康家庄村,距今扶风县法门寺西北约 7 公里。这符合晋杜预《左传注》中所说的"周城在美阳县西北"。和《续汉书·地理志》中的"美阳县有周城,在县西北,南有周原"的记载也都吻合。

周人在周原一带长期经营,势力不断扩大,在商王武乙末年,古公亶父之子季历入朝,武乙赐给他土地、玉器、马匹等。季历就借商王之威,西征鬼戎,俘获十二翟王。到了文丁时,季历再进一步开疆拓土,伐余无之戎、始呼之戎、翳徒之戎,使周的势力范围到达了黄河之东。尽管季历被商王文丁封为牧师,但其势力的增强还是引起了商王的忌恨,最终季历为商王所杀。季历之子姬昌继位后,继续对大邑商行朝贡之礼,在向纣王献出洛河以西的土地后,被封为西伯。

姬昌虽僻在关中,但四处网罗人才,致力发展经济,终于成为西部势力最强大的方国。而此时的商王荒淫无道,以致民怨沸腾。《尚书·无逸》是这样记载的:商"立王,生则逸。生则逸,不知稼穑之艰难,不闻小人之劳,惟耽乐之从"。因

---

① 陈全方:《早周都城岐邑初探》,《文物》1979 年第 10 期。

第二章
都·邑——夏商周都城

此,商的方国多叛商归周。当周终于发展成为可与殷商分庭抗礼的强大势力时,人们就认为"文王受天命而王天下"[1]是必然的。在周人所制的青铜器中也有这样的铭文"坏显文王受天有大令"。[2] 因此文王在这样的情况下所进行的一系列征伐活动就被渲染成为正义的事业。

丰、镐二京就是在这些征伐过程中修建的。"西伯盖受命之君,明年,伐犬戎……明年,伐崇侯虎而作丰邑。"[3]文王之所以作邑于丰,一是为了缩短与商人的距离,为灭商做好准备;二是与沣水流域自然条件优越有关。作为渭水的支流,沣水流域地势开阔,考古发现也告诉我们,这里从新石器时代起,就是人类长期居住的地区。

文王子武王时期,周人继续扩大自己的势力范围,并趁商王朝全力对付东夷之际,东进伐商。为了就近克商,武王再次将国都由沣水之西的丰邑迁往沣水之东镐池附近的镐京。关于丰、镐二京的修筑过程,《诗经·大雅·文王有声》中有记:

> 文王受命,有此武功。既伐于崇,作邑于丰。
> 考卜维王,宅是镐京。维龟正之,武王成之。

文王迁丰与武王营镐,被认为是中国都城史上的重要事件,尤其是武王克商成功后,丰镐成为全国性的政治中心。自此,关中也一跃成为中华帝国前期当之无愧的都城首选。

大约在西周末年,丰、镐二京就遭到了破坏,城址湮没。

---

[1] 董仲舒《春秋繁露·郊祭》。
[2] 中国科学院考古研究所:《沣西发掘报告》,文物出版社1963年版。
[3]《史记》卷4《周本纪》。

因此,到了汉唐时代,史学家谈论丰镐时,已不能确指其所在,只能指出其相对位置了,也就是丰邑在沣,靠近沣水,位于汉长安城西南或户县城东,或者是唐长安城西的位置;镐京则位于沣水之东的镐池附近,即昆明池内。

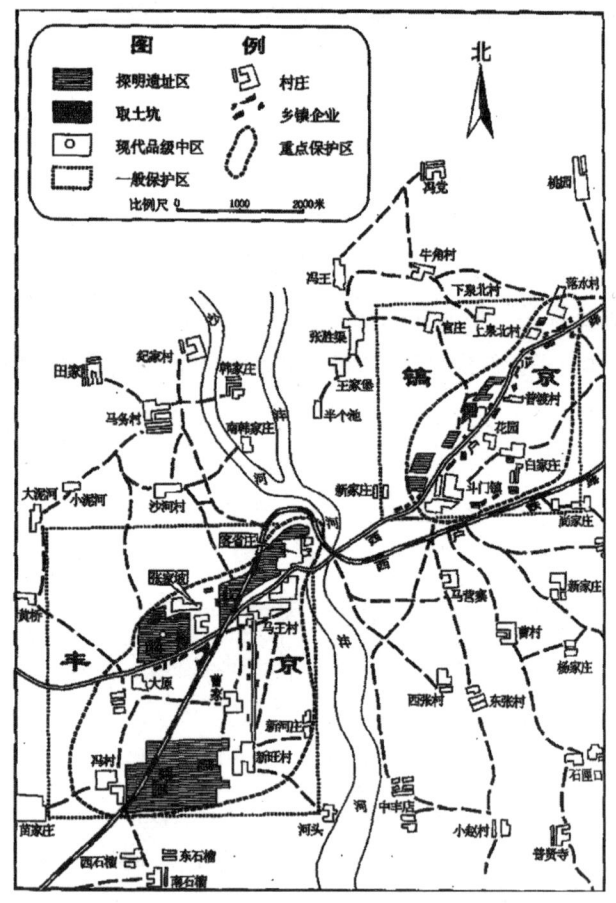

图 2-4　西周丰京遗址现状示意图①

---

① 朱士光主编:《古都西安:西安的历史变迁与发展》,西安出版社 2003 年版,第 116 页。

第二章
都·邑——夏商周都城

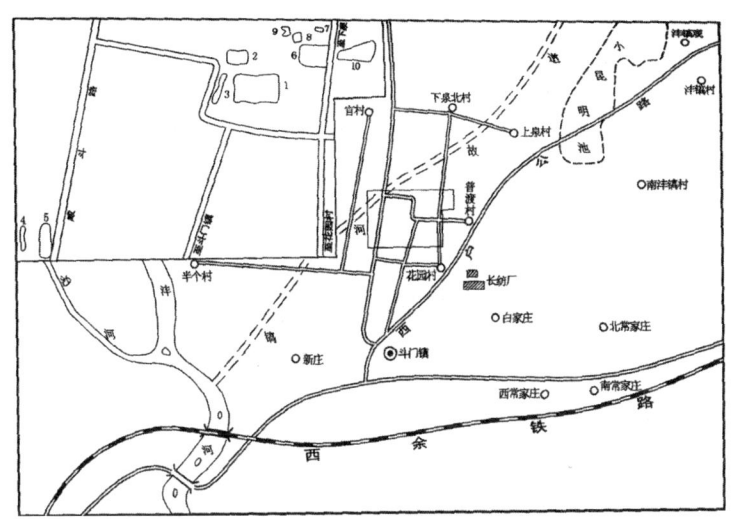

图 2-5　西周镐京建筑遗址分布示意图①

由于丰镐在中国历史上的重要地位,在上世纪 30 年代,中央研究院先后两次组织力量对丰镐地区进行考古调查。1949 年后,中国科学院考古研究所及其后身的中国社科院考古研究所、陕西省考古研究所、西安市文物保护考古所,都先后对这一地区进行过调查,终于弄清楚了丰镐二京的位置、形制以及城市内部布局。尤其是五号宫殿遗址的发掘,使得镐京城市内部布局的基本特征凸显出来。

中国古代城市是国家和王权的象征,城市规划布局是围绕着天子宫室为中心展开。《考工记》中的匠人营国,正是把王宫置于中径之途。因此,镐京五号宫殿基址为代表的宫殿区,很可能就是镐京的中轴线所在。另外,根据《诗经》及《孟

---

① 朱士光主编:《古都西安:西安的历史变迁与发展》,西安出版社 2003 年版,第 119 页。

子》中的记载,丰镐不但有大规模的宫殿建筑,而且还有灵台、灵沼、灵囿等供贵族活动的场所。

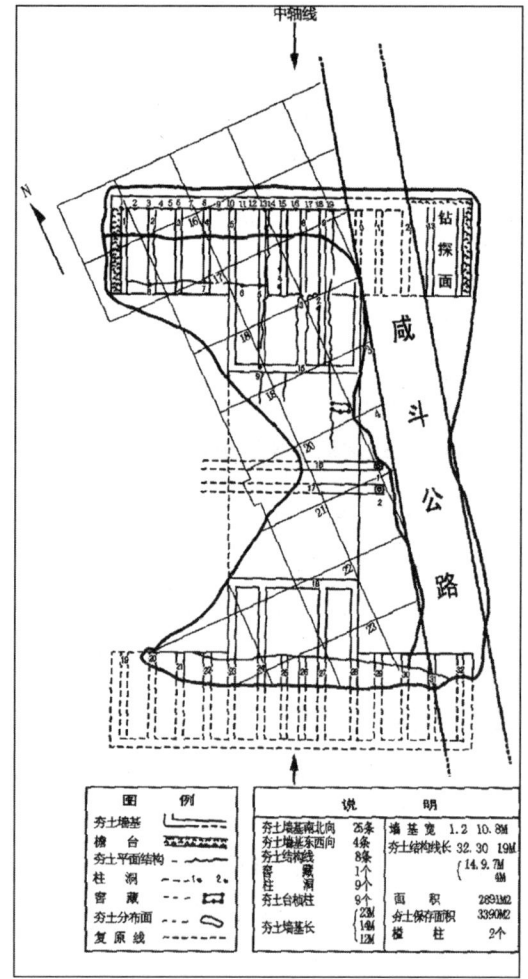

图 2-6　西周镐京五号大型宫室平面示意图①

---

① 朱士光主编:《古都西安:西安的历史变迁与发展》,西安出版社 2003 年版,第 122 页。

第二章
都·邑——夏商周都城

这里还有一个有意思的问题,就是丰与镐的关系。事实上,丰镐在古代常常连用,有点今天的双子城的味道。也就是说,武王居镐后,因宗庙仍然留在丰京,所以每有大事,必须到丰京告庙,但主要的政治活动与生活场所已转移到镐京,则是确定无疑的了。

四 营建成周

周武王灭商,立三监后即班师西归。这时候周人在东方的统治并没有完全巩固,商人的势力仍很强大,武王自己也深知"天下未集"。果然,约公元前1043年,武王病逝,成王年幼,武王之弟周公姬旦摄政。而管叔、蔡叔怀疑周公篡位,于是"启商",也就是引诱商遗民武庚叛周。一系列的事件,使得西周政局不稳,尤其是使商故地的统治出现了很大的问题,周公只得再次大规模东征。这次东征耗时三年,在东部彻底击垮了殷商的势力;在西部则巩固了周人的统治。随后,周公颁布了两项十分重要的政令:一是"分建亲戚,以蕃屏周";一是营建成周。

事实上,第二项举措早在武王克商后就曾有过考虑,武王甚至亲自确定了大体的位置:"自雒汭延于伊汭,居阳无固,其有夏之居。我南望过于三涂,我北望过于岳鄙,顾瞻过于有河,宛瞻延于伊雒,无远天室。"三监之乱,更使得周公确信丰镐远在西鄙,对东方很难起到镇抚作用,必须在殷商故地兴建统治据点。于是,周公开始了营建东都的工作。《书序》中说:"召公既相宅,周公往营成周,使来告卜,作《雒诰》。"就是讲述的这个事件。《史记·周本纪》亦有"成王在丰,使召公复营雒邑,如武王之意。周公复卜申视,卒营筑,居九鼎焉。曰:'此天下之中,四方入贡道里均。'"的记载。

37

新建于雒水的都城成周,在《逸周书·作雒解》中被称为"城方千七百二十丈,郛方七十里,南系于雒水,北因于郏山,以为天下之大凑"。城中建有五宫、太庙、宗宫、考宫、路寝、明堂等礼制建筑。建成后成为周的东都:"昔成王合诸侯城成周,以为东都。"①

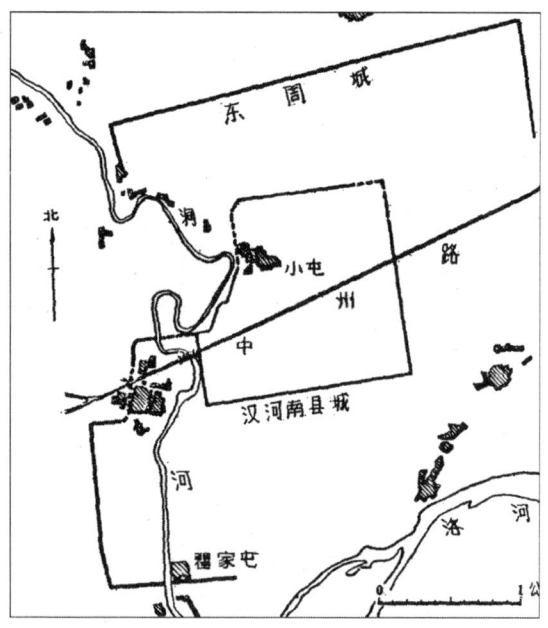

图 2-7　洛阳东周王城(成周)平面示意图②

东都成周建成后,周公感到从此东方的疆域有了保障,武王的临终遗言也都实现了,自己可以还政于成王。于是,在周公称王的第七年十二月,周公亲自在雒邑宣布改元。从此,宗周丰镐和成周雒邑同时成为周人的统治中心。

---

① 《左传》昭公三十二年。
② 张驭寰:《中国城池史》,百花文艺出版社2003年版,第12页。

中编 古都

第三章 京·师——国都的确立与转移

一个王朝建立之后,第一个要考虑的问题便是确定政治中心,也就是确定首都应该布局在疆域的什么位置。从宏观层面,首都当然要位于国家的核心地区,有利于控制整个疆域、维护国家安全。但具体到微观层面,选择首都需要考虑哪些因素呢?

一 定都之议

楚汉相争,汉王刘邦靠着良将谋臣的支持最终取得了全面胜利,建立了西汉王朝。马上得天下,自然不能马上治天下。政权甫一建立,首要的任务自然是确定能控驭全局的政治中心。而助刘氏得天下的将士,多为山东人氏——秦汉时人们以今天河南西部的崤山为界,其东皆为山东,其实也就是秦人以外的六国人均为山东人。汉军将士们当然愿意衣锦还乡。因此,所谓的"天下之中,四方入贡道里均"的洛阳自然成为将士们的首选:这里既是天下之中,又离老家丰、沛较近。如此看来,刘邦定都洛阳只是一个时间问题。

不料,刘邦此时却有些犹豫不决。为什么?原来定都洛

第三章
京·师——国都的确立与转移

阳固然可以凭借交通便利管理疆域辽阔的西汉帝国,但是,此时汉王朝立足未稳,天下未定,东部有异姓诸侯,西方和北方有匈奴虎视眈眈,这时最需要考虑的是军事安全。刘邦迟迟未决,显然是顾虑到这一点。

因此,就在刘邦迟疑之时,平民娄敬不请自来,上门拜见了刘邦。汉初并不像后来王朝稳固后等级森严,此时刘邦虽已称帝,但普通人要想见他还是比较容易的。娄敬见到刘邦后,先是试探刘邦:"陛下都洛阳,岂欲与周室比隆哉?"高祖回答:不错,正是。娄敬再正面回答:"陛下取天下与周室异!"为什么?刘邦不解道。娄敬接着分析。周室积德累善十余世,才有历年久远,而高祖您本人之得天下,靠的是"大战七十,小战四十,天下之民肝脑涂地,父子暴尸中野,不可胜数,哭泣之声未绝,伤痍者未起"。这样的状况下,您刘邦"而欲比隆于成康之时,臣窃以为不侔也"。不仅娄敬认为不可,刘邦自己也深以为然。话说到此处,那么核心问题来了:不建都洛阳,哪里又是最佳的建都地点呢?娄敬接下来给出了答案:建都关中。

娄敬是这样分析关中建都的有利之处。他说:"秦地被山带河,四塞以为固,卒然有急,百万之众可具也。因秦之故,资甚美膏腴之地,此所谓天府者也。"①娄敬在这里提到两点:一关中四塞之地,可当百万之师;二因秦修郑国渠之故,关中实为天府膏腴之地。其中第一点着重在讲秦地的地理形势。

其实,这之前古人早已意识到地理形势在国都建立中的重要性。《易·习坎》中有"王公设险,以守其国"。这里的国

---

① 《史记》卷99《刘敬传》。

匠人营国
中国历史上的古都

就是指国都,而这句的意思是说国都要设在地理形势险要的地方。因此,历来选择都城,其附近的山川形势自然也就在考虑之内了。

秦为四塞之国,早在战国时就已为人所认识,如苏秦已经提出这样的看法。唐人张守节对此做过专门的解释,他说:关中"东有黄河,有函谷、蒲津、龙门、合河等关;南有南山及武关、峣山;西有大陇山及陇山关、大震、乌兰等关;北有黄河南塞,是四塞之国"。① 这里所说的黄河南塞是指战国时秦昭襄王所修筑的长城。这条长城由今甘肃岷县起,经今陕西北部,一直达于内蒙古准格尔旗,正位于黄河北河之南,故称为黄河南塞。

正是因为关中地区有优越的地理形势,娄敬才提出这样的建都建议。甚至娄敬还以与人搏斗作为例子说明建都关中对于巩固帝国统治的意义:

> 秦地被山带河,四塞以为固,卒然有急,百万之众可具也。因秦之故,资甚美膏腴之地,此所谓天府者也。陛下入关而都之,山东虽乱,秦之故地可全而有也。夫与人斗,不搤其亢,拊其背,未能全其胜也。今陛下入关而都,案秦之故地,此亦搤天下之亢而拊其背也。

在这里,娄敬指出关中的地理形势极为优越,一旦东部地区发生叛乱,在军事上退可"四塞以为固",进则"搤天下之亢而拊其背"。这犹如与人搏击一样,不掐着对方的脖颈、压住对方的腰背是不可能取得真正的胜利,而秦地正是天下的颈背!

---

① 《史记》卷 69《苏秦列传》及《史记正义》。

第三章
京·师——国都的确立与转移

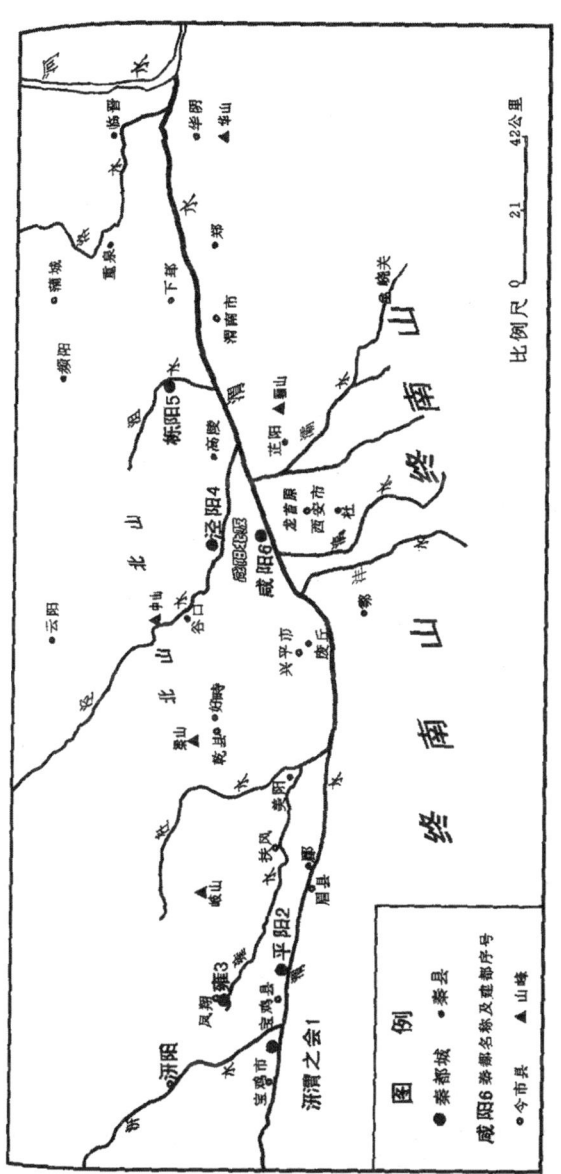

图 3-1 秦汉关中形势图①

————————
① 李令福:《古都西安城市布局及其地理基础》,人民出版社 2009 年版,第 3 页。

匠人营国
中国历史上的古都

可谓是英雄所见略同，助刘邦得天下的张良对定都的看法与娄敬几乎完全一致。甚至他劝说刘邦的话也与娄敬相差不远："关中左崤函，右陇蜀，沃野千里，南有巴蜀之饶，北有胡苑之利，阻三面而守，独以一面东制诸侯。诸侯安定，河渭漕挽天下，西给京师；诸侯有变，顺流而下，足以委输，此所谓金城千里，天府之国也。"[①]张良认为关中的南、西、北三面都有崇山峻岭，可以阻挡外来武力的侵扰。东方则有黄河与渭河可以通往山东地区，既可以借以山东地区的财富供输关中，又可以在危急时刻顺流而下，平定诸侯。这样的话确实很能打动对局势了如指掌的刘邦。即日他便下令西都关中。

娄、张两人的话都说明了定都关中，一来可以控制全国形势，二则即使山东叛乱而失去控制，靠着关中的险固与富饶，也可自我保全。所以，从当时的政治地理形势来看，关中优于河洛。而放眼整个西汉历史，他们的选择则颇有预见性。果然，其后不久，东部异姓诸侯叛乱，到了刘邦的孙子景帝时又爆发了同姓诸侯王的吴楚七国之乱。这两次叛乱都起初叛军声势浩大，但不过数月之久就被中央王朝彻底平定。可见，以控内而言，建都关中是当时最合理的选择。事实上，这一点不仅西汉时如此，早在秦汉之际时已如此。当年项羽推翻秦王朝后，谋士韩生就对项羽说过与娄敬类似的话。只可惜项羽目光短浅，仍然要回到离自己老家较近的彭城去建都，最终的结果是被从汉中起家的刘邦击败。

上述娄、张关于定都的议论还仅就关中内控全国的形势出发。事实上，就御外的角度看，秦与西汉时期最强大的外敌

---

① 《汉书》卷40《张良传》。

第三章
京·师——国都的确立与转移

是西北的匈奴。首都建在关中还有利于抗击匈奴。秦代以关中为据点,可以北上出击,收复河套地区,在黄河以南建设新秦中,深度打击匈奴势力。西汉初期,民乏兵疲,只能以和亲政策与匈奴周旋。俟文景之治,国富民强后,武帝依靠关中之地对匈奴同样取得了压倒性的优势,不但取得河西走廊,设立河西四郡,而且开辟西域地区,将今天新疆的大部分地区纳入版图之中,疆域远远超越强秦。此时再看位于关中的国都长安,就不再过于西偏,而几乎成为汉帝国领土的地理中心了。

其实,关于定都的争论与犹豫,不只出现在西汉初年,后代也有多次这样的两难选择。唐代初兴,北方的突厥势力正强,渭河岸边常有胡骑巡睃。唐朝的一些勋臣策士对长安的安全没有信心,提出迁都。唐高祖竟然接受了这样的建议,打算迁到终南山以南。这时秦王李世民站出来坚决反对,才最终打消了他父亲的这一念头。李世民之所以能力排众议,也是考虑到关中的地利,认为只有积极组织抵抗,才能巩固边防,长治久安。

明代初年也曾有过类似的游移。燕王朱棣久居北方,在对蒙古人的作战中,深知北方的蒙古人是危及国家安全的主要原因。因此,在他与建文帝争夺帝位成功后,毅然决定迁都北京。因为留在南京,一方面会受到帝都旧有势力的制约,但更主要是对北方边防不能施行有效的控制。国都紧邻劲敌,就不可能稍事麻痹,不敢有丝毫懈怠,以免养痈遗患,为害无穷。

上面这些例子引出了在国都选址中的首要问题:易守难攻之地。事实上,中国古代把都城又称为京师。而在古汉语中,"京"指大面积的向阳高地,"师"是指军队。"京师"连称,意思是在高地处驻有重兵,显然这是因为国都一般位处既便于防守,又易于控制的高地,且有重兵把守。可见国都的确定,防守或军事是其中最关键的因素。

除此之外,都城选址还遵循哪些原则呢?

从政治地理角度考虑,都城选址一般要满足两个层面条件:一是在全国领土范围内的适中位置,便于控内御外。如果不能选在地理中心,必须要便利的交通条件加以弥补;二是都城所在的区域地理环境优越,特别是经济条件良好。

从最简单、最普通的思路而言,作为一国的政治中心应当位于国家的地理中心位置上,以便于对全国进行有效的行政管理。如战国末年成书的《吕氏春秋·慎势》就说:"古之王者,择天下之中而立国",这里的国就是都城的意思。这是大一统帝国形成之前人们关于首都选址的基本思路。类似于上面《吕览》的表述还有很多,如《荀子·大略》中也说:"欲近四旁,莫如中央,故王者必居天下之中,礼也。"这又有所提升,也就是上升到礼制的层面来说明国都位于天下之中的重要性。《管子·度地》也说:"天子中而处,此谓因天之固,归地之利。内为之城,城外为之郭。"

其实,以地理中心为首都的思想可以说是最朴素的观念,并没有什么玄虚之处。而从中国都城建设的历史来看,在唐代以前由于政治经济重心统一在黄河流域,宏观一点说,天下之中就在三河地区。如果学术一些,这就是政治地理学中的核心区。什么是三河地区?司马迁曾对这一地区有过解释:"昔唐人都河东,殷人都河内,周人都河南。夫三河在天下之中,若鼎足,王者所更居也。"[1]也就是说,三河是现在的晋东

---

[1] 《史记》卷129《货殖列传》。

第三章
京·师——国都的确立与转移

南、豫西北一带。如果更具体一些,天下之中就是指位于三河地区的洛阳。因此,从西周到唐代,历代都有在洛阳建都的事实或打算,显然是为了实现"在天下之中,治理天下"的理念。

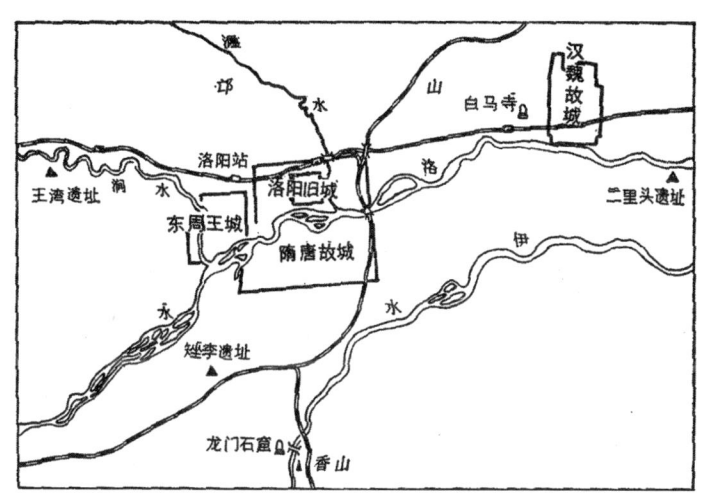

图 3-2　洛阳形势示意图①

不过,话说回来,尽管王朝领土范围的中心位置是建都的理想区位,但有时却不一定是最合适的现实地点。因为理想毕竟是理想,现实的政治、军事、经济因素往往发挥着更重要的实际作用。为了王朝的长治久安,一方面要控制内部的不稳定因素,另一方面要抵御外部的敌对势力。在两种势力的平衡下,首都的选择就可能偏离地理中心。这种偏离又分两种情况:一种是从军事防御角度考量,一种是从政治控制角度出发。

在唐代以前,地处我国地形二级阶梯上的关中平原,相对

---

① 陈桥驿:《中国六大古都》,中国青年出版社1983年版,第126页。

于处于三级阶梯上的山东地区居高临下,可以起到明显的军事控制作用。《盐铁论·非鞅》所说的"诸侯敛衽,西面而向风"就是这个意思。再退一步,正如前述娄敬所谓的四塞之固的地理优势,关中地区即使控制不了东方,也能据险保守独

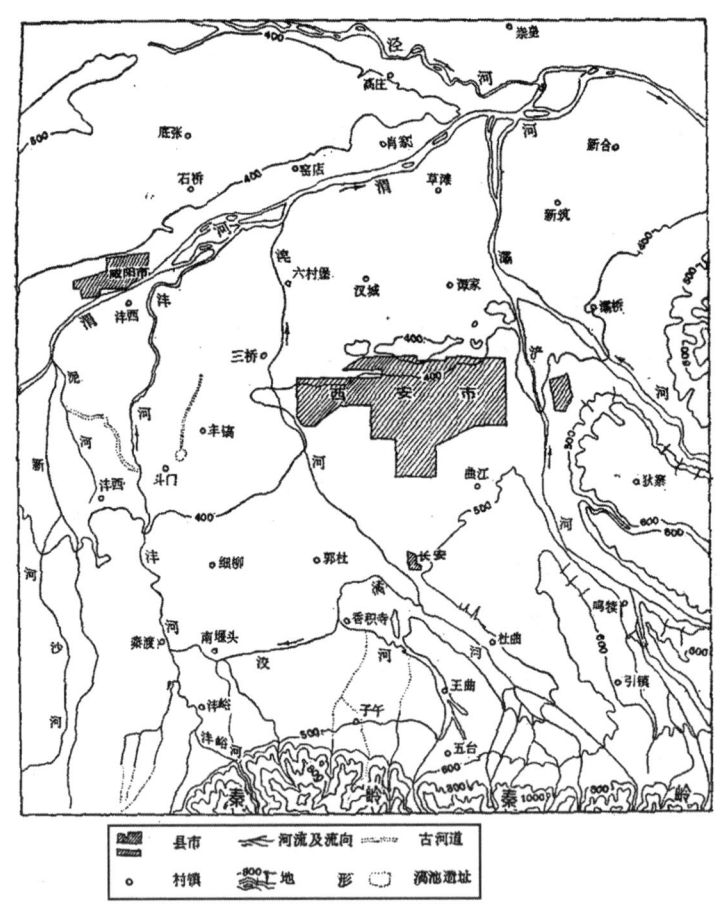

图3-3　隋唐长安形势示意图①

---

① 陈桥驿:《中国六大古都》,中国青年出版社1983年版,第72页。

立。而位于天下之中的洛阳明显没有这个地理优势,万一四方叛乱,则难以保全国家政权。这是从控内的角度。而对于御外而言,唐朝以前中原王朝的主要外敌威胁来自西北,如西汉的匈奴,如隋唐的突厥。此时首都设在御外的前线,当然有利于抗敌自保。如西汉、隋、唐建都长安显然都基于军事防御角度的考量。到了宋以后的外患则来自正北或东北,所以明代定都北京也同样是基于这一理念。

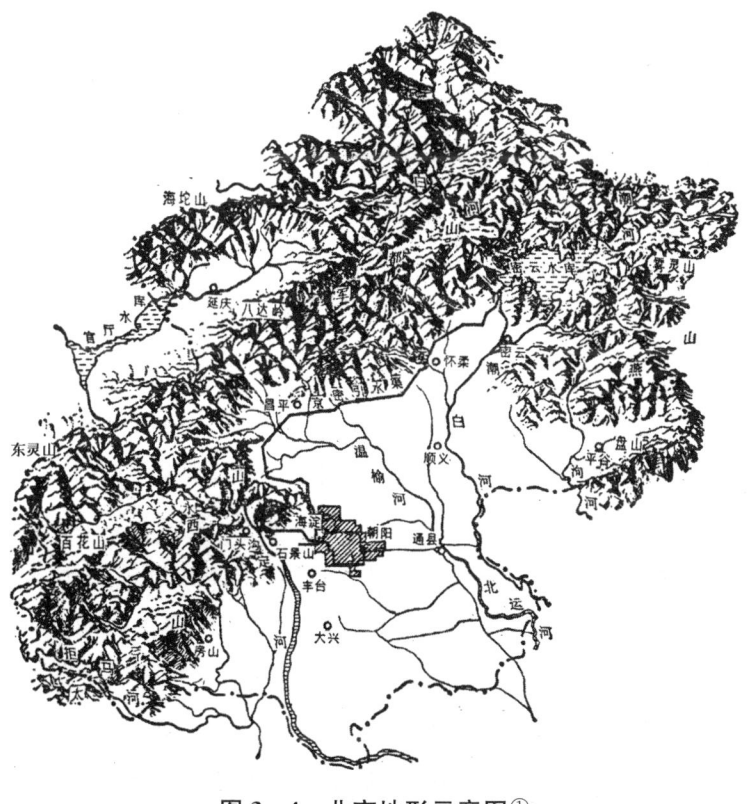

图 3-4　北京地形示意图①

---

① 陈桥驿:《中国六大古都》,中国青年出版社 1983 年版,第 19 页。

匠人营国
中国历史上的古都

另一个影响到首都不选择在地理中心位置的因素,是政治控制原因:统治者往往会将首都设立在其根据地的附近,表面上是接近所依赖的利益集团,实质上是还有便于控制利益集团之意。在中国历史上,最突出的例子是北朝及至隋唐时的关陇集团与定都关中之间的关系。

西魏与北周下启隋唐,其典章制度对隋唐多有影响。在建都方面,隋唐直接继承前朝,以长安为都。此看似顺理成章,但事实上,西魏、北周与隋唐建都长安是与统治者所依赖的关陇集团有着极为密切的关联。

西魏政权的实际创立者宇文泰,曾随贺拔岳转战于关陇各地,所部多为关陇豪右。后来宇文泰在洛阳北部的邙山一带为东魏的高欢所败后,也是通过广募关陇豪右来增加自己的势力。关陇豪右当然就成为宇文泰建立政权的重要基石,国力所寄。此后,北周取而代之,也唯有依托关陇集团的实力。北周之后,隋杨氏继起,及于唐初,关陇豪右始终是这些王朝的重要支柱。然而西魏及北周初年,疆域局促于关西一隅,当然不能不以长安为都,论实力也不能不依赖关陇豪右。但杨氏代周后,形势已大不一样了。北齐已经灭亡,陈更是孤守江南。然而杨隋却仍因魏周旧制,不仅没有离开关中,反而花了大力气在长安旧址旁新建了大兴城,其中最主要的考虑则是关陇集团的实力。浸假于唐初,这一景况也没有大的改变。对此,著名历史地理学家史念海先生有过专论。[①]

周秦隋唐如此,辽金元清其实也是如此。甚至后梁的朱

[①] 参见史念海:《我国古代都城建立的地理因素》,见《中国古都研究》第2辑,浙江人民出版社1986年版。

第三章
京·师——国都的确立与转移

温,明太祖朱元璋与其子成祖朱棣莫不如此行事。再到后来,中华民国时期的南京国民政府也不能免俗。流传至今的"宁饮建业水,不食武昌鱼"的说法,究其实,也是割据江东的孙吴政权不愿离开政治根据地而炮制出来的。不过,政治基础也有其两面性。一方面是保证王朝长治久安,另一方面也有可能妨碍当权者的革新行为。所以,有时候反而要靠迁都来避开守旧势力的干扰。如秦孝公为了变法图强,将秦国都城从栎阳搬到咸阳,有摆脱反对变法的贵族们干扰的意图。北魏孝文帝将首都从大同迁到洛阳,更是明显地要减少鲜卑贵族反对他推行汉化的阻力。

除了上面所说的各种政治因素,选择首都还需要注意的是所在地的经济地理条件。当年娄敬劝说刘邦西都关中时,其中一点就是"关中膏腴之地",虽然在中国历史上,首都地区的粮食与其他用品从全国调配已成为惯例,但当地还需要有基本的粮食供应能力,否则极易生出大乱子来。如安史之乱后,唐王朝的命脉系于江南漕粮的供输。唐德宗时曾发生过一次漕粮迟迟无法运到长安,禁卫军几乎哗变的事件。因此当漕粮抵达长安后,据称德宗与太子父子相拥,热泪盈眶,大呼"吾父子得生矣"。鉴于历史上这样的情况并不少见,因此都城所在地区要求有一块能生产粮食的平原就不算是非分之想。当初娄敬劝说刘邦时,强调关中为天府之国也是基于这样的考虑。

从唐德宗的故事中,我们还可以看出与都城经济地理相关的另一个重要因素就是交通条件。毕竟首都是全国范围的政治中心,在狭小的面积上集聚起庞大的人口是必然的。再肥沃膏腴的土地也难以长期供应,所以必须位于交通枢纽,这样才能保证物资供应。首都位于交通枢纽还有另一个更重要的原因,是交通便利有助于中央对全国的政治控制。所以说,位于交通枢纽的区位,对首都来讲,可谓是一举两得。这一点主要体现在北宋定都开封的决策过程中。

北宋建立之初,宋太祖赵匡胤虽以开封为政治中心,但当时并没有决定立都于此。开宝九年(976年),赵匡胤到洛阳巡幸,打算在这里建都。这时,他的弟弟赵光义与群臣都力主不可建都洛阳,极力谏阻之。赵匡胤只好退一步说,如果你们以为洛阳不行,那么长安建都如何?赵光义问他:为什么要选长安?赵匡胤说,他是想"据山河之胜,以去冗兵,循周汉故事,以安天下也"。不料,这一想法也遭到赵光义等人的坚决反对,认为回到开封才是正理。因为开封虽是四战之地,无险可守,不能仰仗自然地理形势的优势,但可以用大量的兵力守卫来弥补,更重要的是开封"漕引江淮,利尽南海",所以是建都的最佳选择。不过,赵宋王朝为这一选择付出了高昂的代价,北宋开封地区的戍卫兵力为历代都城之最,尽管如此仍在金人的铁骑下不堪一击,最终导致了北宋王朝的灭亡。

二 四塞之地长安与四方之中洛阳

正是从上述几个建都的一般原则考虑,中国古代统一王朝,甚至分裂时期以及近现代的首都,主要设在西安、洛阳、北京、南京与开封这五个城市及其附近。当然还有其他城市,但考量中国三千多年,大部分时间都是以这五个城市作为首都。而这五个城市中又有所区别,西安、洛阳、北京相对而言更重要一些,次为南京,再次则是开封。因此,有学者认为开封不

第三章
京·师——国都的确立与转移

过是一个过渡性的首都。①

从另一个角度来看,这五个城市从地理位置上又可以分成两组:东西向的西安、洛阳与开封,南北向的北京与南京。这两组城市作为首都的历史恰巧也可以在时间上区别开来:前一组是中国历史前半段的首都,后一组则是后半段历史的都城。② 或者更明确一些,中国历史上国都的迁移,并非像以前学者所认为的,是从西安到洛阳,从洛阳到开封,再从开封转移到南京,最终落实到北京。实际的情况更为复杂一些,往往在同一时期里有两个位置几乎同样重要的都城并存,甚至在一个朝代有两都并立的情况。如在西周到唐代近两千年的时间里一直是西安与洛阳交替作为首都,在唐末到北宋二百多年间是洛阳与开封同时为首都候选,最后从金朝到今天长达八百年时间里,首都由北京和南京轮流坐庄。

今天的西安作为首都,始于周人。周人的祖先为了向东开拓,其政治中心从关中西部不断向东迁移,到周文王终于定于沣水西岸,建丰京。不过,这时的周还只是商王朝的一个方国。到了周文王之子武王时代,大邑商露出败象,武王意欲东进,遂再将政治中心迁到与丰隔水相望的镐,建立镐京。后武王东进伐纣,取代了商,统治了中原地区。君临天下的周武王踌躇满志,显然感到镐京作为首都过于偏西,难以控制殷商旧地。而地处天下之中的洛阳,对控制东方更为有利,武王因此萌生了在洛阳建都的想法。《逸周书·度邑》中就记载了武

---

① 参见周振鹤:《东西徘徊与南北往复——中国历史上五大都城定位的政治地理因素》,《华东师范大学学报》2009 年第 1 期。
② 参见周振鹤:《东西徘徊与南北往复——中国历史上五大都城定位的政治地理因素》,《华东师范大学学报》2009 年第 1 期。

匠人营国
中国历史上的古都

王灭商后打算在伊洛一带建立都邑的故事。不过，雒邑的建设到周公相成王时才全面完成。《周书·雒诰》曾记载了周公对营建雒邑的描述，他是这么说的："予惟乙卯，朝至于洛师。我卜河朔黎水，我乃卜涧水东，瀍水西，惟洛食；我又卜瀍水东，亦惟洛食。伻来以图及献卜。"这是说，他在营建雒邑时十分谨慎，为了获得合法性，不断向上天求告占卜。

雒邑建成后，成为与宗周镐京并立的都城。不过，建成后的雒邑其实含有陪都的意味。因此，终西周之世，正式都城一直在镐京未迁，但成周雒邑始终是周人镇服东方敌对势力的重镇。

之所以宗周镐京与成周雒邑始终并存，是因为它们各有利弊：宗周位于关中，自然条件优越，粮食供应充足，此其一。其二是四塞之地，有险可凭，既可以就近抵御犬戎等西北民族的侵扰，也可以防御东部平原地区的反对势力。当然，更重要的一点是这里为周人的发源地，是周文化的渊源与周人统治的根据地。尽管有这么多的优点，丰镐也有一个致命的缺点，地处帝国的西鄙，行政治理不便。所以到了东周时期，王权衰落，内控外御力量削弱，尤其是面对西北强邻的侵扰，周天子就不得不将都城东迁洛阳王城，远离外敌，同时可以就近控制内部。

洛阳处天下之中，优势当然在于对全国行政管理十分方便，而且各地贡赋的调集，商贸上的往来也极为便利。优点突出，缺点也十分明显：中州平原是四战之地，伊洛平原更是无险可守。后世所谓的东据成皋，西阻崤、渑，背倚大河，面向伊洛的地理形胜，只不过是主张建都洛阳之人的意淫。真正打起仗来，这里就如张良所说的："虽有此固，其中小，不过数百

第三章
京·师——国都的确立与转移

里,田地薄,四面受敌,此非用武之国也。"比起丰镐所在的关中来,无论是外御敌侮,还是内控叛乱,洛阳的安全性差之千里矣。

尽管当时丰镐与洛阳两处对于定都而言,各有利弊,哪一个也不能说占了绝对优势,但相对而言,丰镐还是明显占了上风。

与周人相似,秦人一样是从西边迁来,秦国的都城从陇山之西迁到雍,再迁到栎阳,最后定于渭河之北的咸阳。秦国以咸阳为根据,一一击败东方六国,咸阳自然也就升格为统一王朝的首都。秦亡汉兴,刘邦及其部将来自东方,与周人、秦人不同,关中不是他们的家乡,因此不是一定要建都于此。这样就出现了本章最初的故事:刘汉定都何处的问题。其实,刘邦之所以举棋不定,就是因为他们是从关东起家,洛阳既是天下之中,又离老家丰、沛较近。所以,刘邦在洛阳呆了三四个月,后来是在听了娄敬、张良的建议后,才意识到要坐稳天下,只能西迁长安。

这里我们可以稍稍分析一下秦汉时的政治形势,就知道娄敬、张良之流目光如炬:从御外的角度,秦与西汉所面对的外部强敌都是北面的匈奴,建都关中有利于抗击外敌。而秦正是凭借关中而收复了被匈奴占据多年的河套地区,并将这一地区建设成新秦中。汉初,固然国力不强,先是只能以和亲政策与匈奴周旋。到了武帝以后,国力强盛,汉廷以关中为基地打击匈奴于西北,取得了压倒性的优势。不但西取河西之地,而且开辟西域地区,将今天新疆大部分地区纳入版图之中,远远超过了秦的疆域。这显然是建都洛阳不可能做到的。到了这时,位于关中的长安自然就不再是僻处西隅,而是几乎成为全国领土的中心了。

历史往往有惊人的相似！用在中国历史上，我们也可以生出同样的感慨。数百年后，唐太宗又重演了当年汉武帝抗击匈奴的故事，甚至发生的场景都大致不别，结果也几乎一样，将唐王朝的疆域一直拓展到了帕米尔高原，只是对手换作了突厥。但是，试想如果西汉与隋唐建都在洛阳，于匈奴或突厥必定有鞭长莫及之感，不可能取得如此辉煌的功绩。

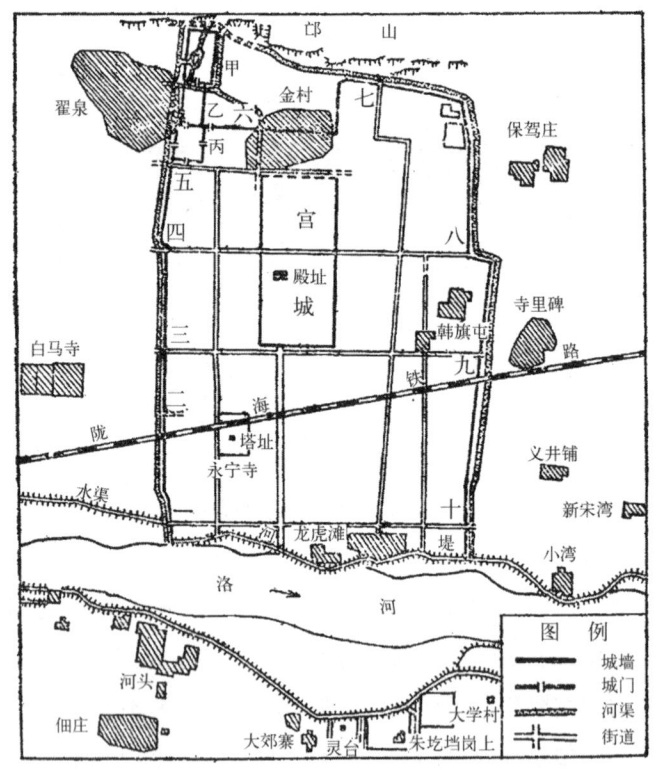

图3-5　洛阳周边地形示意图①

---

① 陈桥驿：《中国六大古都》，中国青年出版社1983年版，第140页。

第三章
京·师——国都的确立与转移

所以，若王朝进取则建都长安，若守成则定都洛阳，这几乎成为中国历史前期的一个定律。比如，东汉国力远逊于西汉，于匈奴于西羌均有力不能胜之难处，所以只能建都洛阳以求自保。随后的西晋比东汉更弱，也只有定都洛阳。介于东汉与西晋之间的曹魏仅有半壁江山，只好以洛阳为都城。

不过，此后的情形似有所改变。十六国之后统一北方的北魏，选择了洛阳作首都，这倒不是为了自保，而是要进攻以取南朝。因此，也就不可能以长安为基地，洛阳显然有了极大的优势。倒是只有分裂后占据西部江山的西魏与北周只能再次以长安为都。不过，同时期的东魏与北齐却是弃洛阳而改就邺城。细想想，也很好理解。这几个政权或是鲜卑化的汉人，或是汉化的鲜卑人执掌，自然需要把都城建在更靠近原来鲜卑族旧地的地方。不过，话又说回来，这一搬迁为时极短，影响也有限。再到后来，隋代北周而起，自然继承了北周的首都长安。李唐再继隋而立，仍然采取拿来主义政策，把隋的国都、制度一并照搬，省却了不少气力，效果却出奇地好。但细比起两汉，情形已有些变化。

隋唐时期，中国的经济文化重心虽然仍在黄河流域，但已经不占有绝对的优势。在东晋南朝的全力经营下，长江流域已显现出勃勃生机，江南地区成为平衡整个中国的重要砝码。隋炀帝的南巡江南，并非仅是为了淫乐消遣，另一个用心是仿效秦始皇，宣示国威。因此，尽管隋代定都于关中地区，并精心构筑了一座美轮美奂的大兴城，却视洛阳同等重要，显然是考虑在这里控制长江流域更为便利。唐代也基本如此。所以，隋唐时期与秦汉已有所不同，洛阳与长安并肩，甚至还略占优势：隋炀帝以居洛阳为常态，唐高宗干脆移居洛阳，称为东都。他的皇后武则天称帝后,正式定都洛阳,长安反倒成了陪都。虽然,后来李唐复辟,还都长安,不过洛阳仍是割舍不掉的至爱,玄宗前期就曾五次就食洛阳。显然,这时长安的地理形势已弥补不了它的区位缺陷,需要靠洛阳的居中地位来补救。这当然也隐隐透露出长安为都的败象来。果然,到了唐末,昭宗最终被朱温逼迫迁都洛阳,此后长安便永远失去大一统王朝的首都地位,只有极为短暂地做过后唐的陪都西京。

  北宋以后,长安即使从理念上也永远与都城地位告别了。尽管明初朱元璋在立都时,御史胡子祺认为"夫据百二河山之胜,可以耸诸侯之望,举天下莫关中若也"。朱元璋也颇以为然,还专门派太子朱标巡抚陕西,似有立都之意。但事实上,朱标回到南京后并无下文。看来,朱元璋对建都关中,也不过是一时的念头而已。① 长安、洛阳为都的最后一次回光返照,是在国民政府时期。一·二八事变后,国民政府从南京迁到洛阳办公。鉴于南京地处前线,一旦中日战争爆发,首都地位难以保全。因此国民党于 1932 年 3 月在洛阳召开四届二中全会,决定以洛阳为行都,同时设立陪都西安,并定名西京。甚至还委派了张继等人组成"西京筹备委员会"。这个西京筹备委员会从 1932 年 3 月至 1945 年 6 月,前后存在了 13 年之久。但最终抗日战争全面爆发后,陪都选的却是重庆,并非先前打算好的西安。

三 天下之枢开封

  从西周到唐代大约两千年的时间,之所以首都一直在长

---

① 据《明史》卷 115《兴宗孝康皇帝传》。

第三章
京·师——国都的确立与转移

安与洛阳之间徘徊,是因为从有文字记载的历史一直到唐代中期之前,我国的文化、经济重心一直都在黄河流域。所以,早期的首都自然也就落在黄河流域了。而相比起其他地方,长安和洛阳地区文化积淀深厚,之前不论,仅从西周开始便是政治中心与陪都所在,朝纲典制衣冠威仪,积渐而下,这是其他地方无法比拟的。

因此,在中唐以前,除非偏安或其他特殊的原因,统一王朝首都只在长安与洛阳之间选择。但中唐以后,随着文化、经济重心的逐渐南移,情况发生了很大的变化。尤其是经济重心的南移,使得长安作为首都已极为勉强,上面所讲的唐德宗的例子因在安史之乱后河洛陷于藩镇,自不必言。即便是安史之乱前的玄宗,也多次率领群臣浩浩荡荡地赴东都洛阳就食,说明此时关中平原支撑如此庞大的食利阶层已是力所不逮了。不仅长安,从财赋所出的江南一带来看,洛阳此时也不再是四方之中。因此,更东方的开封,地位也就渐渐重要起来,到了唐末开封就真的成为了全国性的政治中心。不过,这一转移并不是直接从长安到开封,而是借洛阳中转了一下。当时控制了李唐政权的宣武军节度使朱温,先是强迫唐昭宗迁都于洛阳,待后梁篡唐而立以后,就直接定都开封了。

虽然我们也可以认为,后梁建都开封是一个以自己的根据地作为首都的典型,因为后梁是以开封为中心起家的。但实际上的原因,却是开封利用运河更加方便,可以直接把江南地区的财富漕运过来,经济上的优势十分明显。但是,由于洛阳长期为都,朱温定都开封多少有些底气不足,所以定都开封不过两年,朱温就西迁洛阳。只是洛阳为都至此时已是日薄西山,所以四年后后梁还都开封。这次是五代时期首都在洛阳、开封之间徘徊的第一轮，之后又在后唐灭梁以后迁都洛阳，而后晋灭唐两年后再次回到开封。从此，开封作为首都一直延续到北宋亡于女真。

事实上，在北宋建都之时，开封凭借着发达的水路运输已成为重要的经济中心。"安史之乱"以后，北方一直是各种政治势力角逐的中心，黄河中下游地区的经济遭到了严重的破坏，大量人口的向南流徙，促进了南方经济的发展。因位于贯通南北经济命脉的大运河的中枢，开封得到了充分的发展。到了五代时，开封已成为"控引河汴，南通淮泗，北接滑魏，舟车之所凑集"①的北方大城市了。所以，开封取代长安、洛阳成为全国性政治中心，是势之所必然。不过，开封的确是四战之地，无险可守。所以，尽管后晋以降定都开封直至北宋末年，但同时洛阳仍一直作为陪都以防不时之虞。

北宋之后，开封再作为首都则是在 1214 年（金宣宗贞祐二年）。女真人为了躲避蒙古人的压迫，将首都迁往陪都南京开封。此后，直到 1233 年（天兴二年）金哀宗出走，南京陷落，开封作为陪都与首都的地位也最终结束了。开封还有可能作为首都的最后机会是在明初。朱元璋定都南京后，同时以开封为北京。据说，这是因为他仰慕宋朝的制度，明代的行政管理制度模仿宋朝，比如分管军事的都指挥使司、民政的布政使司和监察的按察使司三司分立就是仿效宋朝转运使司、安抚使司、提刑使司诸监司分立，因此他有过建都开封的想法十分自然。只可惜这时的开封周边水道淤塞，交通优势尽失，无法成为首善之区，朱元璋才打消了这个念头。尽管如此，开封的

---

① 《资治通鉴》卷 274，后唐明宗天成元年三月石敬瑭语，胡三省注。

第三章
京·师——国都的确立与转移

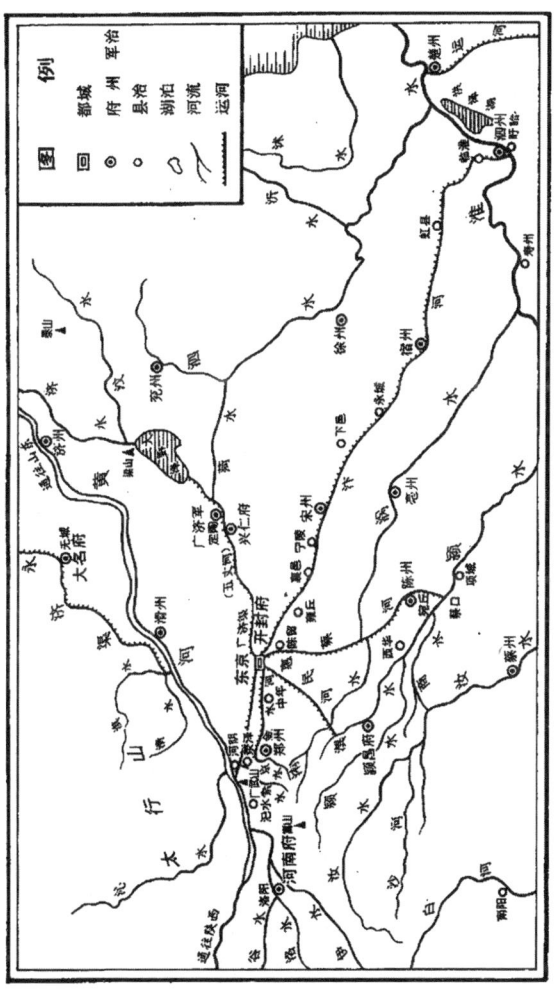

图 3-6 北宋东京附近河流示意图①

① 邹逸麟:《中国历史地理概述》,上海教育出版社 2005 年版,第 340 页。

北京之称，在明初也保持了十年之久。

四　南北往复

真正地将首都建在长江流域，应该说始自南朝。

魏晋南北朝分裂时期的都城建设开始出现离开长安、洛阳一线而发生南北位移的现象，这可以算是后来首都偏离东西轴线之滥觞。当时对于北朝来说，依然有建都长安、洛阳的可能，但南朝则只能建都于长江流域。与黄河流域不一样，在长江流域可供选择作为首都的城市很少，几乎只有一个城市无论是从地理形势，还是从经济考量都符合要求，这就是今天的南京。

南京背依长江三角洲平原，农业发达，商业繁荣，占据着极为有利的经济地理区位。而从军事形势来看，前据大江，南连重岭，凭高据深，形势独胜。所以，诸葛亮对此地的形势深加赞赏："钟山龙蟠，石头虎踞，此帝王之宅。"在得到这样的评价后，历代帝王也认同了在长江流域南京是最合适做首都的地方。因此，自东汉末年起，做半壁江山首都的地方，几乎非南京莫属。

东汉黄巾起义被镇压后，群雄蜂起，位于三吴的孙权将当时称为秣陵的南京改称为建业，以此地作为吴国都城。除去其间曾有两次短暂地迁都上游的武昌，也就是今天的湖北鄂州，东吴在南京建都算起来有近六十年的时间，比之后的明朝与南京国民政府建都南京的时间还要略长一些。永嘉之乱后，衣冠南渡，晋室在由建业改名的建康立都，建立了东晋王朝。此后经宋、齐、梁、陈四代不变，南京作为上述六个朝代，也就是孙吴、东晋及南朝的宋齐梁陈的都城的时间长达330

第三章
京·师——国都的确立与转移

年之久,统治着淮河以南的半壁江山。史称南京的"六朝古都"即是指这一段的历史。

不过,南北朝以后,南京几乎就丧失了作为首都的地位,与金对峙的南宋按照前朝的惯例似乎应该建都南京,但宋高宗却没有恢复全宋的雄图,宁愿躲到更安全的杭州,可以有长江与钱塘江两道防线。所以,南京再次作为首都则是在中国历史上少有的由南向北得天下的明初与民国年间,但也只维持了十分短暂的一段时间,而且明代一旦控制北部中国后就觉得南京作为京师有诸多不便,而国民政府更是只能实际控制长江中下游地区,北方与内地都不是它的势力范围。因此统一北方后的大明帝国的首都,必须有一个更合适的替代者,这就是地处蒙古高原与华北平原交界的北京。

今天看起来是首都的不二选择的北京,在中国悠久的历史上却一直地处中原边缘,长期以来只是一个州郡级的首府而已,稍微辉煌一点的历史是北京一带在西周时曾做过燕国的都城。燕国虽然被称作战国七雄之一,但也只是当时北方的一个弱国而已。早期的北京之所以没有受到重视,还是因为对于华夏文化的核心区来讲,它的位置过于偏北,甚至在中国历史上,那些只占据北半个中国的分裂王朝都没有考虑过用它作为都城。但是,随着中国北方政治军事地理格局的改变,北京的地位也发生了变化,逐渐从一个边城发展成为中原王朝的陪都以至首都。

中唐以后,威胁中原王朝,甚至最后发展壮大到入主中原的少数民族,主要来自东北地区。比如契丹族就崛起于东北,先是建立契丹国,随后,其军事实力不断增长,势力逐渐扩张到中原地区的北部,对中原地区的政权,无论是割据政权,还是统一王朝都造成了极大的威胁。如五代时,后晋石敬瑭就迫于压力把幽云十六州的土地割让给契丹,遂使契丹国的南界扩展到了今河北中部一线,并且为了控制这一新获得的地区,契丹还把政治中心的一部分职能放在了幽州,也就是今天的北京。938年(一说947年),契丹改国号为辽,同时所做的一项工作就是改幽州为南京幽都府,后来再改名为析津府,作为辽国的陪都。因为这里曾为战国燕的地域,所以当时的人们又称它为燕京。今天我们把辽作为与北宋、西夏鼎足而立的中原王朝之一,所以北京作为有影响力的都城就是从成为辽的陪都开始。

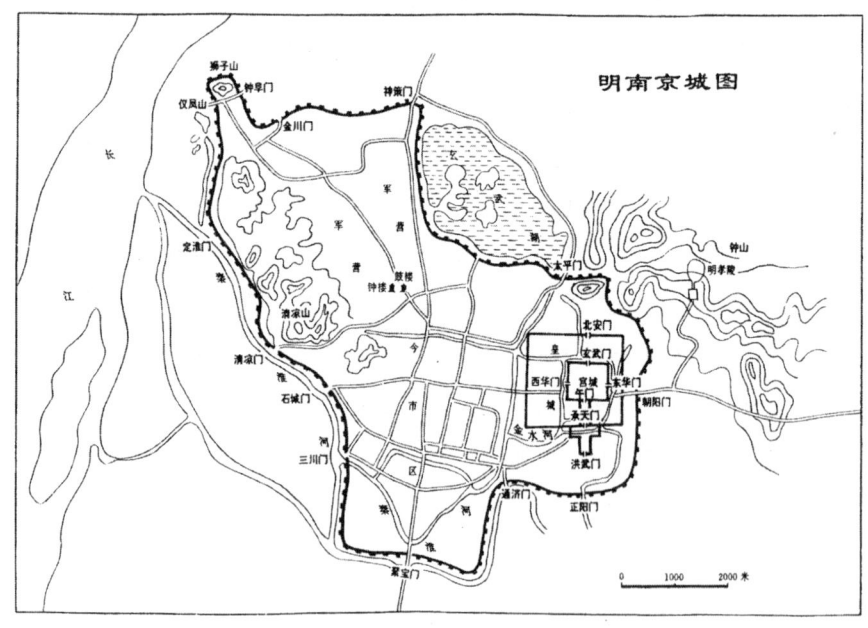

图3-7 南京地理形势示意图①

---

① 马正林:《中国城市历史地理》,山东教育出版社1998年版,第231页。

第三章
京·师——国都的确立与转移

十二世纪初,辽的部属女真族继起于东北,仅用了十几年就先灭辽,再灭北宋,建立了横跨北中国的金朝。金的南疆一直到了秦岭淮河一线,远过于辽,但由于根据地仍在东北,所以仍仿辽制,以辽南京为陪都,正式改称为燕京。显然因为它的首都上京会宁府位于今天黑龙江阿城一带,对统驭整个疆域,特别是中原地区有鞭长莫及之虞,所以1153年,为加强对中原地区的控制,金迁都到燕京,改称为中都大兴府。这是北京第一次成为王朝的首都。十三世纪初,蒙古人崛起于北方草原,横扫北中国。灭金后不久,元世祖忽必烈就于1267年把首都从位于蒙古高原的开平府,迁到了金的中都城,随后改称为大都。从此以后,北京就从北半个中国的首都变身为全中国的首都直到今天,其间虽有迁往南京的往复,但相对而言都比较短暂。

金、元的情况大致相同,既要南取中原,又要照顾到本民族的根据地。于是位于蒙古高原与华北平原交界处的北京,就成为最合适建都的地方。著名历史地理学家侯仁之认为,北京山前小平原处于华北平原的最北端,从北方而下,经过太行山山麓通道,可以直达中原核心区域;从此往北,通过燕山山脉诸山口就进入到蒙古草原,再往东北可沿渤海边缘大路进入松辽平原。这种控扼天下的地理形势,对金元以后蒙古高原以及东北地区已纳入中原王朝统制的局势来讲,当然是首都的最佳选择。这一点,金人梁襄早已揭明:"燕都地处雄要,北倚山险,南压区夏,若坐堂皇而俯视庭宇也。又居庸、古北、松亭诸关,东西千里,险峻相连,近在都畿,据守尤易。"其实,他说的就是一种地理上的气势。如果我们回顾一下张良、娄敬对长安、关中地理形势的议论,就会发现历史再一次重演,只不过这一次的主角不是长安而改为北京。

　　清人入主关内,出现的依然是辽金元以来不断重复的政治态势。清的龙兴之地在东北,在建立了全国性的一统王朝之后,北京之外,可以说没有其他更合适的地方作为首都。所以清朝选择北京为首都没有任何迟疑,这与金、元时期思路完全相同。事实上,由于清代所建立的多民族大帝国北部几乎囊括全部蒙古人的部落,西北还包括了准噶尔与回部,西南领有西藏地区,远远超过汉唐盛世,北京的地理位置也因此不再像过去那样偏向北部,而显得相对比较适宜。而且这时的北京从辽代以来,已经有了近七百年的陪都与首都地位,除了中间的明初那次数十年中断之外,气势早已养成。

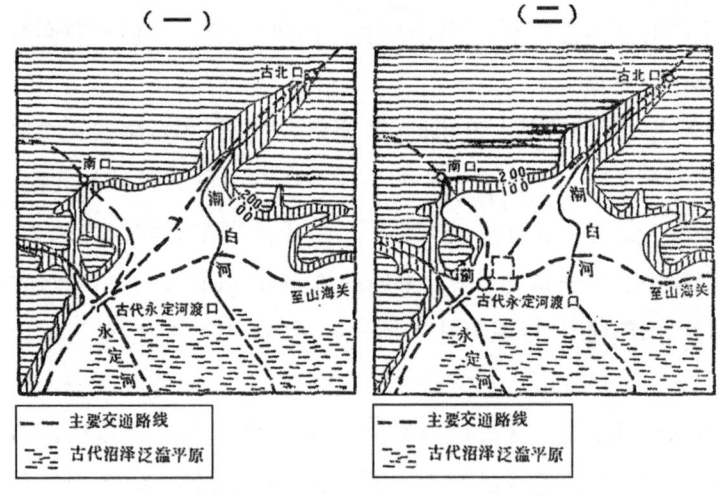

图3-8　北京地理形势示意图①

　　再往后,北洋政府时期的中华民国以及1949年以后的中华人民共和国,对首都的定位无不依仗这一形势。可以说,除

---

① 陈桥驿:《中国六大古都》,中国青年出版社1983年版,第18页。

第三章
京·师——国都的确立与转移

了西安/长安以外,全国再没有第二个城市可以与之相比。两个城市的区别仅在于,西安是以西驭东,而北京则是以北临南。这当然也是中国历史上的政治格局所决定。唐以前,山东地区,即黄河下游地区是可以与关西抗衡的政治与经济力量所在,当时的政治格局是东西对峙。宋以后,发生了九十度的转向,政治力量的对立是南北方向。当东西对峙时以西安为上,而南北对峙则以北京为上,形势使然。中国历史上的首都选择,形势往往是一个重要的考虑因素,是一个极具影响力的传统观念。这一点有时要胜过经济中心的重要性,也要胜过天下之中的实用性。西安与北京可以说是两个最突出的以形势取胜的都城。这是对中原王朝来讲,而对于北方民族而言建都北京,也有一定的实用性。比如蒙元王朝败于明,退向北方以后,北元仍然存在了很长一段时间,而蒙元的后身鞑靼、瓦剌也始终对明王朝的安全构成巨大的威胁。

同长安与洛阳东西徘徊相像的是,北京与南京也不是此起彼伏的关系,而是共生共长。典型的例子当然还是明代。1368年朱元璋称帝,建立明朝时以南京为首都。可惜的是,这一局面并没有维持多久。朱元璋之子朱棣从他的侄子建文帝手中夺取帝位后,思路却与其父完全不同。他一开始就打算迁都北京,原因不外是这么几个方面:首先,北京是其龙兴之地。朱棣封为燕王,在北京有比较牢固的政治基础;其次,他的帝位按中国传统观念是篡夺而来,并不是自然继承来的,所以避开先帝之都南京,也是远离是非之地。但最重要的因素应该还是明朝的主要外敌是北逃的蒙古势力,建都北京有利于就近御外。这最后一点从朱棣的经历中可以得到证实:他五次亲征蒙古,都是以北京为基地。所以,建都北京对巩固

匠人营国
中国历史上的古都

明朝北部边防有着十分积极的作用。

不过,由于南京是父亲明太祖钦定的首都,永乐帝当然不便马上改变。所以,第一步是在永乐元年(1403年)改北平为北京,升为陪都。接着,在政权巩固以后,朱棣在永乐七年、十一年与十五年三次巡幸北京,但第三次巡幸以后就再也没有回到南京,而是驻跸北京直到去世。同时,首都机能开始由南京向北京转移。到了永乐十九年(1421年)朱棣正式迁都北京,改称京师,而把原来的京师降为南京。

但是,朱棣的子孙想法又与他不同,并不全都认同北京为首都,也有人想要回到南京去。所以明朝前期,在北京与南京之间就有过一场旷日持久的往复阶段:永乐帝死后,洪熙元年(1425年)仁宗就改北京为行在,准备还都南京。可惜他短命而亡,此事也就不了了之。经宣德朝至正统朝,南迁始终未能实现,于是在正统六年(1441年),北京官厅去掉"行在"二字,北京才算是最后正式定为首都。这就是说,从明朝建立到正式定都北京,大约经过了七十多年的时间。即使从永乐元年(1403年)开始的两京制度算起,也有将近四十年之久。明代前期北京、南京之间的反复,不但反映了选择首都的各种外在因素交错的复杂性,还体现了具有定都决定权的皇帝个人的心理状态。永乐皇帝自然是一心要迁都北京的,但却迁延了十九年之久,其间他有将近一半时间是待在北京处理国事,或以北京为基地进行亲征。但在他离开南京的时候,他的太子洪熙帝都在南京监国,而且洪熙宽厚仁慈,对祖父朱元璋定都南京也有相当的感情,所以一心想迁回南京。只因他当皇帝不足一年时间,来不及完成这个任务。到了他自己的太子宣德帝时,想法又与他不同。虽然遵照父命有迁都的计划,但宣

第三章
京·师——国都的确立与转移

德帝作为永乐帝的皇太孙,在祖父远征蒙古时,一直随侍在侧,对残元势力的威胁认识更为深刻,所以对迁都回南京积极性并不高。当然,经过几十年的经营,北京作为全国性首都条件的确比南京优越,宣德帝较父亲对北京也有着更深的感情。

经过来回往复之后,明王朝的首都最终还是定在了北京。不过南京作为留都,比一般的陪都位置更高,与北京一样设有六部。这种情况为历代所无,这当然是明代诸帝出于对祖宗制度的尊重。

民国时期,北洋政府的政治基础在北方,定都北京自然是不二之选。但到了由国民党建立的国民政府时期,其政治基础是江浙财团,实际控制区域也是长江中下游地区,所以自然是选择南京作为首都。

英国地理学家柯尼希(V. Cornish)曾对首都的地理条件做了详细的研究,他认为建都地点大致要具备三个条件:一是自然仓库(natural storehouse),即首都附近资源丰富,粮食充裕,能满足首都大量人口的需要;二是交通枢纽(crossways),即首都应位于交通要道处,往来方便;三是要塞(strongholds),便于防守。[①] 这三个首都选址的充分必要条件,放在中国历史上也是如此。

西安一带作为首都,其地理区位与上述三点全部符合。虽然西安不处于天下之中的位置,于全国行政管理有其不便之处,但西安西通陇右,南达巴蜀,东至中原,北抵塞外,交通便利,可以弥补其不在地理几何中心的缺陷。洛阳只符合三个条件中的两条,即交通枢纽与经济发达,所以其建都优势不

---

① V. Cornish, *The Great Capital*, London, 1923.

如西安。但无论西安还是洛阳,都只是在汉人为主的中原王朝,并且政治重心在西北、经济文化重心在黄河流域时才是合适的建都地点。待到经济重心南迁长江流域,政治重心转向东北后,首都自然就只能在东部地区选择,这就是北京与南京崛起的原因。而在政治经济因素中,显然政治因素更为重要,这是北京优于南京的地方。

  不过,有一点是柯尼希没有总结出来的,那就是在传统中国,地理"形势"是建都的一个极其重要的因素。所谓形势,其实就是一种政治地理特征。居高临下,坐西镇东,坐北制南,都是一种势:一是气势,二是地势,这种地理特征应用到政治方面,就成了一种政治地理要素。这在中国首都定位中是极其重要的,也可以说是一种中国文化与中国人文地理的特征。这一点清人顾祖禹在《读史方舆纪要》中讲过。他在分析顺天府,也就是今天北京的形势时说:"关山险峻,川泽流通,据天下之脊,控华夏之防,钜势强形,号称天府。"而首都需要的就是这种"钜势强形"。在分析陕西,也就是关中的形势时,则说其"据天下之上游,制天下之命者也。是故以陕西而发难,虽微必大,虽弱必强,虽不能为天下雄,亦必浸淫横决,酿成天下之大祸……盖陕西之在天下也,犹人之有头项,然患在头项,其势必至于死,而或不死者,则必所患之非真患也。"所以,在中国的古都中,以西安与洛阳比较,西安的形势胜;以北京与南京比较,北京的形势胜。中国历史上的首都也确实以西安及北京最为强势。

第四章 都·京——首都与陪都

定都对于一个王朝来讲,当然十分重要。因此人们在选择首都时,往往十分挑剔,从政治、经济、文化、交通等方面考虑,这就形成了上文所讲的几个建都基本原则。但现实的情况,并不总是遂人心愿。每一个地方总有不利之处。所以,即便是在中国历史上已证明是首都最佳选择的西安/长安和北京,事实上也总有这样或那样不如意的地方。比如西安在中国历史上大部分时间是僻处西陲,而北京也过于接近北方边疆地区。所以,为了统治的方便,帝王们则会选择疆域内另一个适于控制全国的地方,作为首都的补充,以弥补首都的某种不足。这就是陪都。有时候,一个陪都并不能达到统治全局的目的,所以在东西南北中各设一个都城,这就是五京制度。

一 东西二京

在中国历史上,首都与陪都并存的情况并不少见,其中最著名的还是西周时期的宗周与成周。

周人为了向东开拓疆土,将政治中心从关中西部不断向东迁移。在剿灭商王朝西部最重要的属国崇国之后,周文王

匠人营国
中国历史上的古都

和他的儿子武王先后建立了丰、镐二京。《诗经·大雅·文王有声》中记载了这一事件："文王受命，有此武功，既伐于崇，作邑于丰，文王烝哉……考卜维王，宅是镐京，维龟正之，武王成之。武王烝哉。"显然，武王把都城再向东迁移是为了显示其征伐商人的决心。不过，从文献记载来看，丰、镐二京之间虽然隔有沣水，丰在西、镐在东，但总体上是一个城市，并在西周建立之后一直作为国都，称之为"宗周"。

周人灭商后，势力迅速扩展到辽阔的东土，也就是黄河下游平原。国土面积的扩大，使得周人在灭商之后，立即感到在东方建立统治据点的必要性。这时地处天下之中的洛阳就成为武王的首选。雒邑建成后，成为与宗周镐京并立的都城，含有陪都的意味。因此，虽然终西周之世，正式都城一直在镐京未迁，但成周始终是周人镇服东方敌对势力的据点。

之所以宗周丰镐与成周雒邑始终并存，是因为它们各有利弊：宗周虽然占尽政治、经济地位之优势，但无奈地处西鄙，对东方行政管理不便，所以必须再有一个地理位置接近东方的据点，以控制殷商旧地。而成周雒邑地处天下之中，便于对全国进行有效管理，征集各地贡赋以供周天子，商业贸易也十分方便，但它的四战之地无险可守，地理形势的安全性较差，所以只能作为丰镐宗周的补充。

尽管我们前面已经说过，若王朝进取则定都长安，若守成则定都洛阳。但事实上，国势强大的王朝在定都长安后，如果其经营重点是在东方，那么，就只能用洛阳作为陪都。这似也是中国历史前期的一个通例。

隋代直到唐代中期以前，中国的经济文化重心虽然仍在黄河流域，但已经不占有绝对的优势。长江流域人口的增加，

第四章
都·京——首都与陪都

促进了区域经济的持续繁荣,成为供给中央政府财赋的重要地区。因此,尽管隋唐定都关中,却都视洛阳极重。隋炀帝以居洛阳为常,唐高宗干脆移居洛阳,称为东都,形成了事实上的两都制。武则天称帝后,为了摆脱李唐宗室的干扰,迁都洛阳,把原来的首都长安改作了陪都。

我们今天的首都之所以名为北京,实际上也是两京制的产物。当年明太祖定都应天府,称为京师。后其子朱棣将首都北迁,原来的京师只好改称为南京。明代的两京制度就从此开始。另外,相比起其他朝代的两京制度,南京作为留都,比一般的陪都位置要高,甚至与北京一样设有六部。这种情况为前朝各代陪都所不曾出现的。

二　五京制度

辽是东北部落契丹所建立的王朝。辽太祖耶律阿保机于神册三年(918年)在临潢开始筑城,称为皇都。天显三年(928年)再升东平郡为南京。之后不久,天显十三年(938年)辽太宗耶律德光因为后晋石敬瑭献幽云十六州给契丹,并遣使奉表上尊号,于是依照汉制,登开皇殿,辟承天门受礼,改元会同,改皇都为上京。同时升幽州为南京幽都府,改南京东平郡为东京辽阳府,形成了一都两京制。辽圣宗时,再改幽都府为析津府,又于统和二十五年(1007年)增建中京大定府。辽兴宗更于重熙十三年(1044年)升云州为西京大同府,合称五京。[①] 辽五京制度并不是一蹴而就的,它的形成不可否认是受到唐、五代、北宋中原都城制度的影响,甚至渤海国的影响,

---

① 参见杨宽:《中国古代都城制度史研究》,上海人民出版社2003年版,第442页。

73

并对之后女真人的都城制度也有着直接的影响。

在辽的五京中，上京是契丹人最早创建的都城，也始终是辽的政治中心。辽上京遗址在今天的内蒙古巴林左旗林东镇南，周围约有14公里，与文献所说的幅员二十七里大体相合。从遗址来看，整个城市分为南北两城，北为皇城，南是汉城，中相隔一道城墙，也就是北城的南墙同时是南城的北墙。从文献记载来看，北城，也就是皇城实为契丹城，即为中央官署所在地，是契丹贵族的集居区。宋的使者薛映出使辽时，记载了在皇城内"有昭德、宣政二殿与毡庐，皆东向"。① 显然，在这里契丹人还保留着住毡庐的旧习。而以东向为尊也是契丹人的旧俗。至于南边的汉城，应该是外郭城的意思，所居住的是非契丹族的汉人和其他民族的居民。这样看来，辽上京的城市结构仍保留着鲜明的契丹城市特色。

随着契丹人军事实力的不断增强，辽太祖天显元年（926年）东灭渤海国后，将原渤海旧地纳入自己的势力范围，并在这里新建东丹国，以皇太子图欲为东丹国人皇王。然而，当年太祖去世，次子耶律德光即位，是为辽太宗，皇太子图欲只得从海路出奔后唐。于是天显三年（928年），辽太宗将旧渤海国上京龙泉府的居民移住东平郡，并升东平郡为南京。天显十三年（938年）再改南京为东京辽阳府。

辽的东京辽阳府在今辽宁省辽阳市附近，从《辽史·地理志》中的记载知道，辽东京的城市结构大体与上京相同，都是契丹城与汉城并立，即双城结构。而契丹城内有宫城，甚至还有让国皇帝，即辽太子图欲的御容殿，可知确实与普通城市不

---

① 据《辽史》卷37《地理志》所引。

第四章
都·京——首都与陪都

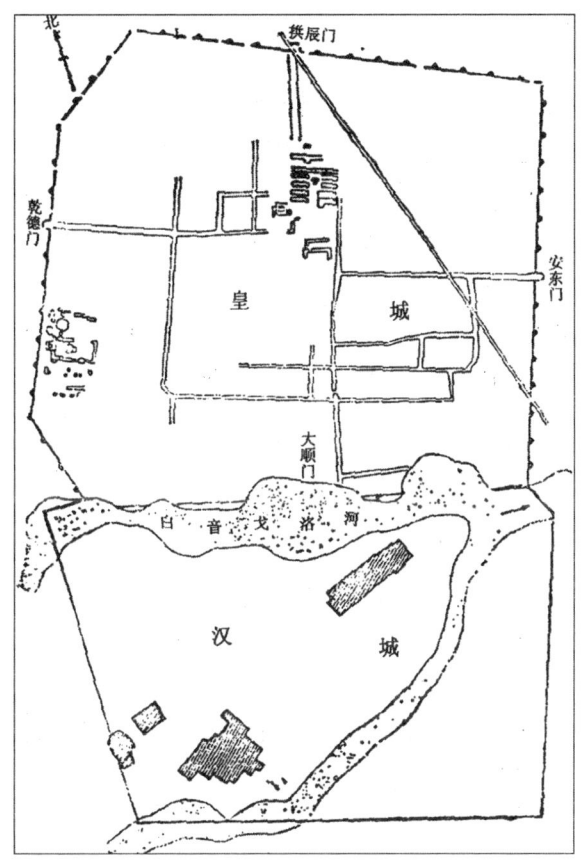

图 4-1　辽上京平面示意图①

同。但从汉城中的市仅为朝集夕散的集市性质来看，则明显其城市还属于比较早期的形式，结构简单。

五代初期，幽州本属后唐。后因辽太宗帮助后唐的河东节度使石敬瑭反叛，石敬瑭割幽云十六州献给契丹人作为回报。契丹人顺势把这一地区作为南图中原的据点，升幽州为

---

① 杨宽：《中国古代都城制度史研究》，上海人民出版社2003年版，第444页。

匠人营国
中国历史上的古都

南京幽都府。后来在辽圣宗时再改名为析津府。又因是燕旧地,故也称为燕京。

辽南京城因中原旧都所建,明显比地处燕山以北的上京和东京繁华,城市规模较大,大约周回二十六七里左右。① 城内分为皇城与外城,皇城在整个城市的西南隅,大约是沿用唐代幽州治所的格局。城内分为二十六坊,每坊建有门楼,标有坊名,大多仍然沿用唐代旧称。街市颇为繁盛,《辽史·圣宗纪》中记载了太平五年(1025年)因当地大获丰收,"至夕,六街灯火如昼,士庶嬉游,上亦微行观之"。

位于今内蒙古赤峰市宁城县大明城老哈河上游北岸的辽中京大定府,始建于辽圣宗统和二十五年(1007年)。据说,当时辽圣宗过九头山附近的老哈河时,望见有"郛郭楼阙之状"的云气,决定在这里建都。因此,他从燕京一带找来大量的工匠,建成一个有郛郭、宫掖、楼阁、府宫、市肆、廊庑的"神都"。《辽史·地理志》中讲到,所建的皇城中设有祖庙和景宗、孙天皇后御容殿,具有原庙的性质。而且还专门设有大同驿接待宋使,设有朝天馆接待新罗使者,设有来宾馆招待西夏使者。整个格局以北宋东京为模式,有三重方城,即外城、皇城和宫城。显然,中京在五京中居于首位,地位十分显赫。

辽的西京大同府,在今山西省大同市,也是辽最后才设置的五京之一,辽兴宗重熙十三年(1044年)升云州为西京大同府。其城市形制也是五京中最为简单的一个,只在原云州的基础上加以增益。但其中也有供奉诸帝的石像或铜像的寺庙,所以与一般城市还是有所区别的。

---

① 参见杨宽:《中国古代都城制度史研究》,上海人民出版社2003年版,第446页。

第四章
都・京——首都与陪都

女真完颜部从今黑龙江省阿什河、拉林河流域兴起后,首先在今哈尔滨东南的阿城南设立国都,"国初无城郭,星散而居,呼曰皇帝寨、国相寨、太子庄"。① 显然,这时还是沿用部落建置帐幕的方式。所以,金太祖完颜阿骨打在攻取辽的境地后,为了更好地对辽原有地区进行管理,接受了辽的五京制度。先是在金熙宗天眷元年(1138年)把原来金的国都称为上京会宁府,改辽的上京为北京。之后,海陵王完颜亮杀金熙宗而取得帝位,他为了谋求向中原扩展,再于天德五年(1153年)迁都燕京,改称为中都大兴府。与此同时,废除上京会宁府,改汴京为南京开封府、中京大定府为北京大定府,再加上原来辽的东京辽阳府和西京大同府,合称五京。

在金的五京中,最重要的是早期的上京和后来的中都,其余大都沿用辽的旧城,只是增建宫殿和宗庙而已,并没有安置太多的政治功能。如东京辽阳府,金熙宗皇统四年(1144年)在那里建嘉惠宫、寝殿和宗庙孝宁宫,皇统七年(1147年)又建御容殿。再如西京大同府,金太宗天会三年(1125年)在那里建太祖的原庙,金世宗大定五年(1165年)再建保安殿。又如南京开封府,海陵王正隆四年(1159年)下诏营建已毁的宫殿。还如北京大定府,经过现代考古发掘勘测,知道金代只是在皇城内修筑一个小城堡,叠压在辽原来的宫殿基址上,四周每边长约180米,东向开门,可能为金的重要官署所在。

但上京与中都不同,都是大事兴修,完全改变了旧有的城市格局。阿骨打立都上京时,对城市建设并无所创新,仍然沿用原有的部落幕帐制。到了金太宗时,才在天会二年(1124

---

① 《大金国志》卷33《燕京制度》。

年)修筑上京新城,名为会平州。此后的十余年间,金人不断为这个新城增加新的宫殿以及各种礼制建筑,如乾元殿、庆元宫、太庙、社稷坛,使之与京城名实相符。

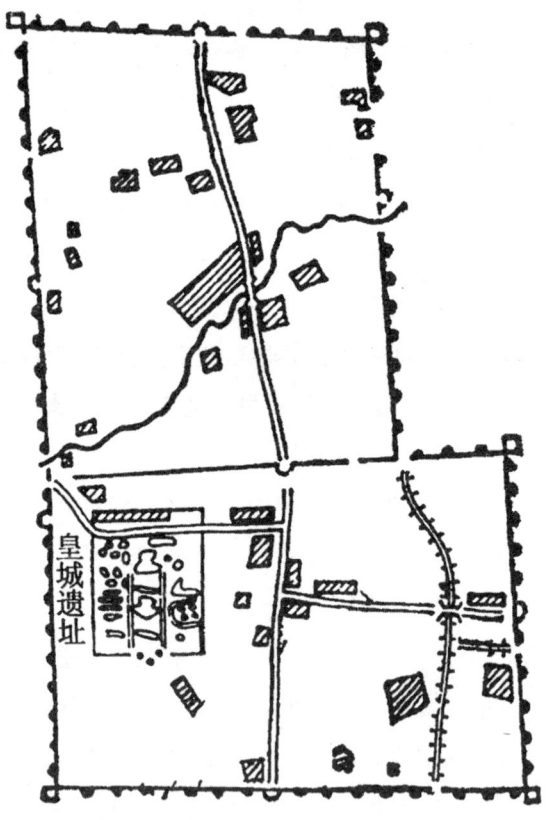

图 4-2　金上京会宁府城址平面示意图①

从现存的上京城遗址来看,整个城市西靠山地,东有阿什河,由南北两城相连合组成。因北城的南北略长,南城的东西略宽,所以像一把曲尺。北城南北长 1828 米,东西宽 1553

---

① 杨宽:《中国古代都城制度史研究》,上海人民出版社 2003 年版,第 458 页。

第四章
都·京——首都与陪都

米,南城南北长 1528 米,东西宽 2148 米。城墙现存的部分,厚约 3 米,高 4—5 米。城外建有圆形马面,角隅有方形角楼遗址。全城现有九个豁口,估计是门道,但不相对称,门外设有瓮城。南城西北角地势高且平,上建有宫城,宫城正门向南,与城南门相对。整个南城实际上是皇城性质,还有一些宫殿、佛寺和孔庙散布其中。而北城可能是郭城,阿什河由西南流向东北,是为上京的水路。沿河两岸是商业区和手工业区,有冶铁遗址和陶窑等遗址。

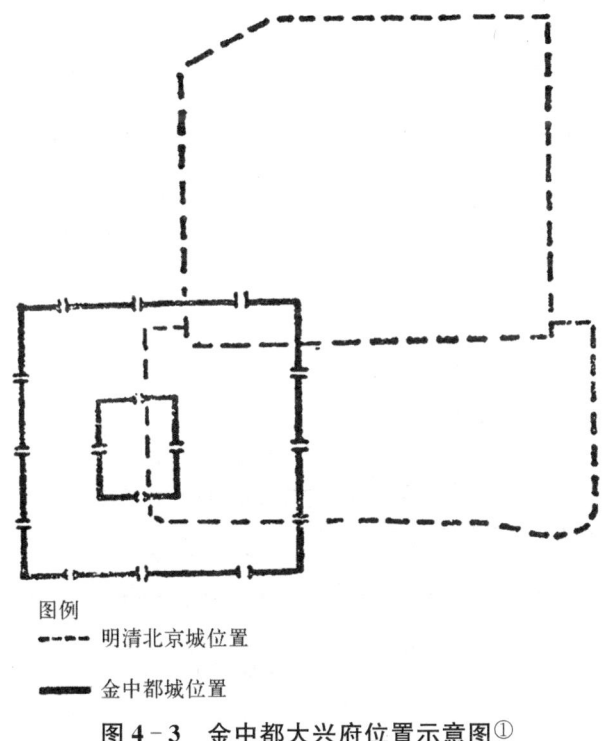

图例
- - - - 明清北京城位置
──── 金中都城位置

图 4-3　金中都大兴府位置示意图①

---

① 杨宽:《中国古代都城制度史研究》,上海人民出版社 2003 年版,第 461 页。

金熙宗时的制度多采用中原的礼制,如曾亲祭孔子庙,封孔子为衍圣公等。所以其都城建设也模仿中原都城的格局。北宋宣和七年(1125年),相当金天会三年,宋徽宗因贺金太宗即位,遣使许亢宗到上京。许亢宗著有《宣和乙巳奉使行程录》①,详细地记述了当时所见上京宫城的情况,发现当时上京宫城的建设已开始在模仿中原的体制。只是金的上京限于原来所建城郭的规模格局,尽管想仿汴京改建,也不可能改建得十分像样:"规模虽仿汴京,然仅得十之二三而已。"②

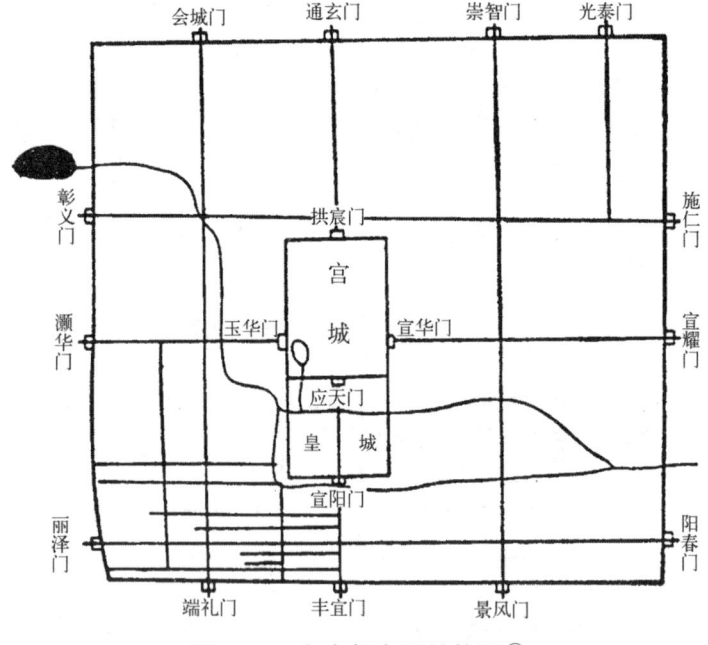

图 4-4 金中都布局结构图③

---

① 《三朝北盟会编》卷 20 所收。
② 《大金国史》卷 12《熙宗孝成皇帝四》。
③ 刘加乾主编:《中国大百科全书·考古学卷》,中国大百科全书出版社 1986 年版,第 238 页。

第四章
都·京——首都与陪都

金上京在海陵王夺得帝位并将国都迁往燕京后被废除。不仅如此,海陵王还在正隆二年(1157年)下令把原来上京的宫殿、宗庙、贵族宅第及储庆寺等建筑,全部削平,基址加以耕种。直到大定十三年(1173年),金世宗才又恢复上京,但已不复往日的辉煌了。

海陵王在夺取帝位后,为谋求进一步向中原发展,迁都燕京。因此,金的中都燕京是在辽南京的基础上扩建形成。而中都燕京的扩建方案则是按照北宋汴京制度。天德元年(1149年)"乃命左右丞相张浩、张通、左丞蔡松年,调诸路民夫筑燕京,制度如汴"[①]。同时"遣画工写京师(汴京)宫室制度,阔狭修短,尽以授之左相张浩辈,按图修之"[②]。天德四年(1152年)燕京的扩建工程完成,天德五年(1153年)海陵王以迁都诏中外,改元贞元,改称新都为中都大兴府。

金中都的皇城大体上沿用辽南京的皇城,其中主要宫殿依然是辽的旧宫。但是辽南京的结构,"子城就罗郭城西南为之",皇城在郭城的西南隅,要改成如同汴京三套方城那样的格局,需要把外郭的西城墙向西迁移。金中都的皇城在外郭城的中部而微偏西南,说明皇城的西墙直到外郭城的西城墙之间的地段,都是金所扩展,同时外郭城的东面和南面在扩建时也有所拓宽。

据考古调查,金中都近似正方形、东西较南北稍长。目前外郭城东、南、西三面城墙断断续续的遗迹还存在。经实测,西城墙4530米,南城墙4750米,东城墙长4510米。今天北

[①]《日下旧闻考》卷37引《大元一统志》。
[②]《日下旧闻考》卷29引《金图经》。

京还有一个会城门村，应当就是北城墙西门会城门所在。金中都城至明初时还在，称为南城。洪武元年（1368年）八月，大将军徐达曾测量过，约为五千三百二十八丈，相当于宋里三十五里。①

金中都的外郭城东西南各开三门，北面是四门。东城墙自北而南是施仁、宣耀、阳春，西城墙北为彰义、中为灏华、南为丽泽，南城墙东为景风、中为丰宜、西为端礼；北城墙自东而西是光泰、崇智、通玄、会城。皇城在外郭城中部稍偏西南处，正南门为宣阳门。宫城占皇城的三分之二，正南为应天门，正东为宣华门，正西为玉华门，正北为拱宸门。从外郭城正南的丰宜门，经皇城正南的宣阳门，宫城正南的应天门出宫城正北的拱宸门，直到外郭城正北的通玄门，是纵贯全城南北的正中的驰道，也是金中都城南北向的中轴线，所有的重要建筑都安排在这条中轴线的两侧和正中。显然，金中都无论是城市布局还是城市职能都足以承担全国政治中心的职责。

三　京师拱卫

陵县是西汉时期的一种特殊的县，设置在皇帝陵墓旁边，专门为奉祀皇帝的陵园而设置。陵墓的建筑及供奉方式本是祖先崇拜的一个重要内容，西汉则把这种崇拜提升到了一个新的高度，在皇帝陵墓旁设置陵县，也就是用一县之人力供奉、祭祀皇帝的祖先。这是西汉一朝的制度，空前绝后，也就是说，无论是以前的，还是以后的历朝历代都没有类似的行政建置，因此这是中国都城制度史上的特例。

西汉时，陵县的正式名称是陵邑，比如汉高帝十二年（公

---

① 参见阎文儒：《金中都》，《文物》1959年第9期。

第四章
都・京——首都与陪都

元前195年)设置供奉高祖长陵的陵县,名为长陵邑。不过,西汉的陵县在名义上虽为祭祀而设置,但从整个西汉历史来看,它们所起的主要作用是拱卫京师。对于这一点《汉书·地理志》中说得十分明白:

> 汉兴,立都长安,徙齐诸田,楚昭、屈、景及诸功臣家于长陵,后世世徙吏二千石、高赀富人及豪杰并兼之家于诸陵。盖亦以强干弱支,非独为奉山园也。

也就是说,陵县的设置不仅是划出一块地域和人民作为奉祀皇帝陵园之用,而且作了充分的考虑,将那些心怀不满的关东旧六国贵族,还有一些桀骜不驯的豪强游侠,从原居住地迁移到关中,集中在京师长安附近,一方面便于就近监视控制,防止生出新的动乱,以维护安定团结的局面,另一方面也有利于带动京师地区的经济、文化发展。一举而数得。

设立陵县,最初是在高帝十年(公元前197年),刘邦将父亲太上皇葬在栎阳县北原之上,设置万年邑于栎阳县大城内,以奉太上皇陵。虽然万年邑是第一个专门设置用于供奉陵园的县,不过它不能算是真正的陵县,因为没有为此专门修筑县城,而是在栎阳县城中辟出一块空间。不过,其功能与性质与后来的陵县并无二致,所以也称为准陵县。① 真正设置陵县是始于汉高帝十二年(公元前195年)。这一年置长陵邑,正式建立了陵县制度。此后,每个皇帝即位,第二年起就开始修建陵园,并划出一定的地域迁徙民户设置陵县。这就是本节开头所引用《汉书·地理志》所描述的状况。

---

① 参见周振鹤:《西汉县城特殊职能探讨》,见《周振鹤自选集》,广西师范大学出版社1999年版,第16页。

匠人营国
中国历史上的古都

　　西汉一代共有七个皇帝陵县，也就是高帝的长陵、惠帝的安陵、文帝的霸陵、景帝的阳陵、武帝的茂陵、昭帝的平陵和宣帝的杜陵。皇帝陵县外，还有两个太后陵县：一个是薄太后南陵，一个是赵婕妤云陵。南陵是文帝七年（公元前173年）为他母亲建立的陵园。景帝二年（公元前155年）薄太后死，设置陵县。本来按照西汉的制度，帝后合葬一陵，因此皇后是没有单独的陵县的。但高帝已与吕后合葬在长陵，文帝只好另建南陵安葬他的母亲薄太后。赵婕妤的情况略有不同，纯粹是一个母因子贵的例子。赵婕妤本来已安葬在云阳县，昭帝即位后，尊她为太后，专门设置云陵邑。另外，奉明县也是一个准陵县，是宣帝为供奉父亲史皇孙的陵园所设置的。史皇孙是汉武帝戾太子的儿子，没有机会当皇帝，后来他的儿子宣帝做了皇帝，于是专门设置奉明县供奉他的陵园。虽然奉明县不能称为陵县，可是性质与其他陵县没有什么不同，因此我们认为它是一个准陵县，有实无名的陵县。

　　在九个陵县和两个准陵县中，只有宣帝杜陵是就秦代杜县改名而来，其他各县都是汉代新置。如茂陵邑本是槐里县茂乡，霸陵邑是芷阳乡更名，云陵邑则是割云阳县地置，而景帝的阳陵则是弋阳改名的。因此，这些陵县比起正常的县地域范围相对狭小一些。因为这些陵县地位特殊、功能专门，所以它们虽然在地理位置上位于关中地区，但在行政上却统统归太常管辖，与一般的县邑很不相同。太常寺是西汉时期中央政府设置的专掌宗庙礼仪的官署。而西汉时管理整个关中地区普通县邑的地方行政机构是司隶、左冯翊、右扶风的三辅。显然陵县属太常而不隶三辅，也就说明它们不受制于地方行政管理机构。由此可见，在西汉王朝看来，陵县的功能主

第四章
都·京——首都与陪都

要是宗教方面的。不过,这一制度后来有所改变。元帝以后不再设置陵县,原有的陵县也就划归三辅统一管理了。此外,陵县地位的特殊还表现在县令的级别上。汉代一万户人口以上的县才置县令,不足万户的县邑长官称为县长。陵邑非但一律置令,而且奉秩远远高出一般县令的秩六百石至一千石的规格。如高后三年(公元前185年)增长陵令秩至二千石,这可是与郡太守一样的奉秩,由此可见陵邑地位之高。另外,陵县地位的重要还体现在修筑有规模可观的城垣。据《三辅

图 4-5 西汉长陵城址平面示意图[①]

[①] 陕西省考古研究所:《西汉长陵、阳陵 GPS 测量简报》,《考古与文物》2006 年第 6 期。

85

黄图》记载,高后六年(公元前182年)建长陵城,"周七里百八十步"。但考古实测下来,规模实际上还要大一些:南垣长1245米,西垣2200米,北垣200米。①惠帝的安陵城,北面的城墙实测下来也不小,仅北城墙也长达1223米。②

西汉一代,陵县的居民一般并不是关中当地的原住户口,而是强制迁徙来的关东豪族、高赀商人以及游侠豪杰。《关中记》中称:"长陵城……徙关东大族万家以为陵邑。"这些集中迁移来的人口规模相当可观,如《汉旧仪》中记载"武、昭、宣三陵邑皆三万户"。在汉代,万户以上就称为大县了。而这三万户还只是初置陵县时的户数,到了西汉末年时长陵已发展到了五万户,茂陵则达到六万户。所以说,像长陵、茂陵这样的人口规模属于特大县。不过,也有人户较少的陵县,如奉明县的户口在宣帝元康元年(公元前65年)初置时,只有一千六百户,比起长陵、茂陵来,不及十分之一。这些规模可观并且集中迁移来的陵县居民,使得西汉时期关中地区的地域文化为之一变,长安及各陵邑地区因之呈现出"英俊之域,绂冕所兴。冠盖如云,七相五公。与乎州郡之豪杰,五都之货殖,三选七迁,充奉陵邑"的景象,甚至还使西汉关中地区游侠之风盛行③。因此班固在撰写《汉书》时,专门著有《游侠传》以彰显这些特殊人物的性格特点及所行事迹。

这十一个陵县或准陵县,除了万年邑和云陵邑距离稍远

---

① 徐苹芳:《中国秦汉魏晋南北朝时代的陵园和茔域》,《考古》1981年第6期。
② 咸阳市博物馆:《汉安陵的勘查及其陪葬墓中的彩绘陶俑》,《考古》1981年第5期。
③ 张晓虹:《文化区域的分异与整合——陕西历史文化地理研究》,上海书店出版社2004年版。

第四章
都・京——首都与陪都

以外,其余九个县都密密麻麻地分布在长安周围。尤其是长陵、安陵、阳陵、茂陵和平陵在长安以北的渭水北岸上一字排开,一县紧挨着一县,形成了"都都相望,邑邑相属"的壮观景象。除了这著名的五陵邑外,在长安的东郊还有霸陵、南陵和杜陵三县,而奉明县则紧靠在长安郊外。在渭河之北,长安与长陵、安陵之间还有一个渭城县。这个渭城县的另一个名字更为出名,这就是秦都咸阳。刘邦定都渭水之南的长安后,罢秦咸阳,地属长安。武帝元鼎三年(公元前114年)又将长安的渭北部分分割出来,更名为渭城。这样十一个县城密集分布在南北不过30余公里,东西不过50公里的范围内,加上陵县的特殊职能和地位,以及高度集中的人口,就是现在的大都市区也难望其项背。班固的《西都赋》中盛赞其壮观的景象:"南望杜、霸,北眺五陵。名都对郭,邑居相承。"所以,周振鹤先生认为这个地域是由长安及10个卫星城所组成的大长安都市圈。①

大长安的地域虽然狭小,却集中了大量的人口。据《汉书·地理志》中记载,长安有户八万八百,口二十四万六千余;长陵有户五万挂零,口约十八万;茂陵有户六万一千余,口二十七万七千余,以上三个县合起来就有七十万三千人。其余的八个县人口虽然没有这么明确,但也可以大致估计出来:茂陵至汉末有户六万余,户数比初置时的三万翻了一番。而平陵、杜陵的人口规模也大致相当。安陵初置时有五千户,估计霸陵、南陵、阳陵也相差不多,依茂陵的人口增长速度,则汉末

---

① 参见周振鹤:《西汉县城特殊职能探讨》,见《周振鹤自选集》,广西师范大学出版社1999年版,第18页。

这几个陵县应该有万户左右。奉明县始置时只有一千六百户,到汉末也就是三千户左右。只有渭城县完全无法估计。但就算不包括它,其余七个县大概也有十五万户之数。按每户五口计,就有七十五万人。这样看来,最保守的估计是当时长安及其附近十个县的人口在一百五十万人上下,平均每平方公里近1000人。这样说也许还没有什么概念,但我们拿今天的数据做一个比较,这个人口密度就十分惊人了。按2016年的数据,北京市的人口密度是每平方公里1323.48人,与两千年前长安地区的人口密度大致相当。如果我们再考虑到这一百多万人口,大部分是不事生产的城市消费人口,而且长安附近还有大面积的宫殿苑囿池沼,那么这一地区的人口密集程度和所达到的繁华程度应该是与现代的北京相比肩。

所以,东汉人班固在《西都赋》中追忆长安城内及近郊的繁盛景象时,是这样描述的:

> 内则街衢洞达,闾阎且千,九市开场,货别隧分。人不得顾,车不得旋,阗城溢郭,旁流百廛。红尘四合,烟云相连。于是既庶且富,娱乐无疆。都人士女,殊异乎五方。游士拟于公侯,列肆侈于姬姜。乡曲豪举,游侠之雄,节慕原、尝,名亚春、陵。连交合众,骋骛乎其中。若乃观其四郊,浮游近县,则南望杜、霸,北眺五陵。名都对郭,邑居相承。英俊之域,绂冕所兴。冠盖如云,七相五公。与乎州郡之豪杰,五都之货殖,三选七迁,充奉陵邑。盖以强干弱枝,隆上都而观万国也。

这完全是一幅大都市区的景象。

第四章
都·京——首都与陪都

但是大长安地区的形成并不是经济逐步发展和人口自然成长的结果,而纯粹是由人为的行政措施所造成。所以,一旦政策发生变化,这种繁华景象就像海市蜃楼一样烟消云灭。元帝之后,不再设置新的陵县,而且将陵县归属三辅管理,表明了陵县地位开始下降。平帝元始中(1—5年),毁奉明园,撤销奉明县,南陵邑与云陵邑也罢为普通的县城。最后,雪上加霜的是西汉末年的动乱中,陵县人口大量流失。新莽以后,长陵户口已是十不存一。到了东汉光和间(178—184年),领户不足四千。这也很好理解,长安及其陵县本来就是"浮食者多",动乱之中粮食供应无法保证,人口流散是很自然的结果。东汉迁都洛阳,长安与各陵县已经衰微,无复当日旧貌,连班固的《西都赋》也只是"观迹于旧墟,闻之乎故老"的产物。

虽然东汉奉西汉为正朔,因此七个皇帝的陵县仍然得到保留,但奉祀典礼已很敷衍。高祖的长陵都因为户口剧减,"园陵蕃卫糇盛之供,百役出焉,民用匮乏,不堪其事"。其他的陵县更是可以想见。至于南陵、云陵在东汉初则连县的建制都已撤销。万年邑虽然没有罢去,但其所处的栎阳县则省去,这时的万年县实为西汉栎阳县的地域,这意味着万年县已不是专为奉太上皇陵所设的了。到了三国以后,七个皇帝陵县全部取消,杜陵复改为杜县,霸陵因为处于长安东大门的地位,改名为霸城。当年长安地区的十一个县此时仅余三县而已,昔日的繁华自然也就随风而逝了。

第五章 城·郭——都城形态的演变

"匠人营国,方九里,旁三门。国中九经九纬,经涂九轨。左祖右社,面朝后市,市朝一夫。"这是《周礼·考工记》中关于都城设计的记载。抛开具体的描述,《考工记》本身实际上反映了战国时代中央集权制思想渐趋成熟,人们企图通过建筑艺术的手法来突出表现封建帝王的统治中心的理念。① 不过,虽然这一想法出现很早,事实上差不多用了近二千年的时间,才最终在元大都完整地将这一思想贯彻到都城设计中。尽管如此,但在中国历代封建王朝所营建的都城中,都或多或少地受到《周礼·考工记》中所构建的理想都城的影响。换言之,中国历史上都城形态的演变,基本上就是一个因地制宜与理想都城之间不断平衡的过程。

一 匠人营国

《周礼》是我国儒家的经籍之一,重点是对人们的道德、行

---

① 侯仁之:《历史地理学的理论与实践》,上海人民出版社1979年版,第209—210页。

第五章
城·郭——都城形态的演变

为提出规范。而涉及帝王修建都城的规定,则集中见于《考工记》部分。由于现在学术界一般认为《周礼·考工记》成书并非一时之作,有部分为周时的遗文,如手工业部分,但更多的是在流传过程中不断增补、篡入,最终是在西汉时期形成今本[①],所以《周礼·考工记》中关于理想都城的描述也就被认为主要是春秋战国时期人们关于都城营建的理想或标准。在随后儒家地位不断提高,并演变为中国统治阶级主流意识形态的过程中,《周礼·考工记》中的"匠人营国"也逐渐成为后世帝王营建国都的"玉律"。

"匠人营国"一节专述城邑建设制度。所谓"国",意即指"国都",营国就是营建国都。西周有封邦建国制度,封邦就是将天下分划给周天子的属臣进行管理,建国意味着建立统治中心,即作邑作邦,从而完成建立城邦国家的任务。营国的具体内容不仅包括修建城池、宫室、宗庙、社稷等,同时还要规划所属的田地和属邑,即所谓治野。有国有野是西周封建制的体制性表现。所以,那时的营建国都,实际上是建立一个以城为中心连同周围田地一起的城邦国家。因此,建城实为建国。从周天子到诸侯再到卿大夫,都各有自己的城邦国家。

正因为此,《考工记》关于"营国"的文字,实际上是三个等级:第一级是王城,即周天子的首都;第二级为诸侯城,即诸侯封国的国都;第三级为"都",即宗室和卿大夫采邑。《考工记》中对王城描述得较详细,其他两类城邑只是以城隅、道路为例,就营建制度来说明它们与王城的差别,而没有直接叙述城

[①] 徐龙国、徐建委:《汉长安城布局的形成与〈考工记·匠人营国〉的写定》,《文物》2017年第10期。

市内部的具体规划。因此,历代学者的解释也就都是以王城的规划为基准,按照礼制,即按一定的差额依次递减来决定这两类城邑的各项具体规划内容。

《考工记》中关于王城的规划制度虽然讲了一些,但归纳起来主要是以下三段:

> 方九里,旁三门。国中九经九纬,经涂九轨。左祖右社,面朝后市。市朝一夫;
> 内有九室,九嫔居之。外有九室,九卿朝焉;
> 经涂九轨,环涂七轨,野涂五轨。

归纳起来,《周礼·考工记》中明确的理想国都的设计,首先是确定宫城作为全城规划的核心。而其余的重要建筑,无论是祖(太庙)还是社(社稷坛)的空间位置都是以天子所居的宫城为坐标的。都城内重要建筑的布局原则是以宫城为中心,前为处理国家大事的外朝,后为经济活动中心的市场,宗庙和社稷则分据宫城的左右两侧。城门、主要道路及居民区的布设,也是以宫城为中心对称分布。

在《周礼·考工记》中,都城规划有着具体而微的设计方案,如:朝、市规模为一"夫",即占地方百步;王城城垣高七雉(丈),城隅高九雉,每面城墙各开三门,共十二座城门;宫城城垣高五雉,宫隅高七雉,宫门门阿高五雉;全城采用经纬涂制(即棋盘格式)干道网,由三条南北和三条东西主干道(一道三涂)为骨干所组成,顺城加辟环城干道——"环涂",连接经纬干道,构成一个干道网,城外有"野涂"沟通内外,经纬涂宽九轨即周尺七丈二尺,环涂宽七轨即周尺五丈六尺,野涂宽五轨

第五章
城·郭——都城形态的演变

即周尺四丈;庙门宽周尺二丈一尺,庙中门(闱门)宽周尺六尺,应门宽周尺二丈四尺,路门宽周尺一丈六尺五寸等。①

显然,《考工记》所述的营国方略带有浓重的礼制色彩,考虑到它是在春秋晚期至战国时期各国工商食官制度濒于崩溃边缘的时代产物,也无怪乎要设计出如此森严的等级,以企图恢复井然有序的周礼。值得注意的是,《考工记》"匠人营国"构建的王城规划,不是战国时人们的营建都城的方案,而是构想出的首都建设规划。从现在的城址考古来看,无论是疑为夏都的二里头遗址,还是殷墟商城、偃师商城以及周人的丰镐、雒邑遗址中,都没有发现与《周礼·考工记》相近的城市格局和道路体系。②

由于《周礼·考工记》只是关于古代都城的规划思想,在宋代以前并没有真正实现过,故后世硕儒多借题发挥,因此出现了多种多样的《周礼·考工记》的空间表达形式。如聂崇义《三礼图》中的"王城图"依据《考工记》勾勒出了一个十分直观的形象。只是聂图着重于绘制出道路、城门之间的空间关系,而都城中极其重要的标志性建筑——宗庙、社稷及市场的位置却含糊不清,当然不能令人满意。

清代著名的朴学家戴震则在他的《考工记图》中的"王城图"中,将宗庙社稷统置于皇城宫寝的东西两侧。其实,这并不是戴震的创新,而是宋代以来一个学派的主张。只是因为戴震名重一时,经他的推广,这一王城图在清代曾大行其道。

当代学者贺业钜则对《考工记》营国制度有过深入研究,

---

① 参见贺业钜:《考工记营国制度研究》,中国建筑工业出版社1985年版,第37页。
② 徐龙国、徐建委:《汉长安城布局的形成与〈考工记·匠人营国〉的写定》,《文物》2017年第10期。

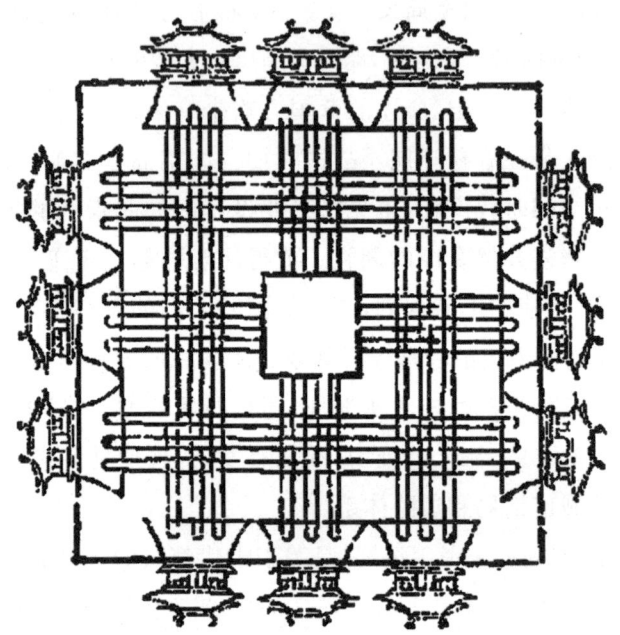

图 5-1 聂崇义《三礼图》王城图

绘制了具体而微的示意图。

上述示意图都是对《周礼·考工记》中的规划思想的一种高度概括,而《周礼·考工记》,也就是儒家礼制对中国都城制度的影响,实际的情况却要复杂很多。

事实上,平王东迁后,周王室进入了一个剧烈动荡的时期。由于诸侯国之间以大欺小,以强凌弱,征战频繁,列国内部也政局不稳,犯上作乱的事件时有发生。出于防御考虑,各国对城邑的建设都加快了步伐。我们从《左传》中就看到大量关于建城的记载。这也是我们目前能看到的地上遗存绝大多数是战国时期的城址的直接原因。但当时正处于一个礼崩乐坏的时代,旧的秩序已经破礼,新的秩序尚未建立起来,因此

第五章
城·郭——都城形态的演变

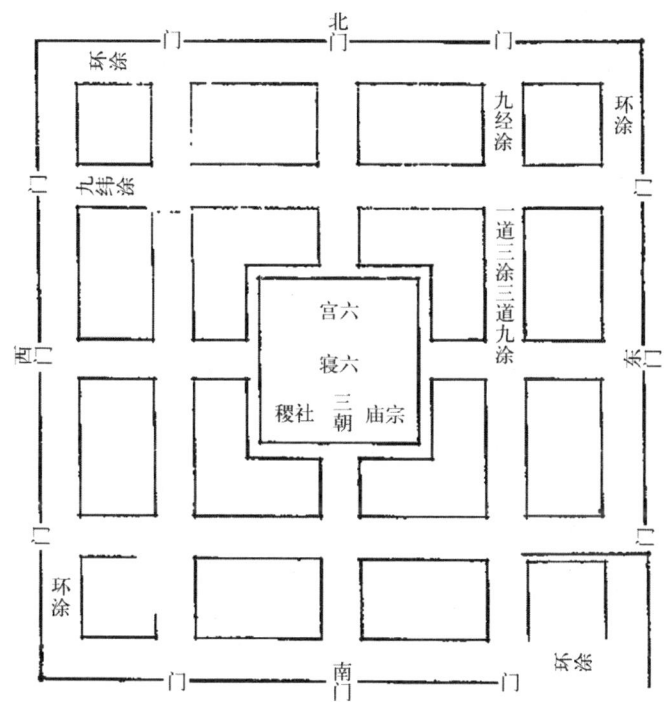

图 5-2　戴震《考工记图》王城图

城市也不可能依照一个规范的方式修建，列国的国都修建大多如《管子·乘马》中所云："凡立国都，非于大山之下，必于广川之上，高无近旱而水用足，下无近水而沟防省。因天材、就地利，故城郭不必中规矩，道路不必中准绳。"这一段话说得很明白，即国都的营建更多需要的是因地制宜、经济实用，而这也与春秋战国时的状况相吻合。所以像《周礼·考工记》这样中规中矩、周正标致的城市显然不可能在现实中存在，它只是处于乱世中的人们对于秩序和规范的想象与期盼。那么，当时的城市规制和城市格局到底如何？《周礼·考工记》在其中扮演了什么样的角色？这些问题都需要我们透过对考古遗

95

存和历史文献的分析，拨开蒙在历史上的面纱才能得到答案。

二 居主奥区

夏商距今久远，其都城制度幽暗不明。最早明确记载的都城营建是周初周公所营建的东都成周。

成周的营建，对巩固周对东方的统治意义不言自明，影响亦十分深远，前文已述，兹不赘言。成周与宗周镐京东西并峙，不仅创立了东西两都制度以加强中央集权的统治，为后世所效仿，而且开创的小"城"大"郭"的都城布局，成为先秦各国都城直到西汉长安一直实行的都城格局的范例。

所谓的小城大郭，一些史学家认为是西城东郭，也就是天子或是帝王所居的城位居整个城市的西部，而普通百姓及工商业区则位于王城东边的郭内。这一城郭布局形式实际上与春秋战国时期周的宗法制度有着相当密切的关系。对于这个故事，我们还是首先从被认为是现今唯一能证明其为西周时代修筑并且保存良好的鲁国故城开始讲起①。

鲁国都城曲阜

位于今山东曲阜的鲁国故城，至今不少地段的城垣仍耸立着，尤其是城的东南角及其两侧，残垣的高度在10米上下。依据这些城垣遗址及考古发掘报告，我们可以较为容易地复原出当时城市的基本面貌与布局结构。

根据考古发掘报告，鲁国都城的平面是一个南北稍长的长方形。在城址的西北两边曾利用洙水的自然水道作城壕，

---

① 参见山东省文物考古研究所等编：《曲阜鲁国都城》，齐鲁书社1982年版，第4页。

第五章
城·郭——都城形态的演变

东南两侧则用人工开凿的城壕引洙水,构成一个环形的防御系统。城墙上共有城门十一座,东、西、北三面各三座,南面两座。其中,北部的城门分布较密,间距较小,约半公里左右。贯通全城的大道位于城市中、南部,都是东西向。城门的设置和交通大道的布局,证明城市的布局是东西方向。①

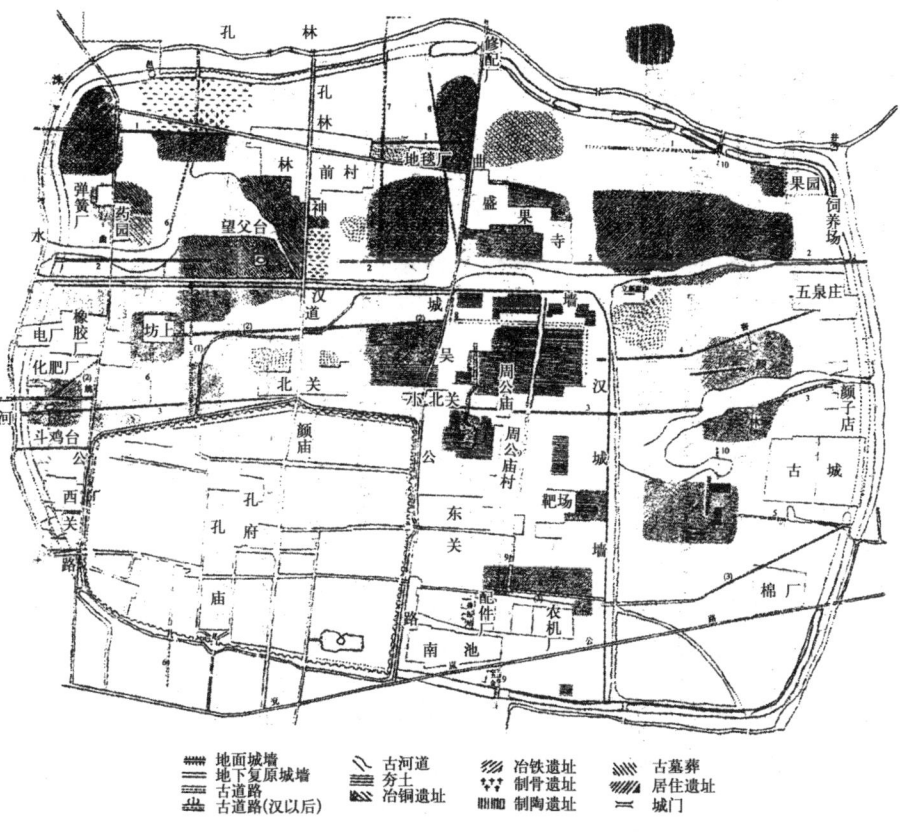

图5-3 曲阜鲁国故城遗迹分布图②

---

① 参见杨宽:《中国古代都城制度史研究》,上海人民出版社2003年版,第44页。
② 采自山东省文物考古研究所等编:《曲阜鲁国故城》,齐鲁书社1980年版。

匠人营国
中国历史上的古都

但是，根据考古试掘的结果，位于古城东墙北门的向西通道中部偏东北部的地方，即今周公庙高地一带为夯土基台，应该是当时的宫殿区。《水经·泗水注》中记载"周公台，高五丈，周五十步"，周公台应该是当时的宫殿区。宫殿区以北，今盛果寺一带，是城中最大的居住遗址。该处遗址的西部文化堆积厚2米以上，从西周前期一直延续到汉代。故城城址内早期的手工业作坊，也主要分布在北部和西北部，大致在盛果寺以及西北部今药圃一带有冶铜遗址，而药圃北部和弹簧厂则明显是制陶遗址，与居住区大致吻合。

从鲁国故城的城门和交通大道布局来看，主要居住区原来在西部和中北部，整个布局杨宽先生认为是符合周宗法制的坐西朝东方向的。

从西周到春秋战国时期，一般的都城大多是由一个城发展为城和郭连结的结构，这首先应该是由于政治上和军事上的需要。西周初期东都成周，在王城以东建设大郭，主要用来安置国人、迁居殷民和驻屯军队，以巩固新建立的周朝对于四方的统治，加强政治上和军事上的统治力量。春秋战国时期中原许多诸侯中的大国，先后采用这种布局，同样具有加强统治力量的目的。建设大郭的另外一个原因，是为了适应社会经济发展的需要，特别是手工业和商业的发展需要。随着社会经济制度发生变革，手工业与商业越来越发达，小城内已无法容纳日益扩大的手工业工场和商业区，郭区成为居民集中的居住区、手工业和商业集中之区。因此，这种小城连结大郭的布局也就逐渐扩展到中原各国。

另外，采用坐西朝东的布局，也就是说把宫城或者宫室造在西部或西南部，以东方、北方为正门，是依据周人的礼制设

第五章
城·郭——都城形态的演变

计的。古代周人的礼制最突出的一点就是以室中西南隅为尊长居住之处。《礼记·曲礼上》说："为人子者，居不主奥。"郑玄注："谓与父同宫者也，不敢当其尊处。室中西南隅谓之奥。"这是说，室中西南角，是尊长居住之处，小辈是不能居住的。在举行祭礼时，周人还把室中西南隅作为神和尸的安坐之处。而神是指主人祖先的神灵，尸则是在祭祀时作为祖先神灵的代表，往往是选用族中孙子一辈的人充当。《仪礼》中的《少牢馈食礼》，是卿大夫祭祀其祖庙的仪式。整个仪式过程大致是以下这样的：

当主人要祭祀祖先的时候，先要派司宫陈设神筵于庙中室内的西南隅，同时由祝在神筵的东南陈设一个长的几案，作为神的安坐之处。① 在西南角陈设好神座后，祝把尸请进庙来，升登室中。这时，代表神灵的尸就安坐在位于西南隅的席位上，面朝东北，祝和主人就立于东面祭拜。② 由此可见，无论宗庙中的室，宫殿中的室，都是以西南角的奥作为尊长者所位处的地方，坐西朝东，以东向为尊。

古代都城的设计者，就是把整个都城看作一个室，因而把尊长所居的宫城或宫室造在西南隅，整个都城的布局坐西朝东，这显然是周人的传统习俗。因为当周的先祖公刘建都于豳时，就是"度其夕阳，豳居允荒"③。夕阳就是指西部地区，把宫室造在西部，自然是以西为尊了。

---

① 《仪礼·少牢馈食礼第十六》："司宫筵于奥，祝设几于筵上，右之。"郑玄注："布陈神坐也。室中西南隅谓之奥。席东面，近南为右。"
② 《仪礼·少牢馈食礼第十六》："尸升筵，祝、主人西面立于户内，祝在左。祝、主人皆拜妥尸。"
③ 《诗·大雅·公刘》。

匠人营国
中国历史上的古都

不仅祭祀祖先如此，平时在室内举行的礼节都是以东向为尊的。当时殿堂虽是南向的，但是室内的席次以东向为尊。直到秦汉之际，还是盛行这种礼制。例如鸿门宴中，项王、项伯东向坐，亚父（范增）南向坐，沛公北向坐，张良西向侍，樊哙后来也是西向立。① 韩信攻破赵的陈余军，生擒广武君（李左车），"乃解其缚，东乡坐，西乡对，师事之"②。这里的乡是向的通假字，所以韩信是尊敬广武君，让他坐西面东，处于上位以示尊崇。还有一个例子就是刘汉灭诸吕匡正后，当汉文帝（代王）被迎入长安，群臣劝请他即帝位时，他"西乡让者三，南乡让者再"③。西向让是表示不敢居尊长之位，南向让是表示不敢居君上之位。代王先西向让，无非是表示他在皇族中不敢居尊长之位。因为在宗法制度下，宗统，也就是宗族长对成员的支配权，和君统，即君主对臣下的支配权，是合为一礼的。

正是基于这样的规则，春秋战国时代诸侯的都城，几乎都是由西"城"和东"郭"结合，坐西朝东。这从目前保存较完整，且经过初步调查的齐都临淄（今山东临淄）、郑韩都城郑（今河南新郑）、晋国都城新田（今山西侯马）、魏国都城安邑（今山西夏县）、赵国都城邯郸（今河北邯郸）、楚国都城郢（今湖北荆州纪南城）、秦国都城雍（今陕西凤翔）的情况来看，大都如是。而这种城市布局特点似一直持续到西汉时期的都城长安。

齐国都城临淄

据史料记载，西周初年吕尚（太公望）受封于齐，建都营丘，目的是控制东方的莱夷。史学界对营丘在今天的什么地

---
①《史记》卷7《项羽本纪》。
②《史记》卷92《淮阴侯列传》。
③《史记》卷10《孝文本纪》；《汉书》卷4《文帝纪》。

第五章
城·郭——都城形态的演变

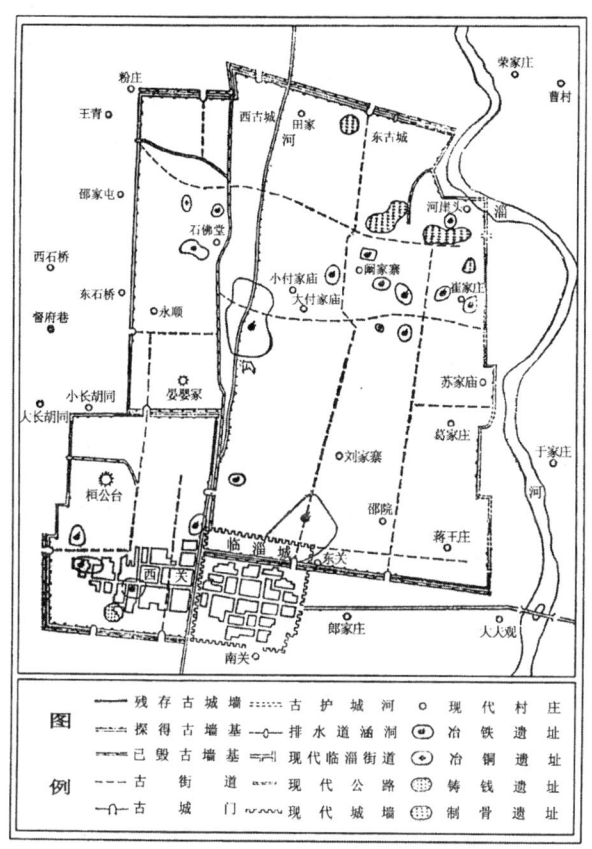

图 5-4 临淄齐国故城平面图①

方一直有所争议,有些学者认为营丘就是临淄,有些人则认为在另外的地方。但是不管结论如何,有一点无疑,就是齐国建立后一直受到东方部族的威胁,直到七世献公东进,建都临淄后,才重新确立了它在山东半岛的霸主地位。② 此后齐国定

① 杨宽:《中国古代都城制度史研究》,上海人民出版社2003年版,第63页。
②《史记》卷32《齐太公世家》。

101

匠人营国
中国历史上的古都

都临淄历600余年，直到公元前221年为秦所灭。正是因为临淄作为齐国控制东方的重要据点，所以临淄的城市布局当然也就体现了周礼与军事防御两方面结合的特点。而经过考古工作者对临淄残存的部分城墙和地下的勘探，这座规模宏大的古城的范围和形制也逐渐清晰起来。

临淄故城东临淄水，西依系水（今称泥河），位于淄河冲积扇的前缘，地形向北方微微倾斜。从已勘探出的部分来看，故城由西南小"城"和东北大"郭"两部分连结而成：小城呈长方形，嵌筑在大城的西南隅，南北4里余，东西近3里。大城呈不规则长方形，多有拐弯，西墙南端与小城北墙衔接，南墙西端与小城东墙相接，南北近9里，东西7里余。①

位于大城西南角的小城，从其城门和道路的布局来看，是坐西朝东的，以东门、北门为正门，尤以东门为重要。小城有城门五座，东、西、北三面各1座，南面有2座。其中，东、北二门是通向大城的通道，都有门阙建筑。宫殿的基址在小城的北部偏西地方，以所谓的桓公台为中心。小城的交通大道也是以宫殿为中心构建的。小城除去宫殿建筑的遗址外，还发现了很多为宫廷服务的冶铁、冶铜的作坊遗址。更为重要的是还有为统治者所垄断的铸钱作坊的遗址。②

大城有城门8座，东墙有3座城门，南、北两墙则有2座，而西墙仅1座城门。大城有横贯东西的两条大道，偏于北部，纵贯南北的大道也有两条，偏于东部。东西与南北要道交叉处和河崖头村、阚家寨村一带的韩信岭高地处，文化堆积比较

---

① 群力：《临淄齐国故城勘探纪要》，《文物》1972年第5期。
② 侯仁之：《临淄市主要城镇的起源与发展》，见《历史地理学的理论与实践》，上海人民出版社1979年版，第348页。

第五章
城·郭——都城形态的演变

厚,出土了大量冶铁、冶铜和制骨等手工业的作坊遗迹,说明这一带是大城中最繁华的地方。① 值得注意的是,大城东墙与其他三面截然不同,它不是尽量取直,而是随处凹凸,极不规则。事实上,这种不规则的凸出或凹入,并非漫无目的,而是有其设计理念的:由于威胁主要来自东方,整个城市防御必须因东部的淄水设防。②

秦都雍城

秦早期立国陇东西汉水、渭水上游,春秋中期始东出陇山,在历经秦邑、汧、汧渭之会、平阳雍城、泾阳、栎阳和咸阳等多处都、城、邑,史称"九都八迁"之后,最终统一六国,建立了中国历史上第一个中央集权制国家。秦人东进的过程中,在位于关中西部的雍城建都时间最长,据《史记·秦本纪》载,"德公元年(前 677 年),初居雍城大郑宫,卜居雍"。始都雍,到献公"二年(前 383 年),城栎阳",雍作为都城长达 290 余年。可以说,以雍为都的秦国正是它蓄积力量以图逐鹿中原、称雄海内的重要时期,因此雍城是秦人精心构筑的都城,制度也最为完备,其城市结构应该最能体现秦人的礼制与思想。正因为此,在秦献公东迁栎阳后,雍虽然不再作为秦国的政治中心,但仍然是秦人祭祀天地和祖先宗庙的宗教中心,即使是不可一世的秦始皇,他的加冕典礼仍然得回到雍城来举行,由此可知雍在秦人心目中一直是圣城的地位。

秦雍城遗址位于陕西省凤翔县城以南,遗址由城址、秦公陵园、国人墓葬区、汧河流域早期秦文化遗址和郊外秦汉行宫

---

① 杨宽:《中国古代都城制度史研究》,上海人民出版社 2003 年版,第 66 页。
② 侯仁之:《临淄市主要城镇的起源与发展》,见《历史地理学的理论与实践》,上海人民出版社 1979 年版,第 346 页。

建筑遗址组成,总面积约为51平方公里。① 其中,城址位于凤翔县城中心以南,南北长3300米,东西宽3200米,总面积约11平方公里,几为正方形。目前西墙保存完好,南墙沿雍水河方向蜿蜒曲折,东墙紧依纸坊河,北垣大部为今县城所压,仅在今凤翔县城内发现部分墙体遗迹。由此可知,雍城城外除自然河流纸坊河、雍水外,还在西墙外开掘了人工城壕作为防御设施。城墙墙体宽度为8—14米不等,由墙体内发现的雍城早期陶片,推断《史记·秦本纪》中所载"悼公二年,城雍"是可靠的,也就是说秦国是都雍近二百年之后才正式构筑城墙。②

经过历次考古调查、勘探与发掘,雍城城址范围内的基本布局大致清晰。雍城共有三处宫殿,一是在雍城中部偏西处的姚家岗春秋时期秦宫殿区,这里发掘出铜质建筑构件窖藏和冰窖等遗址;二是在中部偏南的马家庄发现春秋中晚期秦国的礼制建筑与宫殿建筑,由四个建筑群组成,其中,一号建筑群为宗庙建筑,整体结构是坐北朝南,平面为长方形,面积6660平方米,由大门、中庭、朝寝、亭台、东西厢和围墙等部分组成,有大量祭礼坑在这里被发现。而其西面的三号建筑群平面布局严整,四周同样有围墙环绕,自南而北有五个院落,推测应为寝宫所在。二、四号建筑群目前尚不能确定其功能;三是雍城北部的铁沟、高王寺战国宫殿区。从目前已发掘的情况来看,雍城内部多大型的宫殿,这正与《史记·秦本纪》所记载的情况一致:西戎王使由余入观秦,"秦缪公示以宫室、积

---

① 田亚岐:《秦雍城遗址考古工作回顾与展望》,《秦始皇帝陵博物院》2012年7月。
② 田亚岐:《秦都雍城布局研究》,《考古与文物》2013年第5期。

第五章
城·郭——都城形态的演变

聚。由余曰：'使鬼为之，则劳神矣。使人为之，亦苦民矣。'"可见雍城当时宫室壮丽非凡。但是在雍城的宫城区的外围一直没有发现统一的宫城城墙，同时宫殿与宫殿之间还夹杂有不少普通民居。①

在雍城的城北有市的遗址。考古勘探发现，该遗址为近似长方形的封闭空间。四周为一夯土墙，四周有门，为露天市场，面积达3万平方米左右。这个市的年代根据出土文物推断，当在战国早期至秦汉时期，时代较晚。此外，在雍城内外还散布有大量的手工业作坊，包括青铜器作坊、冶铁遗址和制陶作坊等。

雍城是秦文化的成熟期与发展期的都城，秦文化的许多特点都是在这里定型并最终影响到中国历史的走向。然而从目前考古来看，雍城作为春秋战国时期诸侯国的都城，其形制显然属于一种新的模式，即城郭没有明显的界线，并没有形成功能清晰的空间区隔，而是将居民安置在城内，起到控制社会的作用。

西汉长安

东汉著名科学家及文学家张衡，在他追忆西汉长安繁华的《西京赋》中，曾叙述萧何营建长安是"览秦制、跨周法"。但事实上，长安城不是萧何按照典籍预先规划、设计和营建的，而是根据不同时期的需要修建的。也就是说西汉长安的营建是一个因地制宜、简便从事的过程。

西汉初年，西汉王朝政权初立，百废待兴、一切从简，天子也不能具"均驷"。所以，营建都城长安主要是在秦代离宫的

---

① 李自智：《秦都雍城的城郭形态及有关问题》，《考古与文物》1996年第2期。

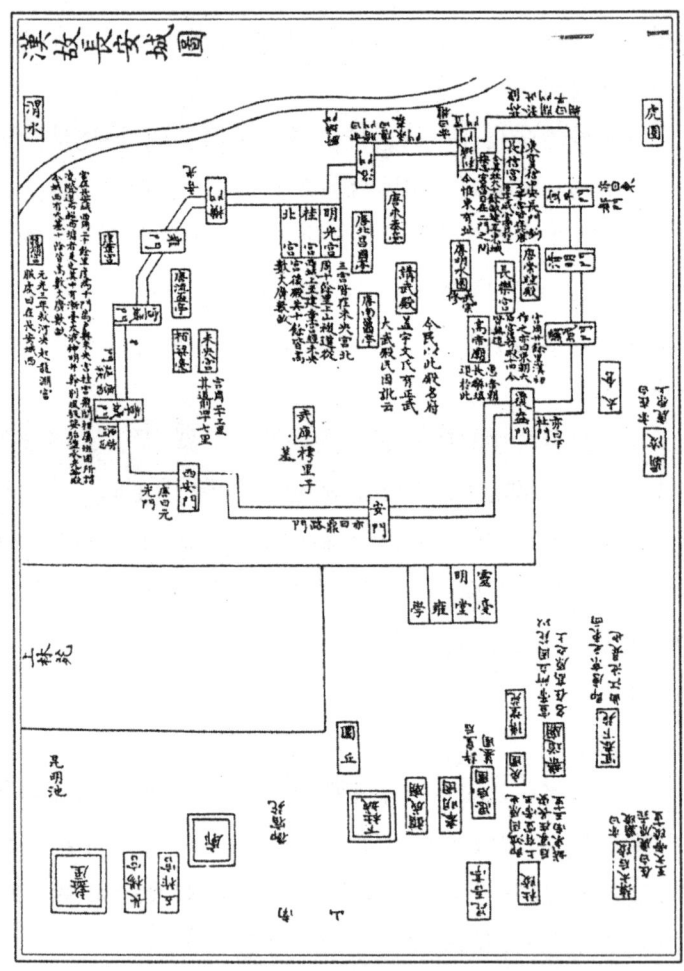

图 5-5　元·李好文《长安志图》所载《汉故长安城图》[①]

---

① 杨宽:《中国古代都城制度史研究》,上海人民出版社 2003 年版,第 108 页。

第五章
城·郭——都城形态的演变

基础上稍做修缮。汉高帝时，先把秦的离宫兴乐宫改建为长乐宫使用，接着在它周围建未央宫、前殿、武库、太仓、东阙、北阙和大市等。直到汉惠帝时（公元前 194—公元前 188 年），才开始建筑周围的城墙，建设西市、北宫、社稷、太上皇庙、高庙。到了汉武帝时，整个社会由于休养生息得到全面恢复，经济力量雄厚，加上汉武帝个人穷奢极欲，好大喜功，因此这一时期在长安又营造了很多宫廷建筑，如在西城外造建章宫，在长乐宫以北建明光宫，未央宫以北建桂宫，增修北宫，开凿昆明池、江惠渠、京师仓、上林苑。王莽时期在南郊再建明堂、辟雍、王莽九庙。

汉惠帝时修建的长安城墙，现在仍存有遗迹。整个城墙测量下来的数据是：东墙长 5940 米，南墙长 6250 米，西墙长 4550 米，北墙长 5950 米，总面积约 36 平方公里。而《汉书仪》也说："长安城方六十三里，经纬各十五里，十二城门，九百七十三顷。"[①]

西汉时期的长安城内为规模巨大的皇宫、宗庙、官署、附属机构以及达官贵人、诸侯王、列侯、郡主的邸地所占据。用现在的观点来看，长安城属于内城性质。其大规模的市区、居民居住区都分布在城外北面和东北面的郭区。从长安城门和街道的布局来看，整座内城也是坐西朝东的，这一点主要是由长安城的街道与城门反映出来的：长安城共有 8 条大街、12 座城门，每边城墙有 3 座城门。而根据考古发掘报告，只有东门两侧的城墙设有高大的门阙，已发掘的宣平门（东墙北门）和霸城门，门口两侧的城墙都有向外凸出部分，如同齐都临淄小

[①]《续汉书·郡国志》刘昭注引。

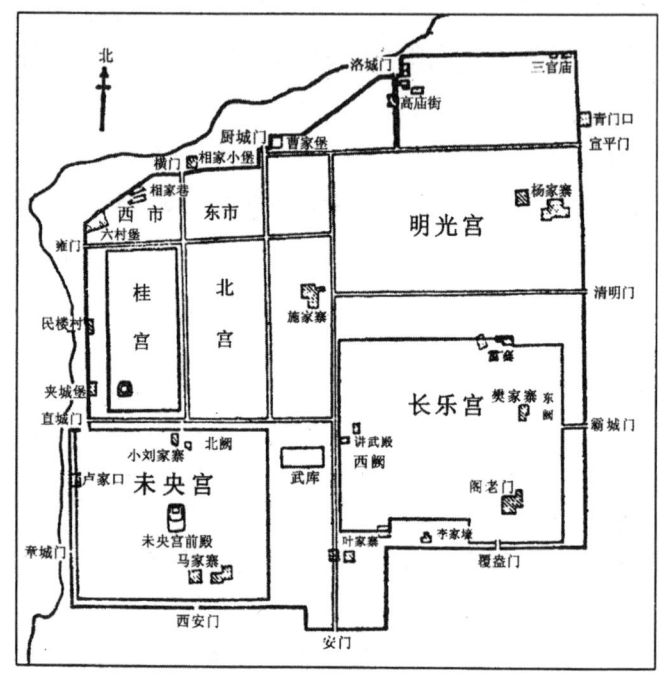

图 5-6　西汉长安城郭布局图①

城的东门一样,应当是建有门阙的。这说明长安城以东门为正门。另外,城内 8 条大街中,从东墙北门(宣平门)向西,直通到北墙中门(厨城门),与南北向的洛城门(北墙东门)大街、安门大街、厨城门大街相交接,是城内东北部东出的交通要道,也是长安最主要的通道。②

根据记载,长乐宫共有 4 座宫门,但是只有东门和西门有门阙,说明宫殿虽然南向,但整个宫却是坐西朝东的。估计秦代已经如此了,西汉只不过是沿袭原有的体制而已。未央宫

---

① 杨宽:《中国古代都城制度史研究》,上海人民出版社 2003 年版,第 113 页。
② 杨宽:《中国古代都城制度史研究》,上海人民出版社 2003 年版,第 119—130 页。

第五章
城·郭——都城形态的演变

作为新建的朝宫,同样坐西朝东,以东门、北门作为正门,设有东阙和北阙。这在《史记·高祖本纪》有明确的记载:"八年萧丞相营作未央宫,立东阙、北阙、前殿、武库、太仓。高祖还,见宫阙壮甚,怒。"

而从整个长安城来看,由于这是为保卫宫室、官署、仓库以及贵族官吏的住宅而建筑的城,所以城内只能容纳小规模的市区。大规模的市区及普通居民的住宅,都分布在城外北面和东北面的郭区里。①

长安共有九个市,据《三辅黄图》曰:"《庙记》云:长安市有九,各方二百六十六步。六市在道西,三市在道东。凡四里为一市。致九州之人在突门。夹横桥大道,市楼皆重屋。"②横桥大道就是从横门(北墙西门)通到横桥的一条大道,这是长安和渭水以北五陵邑交通的要道,因而成为商业发达之区,设有西市。而通过北墙东门城外的杜门大道一带是居民聚集区,东市设置在这里。这种东西两市对称并列在郭区的布局,对后世都城中"市"的建设有深远的影响。

长安的居民区,在班固的《西都赋》也有描述:"(长安)内则街衢洞达,闾阎且千,九市开场,货别隧分。人不得顾,车不得旋,阗城溢郭,旁流百廛。红尘四合,烟云相连。"赋中的闾是里门,阎是里中门。"闾阎且千"是说大小里门之多,也就是说居民的里分布很广。这时长安的居民区和市区,从城内北部扩展到城外的北郭和东北郭,所以《西都赋》才会讲"阗城溢郭"。

---

① 据《长安志》《水经注·渭水》和《三辅黄图》。
② 《文选·西都赋》"九市开场"下李善注引《汉宫阙疏》也说:"长安立九市,其六市在道西,三市在道东。"

西汉这种"城"和"郭"连结的布局，还是沿袭了先秦和秦代都城制度并有所发展。长安的城位于整个都城的西南部，郭位于整个都城的东北部，依然有春秋战国中原地区各大国都城流行的大城套小城格局的影子。

然而，这一中国古代都城布局特点，到了西汉后期就开始发生变化，但都城空间格局由居不主奥的坐西朝东到承天之序的坐北朝南的转变，却是到了东汉的洛阳才真正完成。

三 承天之序

学者们认为西汉以前都城布局坐西朝东，是继承与维护西周建立的宗法制度中的礼制，以东向为尊。然而，随着中央集权制的确立和巩固，推崇皇权至上成为国家礼制的中心需要。而皇帝祭天之礼逐渐成为每年以国家名义举行的最重大的典礼。而祭天规定在国都南郊举行，这便成为都城布局改变的重要推手。

西周时期其实就有了祭天于城外之礼，叫做郊。所谓"帝王之事莫大乎承天之序，承天之序莫重于郊祀"。殷周以来，人们认为天帝（帝、上帝）是自然界和人类社会的主宰，国王是天帝在人间的代表，接受天命，行使统治权。因此周代只有天子——王才可祭天，诸侯是无此权利的。《尚书·召诰》中讲到，周公营建东都成周，就曾"用牲于郊"。

早期的郊祀主要是在东郊，因为东郊与南郊同样都是"阳地"，而且正东阳光更充足，太阳出于正东方。周室东迁后，天子权威下降，原有的宗法制度受到冲击，诸侯不但在政治上向周天子闹独立，在宗教上也祭起自己的天来了。这一变化大概是从秦国开始的。春秋初年秦襄公列为诸侯，认

第五章
城·郭——都城形态的演变

为自己独占西方,应主少暤之神,故做西畤祭祀白帝。后来,随着秦国的强大,再增加青、黄、炎三帝。天帝由一个变为多个,正反映了地上分裂的局面。秦德公迁都雍(今陕西凤翔县)后,雍同时成为秦国的宗教中心,在此祭祀黄帝、炎帝、白帝、青帝。西汉初年也曾沿用这种礼制,早期仍到雍畤祭天。汉文帝时又建渭阳五帝庙。不过,五帝说显然是国家分裂时期的产物。天下统一后,为了适应这样的政治形势,便又产生了一个总领诸神的最高神——太一,并在武帝时设太畤于云阳甘泉。

可是,这样混乱的神祇体系及其礼制,显然不符合大一统政治体制的需要。于是,汉成帝即位后,大儒匡衡提出了一个整顿宗教体系的方案,即把长安变成规范化的宗教中心,祭天在南郊,祀地在北郊。这个建议的理论根据是"天地以王者为主,故圣王制祭天地之礼必于国郊。长安,圣主之居,皇天所观视也"。但这一祭天地于长安南北郊的规定,不久又被废止。直到平帝元始年间,王莽才又规定合祭天地于南郊。①

不仅如此,王莽更进一步,在托古改制的名义下,在长安城南郊又建立了以"王莽九庙"为代表的宗庙建筑,一改汉初太上皇庙、高庙和惠帝庙均在汉长安城内未央宫左侧的格局②,同时增建官稷于原来的官社之后,形成了一个以未央宫前殿为中心,以西安门南出大道为轴线的前朝后市、左祖右社的空间格局。至此王莽完成了他对长安作为宗教中心的改

---

① 参见周振鹤:《秦汉宗教地理略说》,见《中华文史》第3辑,复旦大学出版社1986年版。
② 焦南峰、马永赢:《西汉宗庙刍议》,《考古与文物》1999年第6期。

造。这一改造不仅仅是建立了一个规范的宗教中心,更有意义的是王莽将《周礼·考工记》中并没有明确方位取向的前朝后市、左祖右社的空间布局,按照新的以祭天为中心的南北方向重新安置,成为后世都城建设的样板。因此,也有学者认为《周礼·考工记》的匠人营国部分很可能是受西汉长安城形制的启发或影响撰成并补入《周礼》中的。①

这种在国都南郊每年举行祭天的礼制,正符合当时大一统的政治体制,所以到东汉被光武帝所采用。光武帝于建武元年(25年)即位于鄗(河北柏乡县北),在南郊建坛,祭告天地,就是"用元始郊祭故事"。② 次年正月,"初制郊兆于洛阳城南七里",仍然采用元始中故事。后来在洛阳城南面开平城门,更是为了方便皇帝到南郊举行郊祀。从此历代皇帝都沿用这一礼制,成为定制。

所以,讲到坐北朝南的都城格局,必须从东汉洛阳讲起。

东汉、北魏洛阳

东汉都城洛阳遗址,即所谓汉魏故城,在今河南省洛阳市以东15公里。洛阳古城呈不规则的长方形,南北长约当时9里多,东西宽约6里多,被称为"九六城"。

东汉光武帝定都洛阳后,继承了西汉长安的内城制度,南北纵列的两宫居于整个城市的中部,几乎占全城面积的三分之一。洛阳整个城市显然是坐北朝南,这从以下几个方面可以看出:

---

① 徐龙国、徐建委:《汉长安城布局的形成与〈考工记·匠人营国〉的写定》,《文物》2017年第10期。
②《续汉书》卷7《祭祀志上》。

第五章
城·郭——都城形态的演变

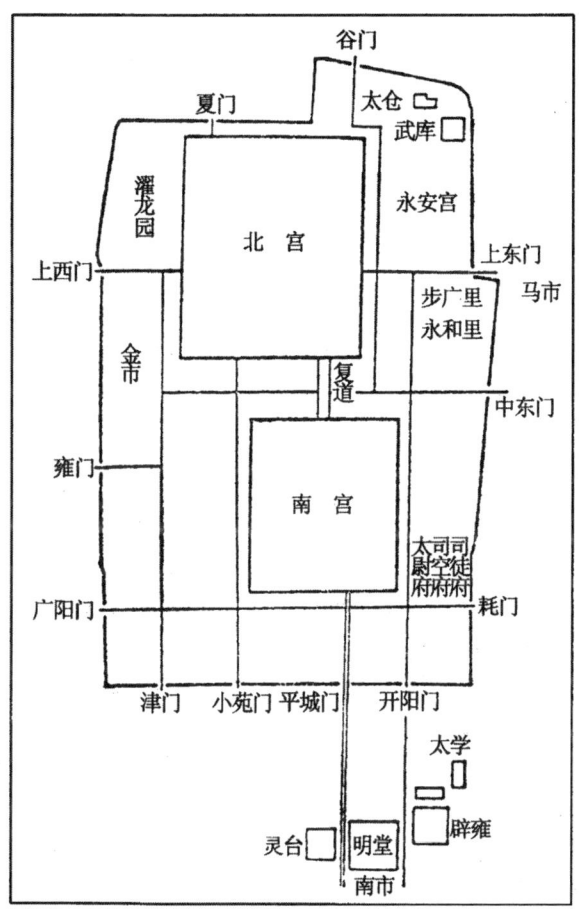

图 5-7 东汉洛阳城内宫城分布图①

首先,南北纵列的两宫,均以南门为正门。其次,洛阳的城门,东、西两面各三门,北面只有二门,南面有四门,且以南面偏东的平城门为正门。平城门直对南宫的南门(朱雀门),主要供皇帝出南门外郊祀之用,所以"平城门,正阳之

---

① 杨宽:《中国古代都城制度史研究》,上海人民出版社 2003 年版,第 131 页。

门,与宫连,郊祀法驾所由从出,门之最尊者也"。① 平城门除了皇帝出南门郊祀使用外,也作群臣前往南宫前殿参加朝会之用。此门是洛阳的12城门中,唯一有卫尉管理的门,设有司马主管,秩千石。

洛阳城内有二十四街、三市。大市(金市)在城内,位于南宫之西北,马市在城东,城南临洛水处设有南市。洛阳三市之制正式始于此时。主要官署在城之东南,近东垣耗门。城东北还建有太仓、武库等。

东汉末,洛阳宫室为董卓焚毁,曹魏重建时,先以北宫为宫室,后沿用曹魏邺城布局,将大城北部划为宫禁区,南部为市里,并规划出一条中轴线,而宫城内正殿恰位于全城南北中轴线上。宫城南门正对着大城的正南门,两门之间辟有御道。

晋室南迁后,拓跋鲜卑入居中原建立北魏王朝,并于孝文帝太和十七年(493年)营造洛都,次年由平城(今山西大同)迁都于此。

从北魏洛阳城示意图可以看出,洛阳原有的都城布局被大规模调整:南宫被省去,以北宫为宫城。宫城位于城市的中部偏西北,宫墙呈长方形,南北长约1398米,东西宽约600米,面积约为1平方公里,占全城面积的十分之一。② 此时洛阳城的规划主轴线因宫城偏西北而稍许西移。这条中轴线从城北,过宫城,经铜驼街,出宣阳门,南渡洛水,直达外郭南门外的寰丘。

宫城前南北主干道——铜驼街两侧,左建宗庙,右立大

---

① 《续汉书》卷13《五行志一》。
② 杨宽:《中国古代都城制度史研究》,上海人民出版社2003年版,第139页。

第五章
城·郭——都城形态的演变

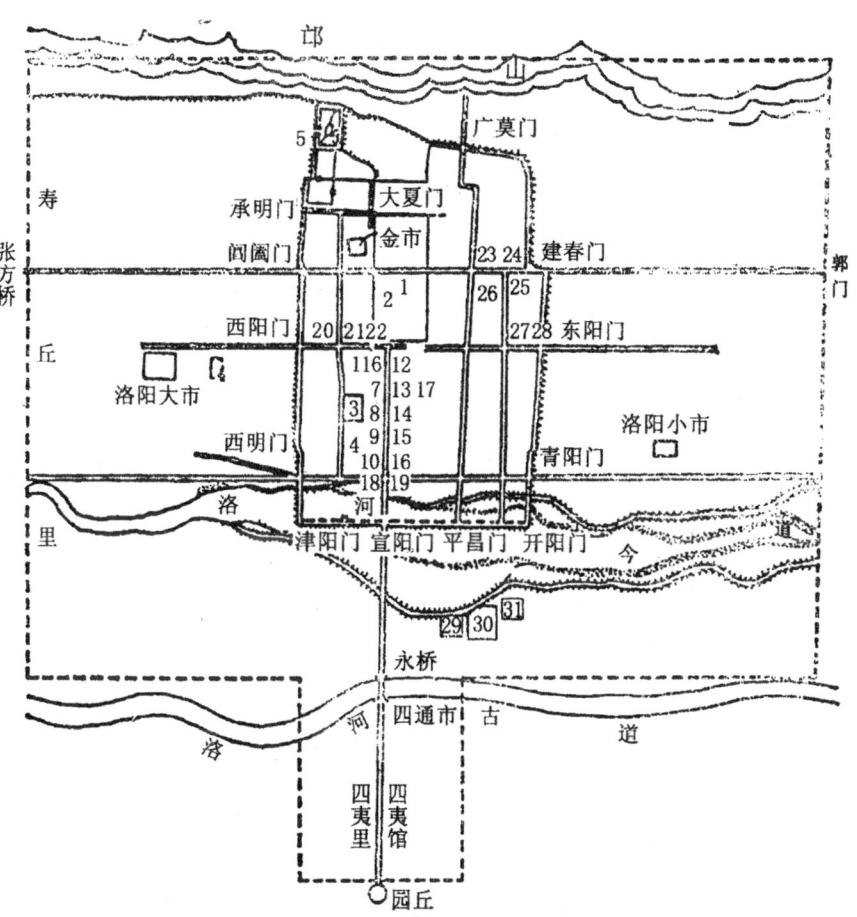

1. 宫城 2. 殿址 3. 永宁寺 4. 白马寺 5. 金墉城 6. 右卫府 7. 太尉府
8. 将作曹 9. 九级府 10. 太社 11. 御史台 12. 左卫府 13. 司徒府
14. 国子学堂 15. 宗正寺 16. 太庙 17. 景乐寺 18. 司州 19. 护军府
20. 太仆寺 21. 乘黄署 22. 武库署 23. 籍田署 24. 典农署 25. 勾盾署
26. 司农署 27. 导官署 28. 太仓署 29. 灵台 30. 明堂 31. 太学

图 5-8　北魏洛阳城平面图①

---

① 杨宽：《中国古代都城制度史研究》，上海人民出版社 2003 年版，第 133 页。

社，官署也沿街东西排列。这便是一组以宫城为中心的主体建筑所构成的洛阳都市中心区。考古探测所知，处理朝政的太极殿在南部，寝宫及西游园在北部，当是按前朝后寝的制度进行空间安置。城内干道采用经纬涂制，市不在宫城北，分居外郭城的东、西、南三面。

如果拿《考工记》中的王城制度来衡量，除城址、市制因袭前代外，北魏洛阳城布局基本符合《周礼》中的规划。所以，也有学者认为鲜卑族所营建的北魏洛阳是西汉末年以来，最接近《考工记》营国制度理想的都城。[①]

隋唐长安

唐代长安城的前身，是隋代的大兴城，所以唐长安的规划实为隋代所奠定的。

隋文帝于开皇二年（582年）命高颎、宇文恺等人在汉长安故城东南的龙首原建设新都，称为大兴城。大兴城分郭城和内城，内城又分宫城和皇城。这是一个先制订规划，再实行修建的都城。

我们引用一幅元代李好文绘制的唐代长安城市结构示意图。在这里，唐长安城的空间结构清晰可见：内城位于城市的中北部，北为宫城，南为皇城；外郭城从东、南、西三面环抱内城。整个城市严格取中轴对称格局，宫城、皇城均位于全城的中轴线上，而在宫城中轴线两侧分置宗庙和社稷坛。另外，城市道路采用非常规则的棋盘格式的经纬涂制干道网，并且利用干道纵横交错划分出规模相等的坊，作为居民居住用地。

[①] 参见贺业钜：《考工记营国制度研究》，中国建筑工业出版社1985年版，第15—16页。

第五章
城·郭——都城形态的演变

这一城市结构为当代考古所证实。根据考古挖掘报告，隋唐长安城郭城呈长方形，东西宽 9721 米，南北长 8651 米，周围共长 36.7 公里，面积约 84 平方公里，内城处于郭城正北的中间，东西两市对称部署在城市的东西两侧。从文献资料中我们还得知，长安城不仅在城市平面布局上取中轴对称，而且在城市管理方面也以中轴线所在的朱雀大街为界，东为万年县所管，西为长安县统辖。

长安城的宫城设计，对后世的影响十分深远。其中部是太极宫，为皇帝处理朝政的地方，所谓的外朝即是。太极宫东是东宫，为太子所居，西为掖庭，居住着宫女。太极宫的正殿为太极殿，殿前东廊有门下省，西廊是中书省，这些都是帮助皇帝处理日常事务的中央政府部门，而将中央政府部门集中置于宫城南部，长安开其先河。

长安的宫城前设计了五座城门，其中最重要的当属正中的承天门。承天门北对太极殿，南通皇城的朱雀门和郭城的明德门，形成了长安城中轴线上的三个节点。承天门前的横街宽三百步，约合 411 米，是长安城内最宽的大街，具有广场性质，俗称天街。每逢元旦、冬至和千秋节（皇帝寿辰），朝廷都要在承天门举行盛大的朝贺礼节，并在横街上按官品顺序集合排班。而颁布大赦和迎接朝贡的仪式也要在承天门举行。事实上，长安民间的许多重大活动也安排在这里，如白行简《李娃传》中记载的长安东西两市的挽歌大赛即在天街举行。承天门前横街及其相连的朱雀大街形成的宫廷广场对后世都城设计影响很大，如明清两代天安门广场即是秉承这一理念设计的。

承天门以南就是所谓的外朝，太极殿是每月朔望举行朝仪的地方,也就是所谓的中朝,而皇帝在两仪殿(位于太极殿后)处理日常政务,即所谓的内朝。此外,庆功、宴客的典礼也常在两仪殿上举行。

由于长安的宫城紧靠城市北部,故其北墙同时也是外郭北墙的一部分,共有三座门:太极宫的玄武、兴安二门,以及东宫的至德门。而皇帝的禁卫军就驻扎在玄武门外,因此才有李世民的"玄武门之变",一举拿下禁军,夺得宫廷政变的胜利。

四 万世之邦

隋唐长安之后,中国的都城制度进入了另一个阶段。这一时期立足于中原的统一王朝并没有真正营建过新都,都城主要是在原有城市的基础上因地制宜,因而没有足够的空间将《周礼·考工记》中的理想付诸实践。吊诡的是,最终《周礼·考工记》中的理想之都,却是由"只识弯弓射大雕"的蒙古人建立的元朝所实现,而这就是由元世祖忽必烈兴建的大都城。

位于华北平原与内蒙古高原连接处的大都,也就是明清时期的北京,其有文字可考的历史可以追溯到春秋战国。当时这个名为蓟的城市,是战国七雄之一燕国的都城。公元前221年,秦始皇统一全国,分天下为三十六郡,蓟城成为广阳郡的行政中心。从秦至唐,蓟城作为华北平原的门户,是经略东北地区的军事重镇。并且因为地处华北地区汉族和蒙古高原游牧民族交通的枢纽地段,随后又发展成为中国北方的一个经济中心。

五代后期,辽兴起于北方,与北宋相对峙。在向中原扩展的过程中,辽太宗耶律德光从石敬瑭手中取得幽云十六州后,

第五章
城·郭——都城形态的演变

于会同元年(938年)将幽州改称南京,又称燕京,为辽的五京之一,并以此作为进攻中原的据点。学术界认为,正是从这时起北京从华北平原的北方门户、一个地区性的中心城市,逐步发展并最终成为中华帝国晚期的全国性行政中心。

兴起于东北地区的女真族所建立的金灭辽后不久,海陵王于贞元元年(1153年)将都城从上京会宁府(今黑龙江阿城)迁至燕京,并改称为中都大兴府。自此至贞祐二年(1214年)为避蒙古兵锋迁都开封,中都一直都是与南宋、西夏鼎立的金朝的首都。

金迁都汴梁的第二年(1215年),中都城为蒙古铁骑所破,随之改称燕京。最初,蒙古人并无意于此建都,因此将城内宫阙尽行焚毁。至元元年(1264年),忽必烈从汉臣刘秉忠之议,决定迁都燕京,复号中都,并在金中都城的东北郊外另建新城。至元八年(1271年),忽必烈正式以"元"为国号,次年将新营造好的中都更名为大都,意即以此为据点经营中原。从此,大都(今北京)正式成为统治整个蒙元帝国的政治中心。

明初建都南京。洪武元年(1368年)朱元璋大举北伐,攻下元大都,改称为北平。在对元大都城进行了一番改造后,将它定位为防御蒙元残余势力的军事重镇,并将其最骁勇善战的四子朱棣分封于此,称为燕王。"靖难之役"中,朱棣成功地从侄儿建文帝手中夺取帝位,改元永乐。永乐十九年(1421年)朱棣将自己的龙兴之地北京升作京师,定为首都,改原来的京师为南京,降为陪都。在此期间,明王朝对元大都进行了大规模的改造,奠定了北京城现今的格局。

随后的清朝基本继承了明代京师的所有建筑,不过清代在北京打下了几个鲜明的烙印:一是八旗制度内外城的分治,一是西郊园林的营造。

北京,这个最早由非汉族封建王朝建立的都城,却成为中国都城制度史上最遵循儒家礼制修建的都城,也就是自西汉末年的长安起,中国在两千年中最接近《周礼·考工记》的理想都城。其城市布局、规划思想、平面设计等无不带有《考工记》中匠人营国的印记。那么,大都是如何将传统设计理念和现实地理基础有机结合起来的?她的城址、布局又是经历了怎样的变迁呢?

天朝上都·元大都

与西汉长安分批次逐步完善都城格局不一样,元大都城的营造是首次以《考工记》的理想都城为范本进行规划,并一次性付诸实现的都城。当然在营建过程中也结合当地的地理现实加以创造性的发展。因此,元大都在中国的城市规划史上有着非常重要的地位,被视为中华帝国后期都城设计与建设的一个典范。所谓的典范其实主要体现在大都城的城址选择和城市平面设计两个方面。

蒙古族起于朔漠,凭借着金戈铁马逐步统一中国,结束了一百多年南北对峙的分裂格局。在此期间,蒙古统治集团内部发生矛盾,分化成守旧派和革新派。元世祖忽必烈反对守旧,主张采用"汉法",实行政治革新。至元元年(1264年),为了抗拒守旧派的顽固势力,忽必烈听从刘秉忠等人的意见,决定自上都迁都于金中都。至元四年(1267年),忽必烈再次做出决定,放弃金中都故址,而以金中都东北郊的大宁宫为中心,兴建新都,即后来的大都。

为什么元代的统治者会做出最初决定迁都中都而后放弃中都城、重新营建新城的决策呢?难道仅仅是中都城受到战

第五章
城·郭——都城形态的演变

火破坏吗？此外，为什么又偏偏选中位于其东北郊的大宁宫作为新址呢？其间有种种原因，但最为重要的因素是城市水源问题。

位于降水并不丰富的华北平原北部的金中都城，城市生活所需的水主要依赖地表水资源，即今北京城西南郊的莲花池。但莲花池的水源，仅能满足城市居民的生活用水以及城内宫廷园林的用水，而对关乎金王朝命脉及其官僚机构正常运转的漕粮运输，却并无实效。终金朝一代，始终未能圆满解决这一问题。[1] 所以，城市的水源问题，特别是南粮北调的漕运水道的用水问题，是摆在元朝统治者面前一个十分严峻的问题。

然而，就在金中都的东北郊外，原是由地下水出露后形成的一片湖泊沼泽。在金中都营建后，逐渐被经营成城郊风景区——琼华岛，上有金王室的离宫大宁宫。[2]

十三世纪初，蒙古兵破中都，由于起初并未有定都之意，所以对中都宫城大肆破坏，而大宁宫地处郊外幸免于难，后成为忽必烈临时驻跸之处。中统三年（1262年），著名的水利工程专家郭守敬提议改造中都旧闸河，引西北的玉泉山水以济漕运水道。而改造后的通漕水道所经，正在大宁宫附近。所以，选择以大宁宫的湖泊为中心规划新都，是新城规划者为了解决水上运输而作的明智之举。也就是说，从金中都旧城迁至元大都新城，实际上就是把城址从莲花池水系迁移到高梁

---

[1] 参见侯仁之：《历史地理学的理论与实践》，上海人民出版社1979年版，第162页。
[2] 参见侯仁之：《历史地理学的理论与实践》，上海人民出版社1979年版，第160—161页。

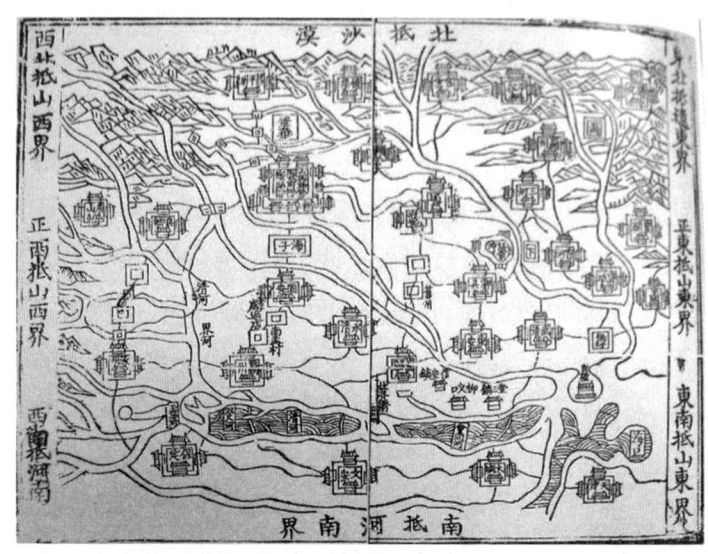

图5-9 《畿辅图》

河水系上。① 这一点，是元大都城城址选择中最值得称道的地方，也是这一城址历经数百年未再迁移的重要原因。

大都城新址大致确定后，进而需要明确城市中轴线的位置，以便以此为标志营建新都。

如前所述，从曹魏邺都开始，中国都城格局中开始出现一条纵穿都城中部的中轴线，这被认为是帝王居于天下之中在都城布局上的表现。因为这关乎国家的礼制，所以都城中轴线的确定至关重要。为了使新都城的中轴线能十分顺畅地纵贯全城南北，不为金中都旧城所阻，故将宫城的位置确定在原大宁宫南部湖泊的东岸。相传，大都的设计者刘秉忠以大都南墙中间的城门丽正门外第三桥南的一棵树作为标志，将穿

---

① 参见侯仁之：《历史地理学的理论与实践》，上海人民出版社1979年版，第164页。

第五章
城·郭——都城形态的演变

过此树的南北方向确定为整个大都城的中轴线,并将宫城首先安置在中轴线上。

然而,我们仔细观察元大都城的考古复原图就可以发现大都城的宫城虽然位于中轴线上,却并非严格居于城市中心,而是位于中轴线偏南的部位。这一布局特点与传统的"尚中正行"①"中庸"等礼制观念相背离。事实上,这是大都规划者权衡利弊后所做出的选择。

当年在宫城选址和中轴线走向确定之后,"宫城居中"的方案自然首先得到考虑,但结果是新都必然会与金中都旧址有部分重合。这意味着如果将宫城置于城市中央,就得迁走部分居民,拆除金中都的部分旧城。而这又是元大都设计者不希望做的。因此,他们只得放弃"宫城居中"的方案,将大都城整体北移,避开金中都旧城。这样的结果是宫城就落在了整个城市的中南部。当然,这一举措使得宫城南垣和皇城南垣之间过于局促,都城的中轴线在宫城南部不够突出,使大都与其前朝南宋的都城临安有了一些相似之处。

中轴线和宫城的位置确定后,新建的大都城还有另一个重要的标志,这就是中心台。刘秉忠将大都中轴线北段一直延伸到积水潭东北岸,在此处选定全城平面布局的中心点,并立了一个石刻的测量标志,题为"中心之台"。在台东十五步,约 23 米处,又建立了一座中心阁,其位置相当于今北京城内鼓楼所在的地方。这是中国历史上首次将实测技术应用到城市设计中,确保了大都城市平面布局的周正。②

---

① 邵雍:《皇极经世书》卷 12《观物外偏下》。
② 参见侯仁之:《历史地理学的理论与实践》,上海人民出版社 1979 年版,第 165 页。

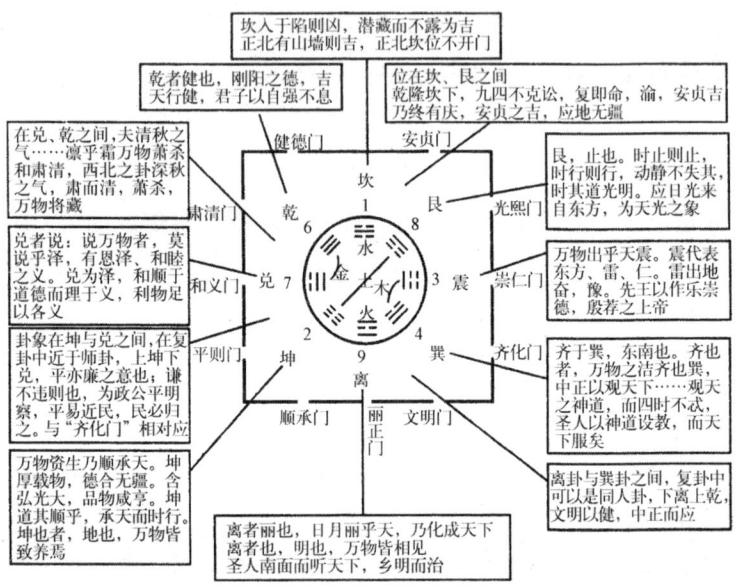

图 5-10　推测元大都规划"宫城居中"方案①

随着大都城地理中心的确定,接下来的工作是划定城市的四至:以中心台向西到积水潭西岸的距离为半径分别修建了东、西城墙,以中心台向南恰好包括皇城在内的距离作为半径来确定了南、北城墙的位置。

之后,刘秉忠严格按照《考工记》"前朝后市,左祖右社"的原则,规划宫城与其他功能性建筑:市场位于宫城之后的积水潭与漕运水道相连的码头上;太庙位于东城墙南门的齐化门的北侧;社稷台在外城西墙中门和义门内稍南,即今西直门内大街的南边。太庙和社稷台分别建置于外城东西两边靠近城墙的地方,这和北宋汴京分别把太庙和郊社建置于里城东西

---

① 黄建军:《中国古都选址与规划布局的本土思想研究》,厦门大学出版社 2005 年版,第 210 页。

第五章
城·郭——都城形态的演变

两面靠近城墙的地方也有相似之处。

显然,大都城的营造在中国都城史上的意义就在于它第一次把中国古代关于营造国都的理想设计,在最近似的程度上,一次性规划完成,是将《周礼·考工记》匠人营国创造性地表现在实际生活中,这一都城营造理念并为明清北京城所继承。

万世之邦·明清北京城

明代的北京城是在元大都城的基础上加以改造和扩建而成。明朝是将中央集权制发挥到极致的一个朝代,都城的规划设计也深受其影响,对北京的改造因此主要体现在对礼制建筑和行政官署的重新布局上。清朝统治者对北京城采取继承的态度,只是带了一些本民族的烙印。明清时期的改造奠定了今日北京城的基本格局。

明清北京对元大都的改造,最直观的就是明清北京城址的向南挪移。

元末明初,战乱频仍,大都城内居民稀少,尤其城市北部显得十分空旷。此时,蒙元贵族虽败走蒙古高原,但对中原仍虎视眈眈,伺机南侵。明取得大都之初,便因防守之故,决定放弃原来大都城北较为荒凉的部分,在原北墙南五里处另筑新墙,并因其西段受阻于积水潭,顺势用作护城河,形成切角状。

为了抵御来自塞北的威胁,并进一步控制东北地区,维护全国统一,永乐元年(1403年),朱棣将其根据地北平升为北京,作为陪都。北京之名始自此时。

不久,为了长期驻跸以防北元侵扰,永乐四年(1406年)朱棣开始着手营建北京的宫殿城池。限于宫城之南逼仄狭小,无法像南京那样将中央官署集中安置在宫城南边,故又把南城墙向南推移了二里。这样一来,和元大都相比,明北京城将北城缩减了三分之一，又拓展了南城，使得整个城池向南推移，因此宫城位置更接近城市的几何中心。显然，明代的北京较之元大都来，"宫城居中"的思想体现得更为恰当。

然而，这样的城市平面格局却在现实生活中受到了挑战。由于终明一代一直受到北元残余势力南下的威胁。蒙古铁骑常常迫近北京城郊进行掠夺，甚至兵临城下。幸而有高大坚固的城墙，北京才能在最后危急时刻得以保全。可是，生活在原金中都旧城的居民就没有这么幸运了。在元大都修建后，这里仍然是大都郊外一个重要的居民区，而明代永乐迁都后，这一局面并未改变，反而由于天坛和山川坛（先农坛）等重要礼制建筑的修建，这里的街市更加繁盛。蒙古人的抄掠，使得没有城墙保护的这一区域受害最烈。所以，正统年间（1436—1449年）"土木堡之变"后，明王朝决定在北京加筑外城。嘉靖四十三年（1564年），终于筑成了包围南郊一带的外罗城，形成今天北京城标志性的"凸"字形平面轮廓。

不过，具体到整个修建过程还是有许多故事可讲。比如，我们仔细地观察明中期以后的北京城平面图，就会发现很多平时忽略的细节。其一就是新拓展的南城城墙并非直线，而是呈略为向北的弧形。对此，各家学者看法不一，黄建军在其论著中提出风水之说。因为风水中有"直生煞，曲生吉"的观念，所以在规划城市时，避免方形、长方形几何形状的单调重复，而是追求方中有圆、圆中有方，方圆的结合，达到美学的平衡①。其二，外城东南呈切角状。据说，这样做是为了和内城

---

① 黄建军：《中国古都选址与规划布局的本土思想研究》，厦门大学出版社2005年版，第238页。

第五章
城·郭——都城形态的演变

西北隅的切角状取得呼应,达到平衡的效果。这当然是后人的推测,至于当事人是如何考量的,我们已不得而知了。

城市的整体南移,使得都城重心所在的宫城也必须有所改变,因此,明代北京修改的第二个重大举措就是宫城兴建。

明初定都南京。攻取大都后,为了破坏前朝的"王气",遂将元大内的宫殿尽行拆除。靖难之役后不久,永乐帝决意迁都北京,方举一国之财力、物力、人力营造新都,同时借鉴兴建

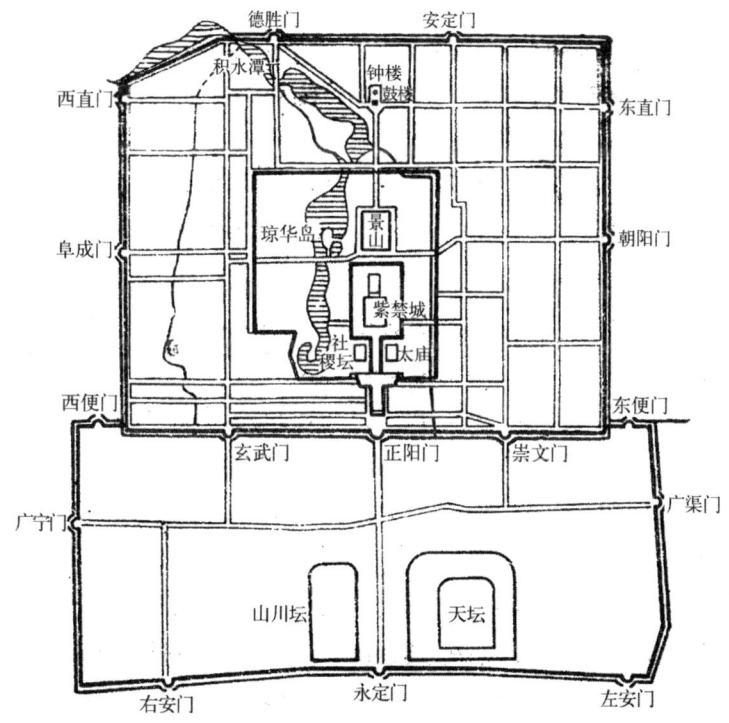

图 5-11 明北京城平面设计图①

---

① 侯仁之:《历史地理学的理论与实践》,上海人民出版社 2003 年版,第 214 页。

明南京和明中都的经验,将北京打造成为封建王朝的中心和中央集权制的空间典范。

　　与以往的都城营建一样,明朝对北京城的改建,重点放在全城的中轴线上。虽然,明北京城继续沿用元大都的中轴线,但对元大都城中心阁以南的全部建筑物,重新加以规划,增加了不少新的内容,意图以宫殿建筑的平面布局和造型,凸显封建帝王"唯我独尊"的主旨。

　　由于北京城市的整体南移,明王室的宫城也向南移了约400—500米,并在宫城四周开凿了宽达52米的护城河以加强防御。这样一来,明宫的"前朝"正殿奉先殿,正好压在了元大内正南门崇天门之上,而明宫的后朝三大宫恰好压在元代大内的"前朝"正殿的附近。这是有取其压制前朝,厌胜之意。当然,三大殿,也就是现在故宫的太和殿、中和殿、保和殿,和三大宫,也就是乾清宫、交泰殿、坤宁宫,作为宫城最主要的宫殿建筑,一律建造在全城的中轴线上。至于其他次要的建筑,则都严格遵守对称排列的原则,配置在中轴线的左右两侧。

　　明初对皇城的改造,除了原西墙位置未改变外,其他三墙均向外拓展。这样一来,宫城与皇城南墙之间的空间得以扩展,并利用午门以外的紫禁城和皇城之间新开拓的空间,仿照明南京城的规划,将太庙和社稷坛布置在中轴线的左右两旁,即宫城之南的中心御道两侧。此举无疑改变了元大都因大内前方空间局促,而将太社与太庙布局在靠近外郭城东西城墙的设计。这一改变确实使"左祖右社"的布局较元代更为紧凑,并且原本孤悬在东西两城的两大建筑群也与紫禁城建立了直接的关联,进一步强化了中轴线的地位,增加了天安门到午门之间的深度。但从另一方面来看,似乎又将元大都严格

第五章
城·郭——都城形态的演变

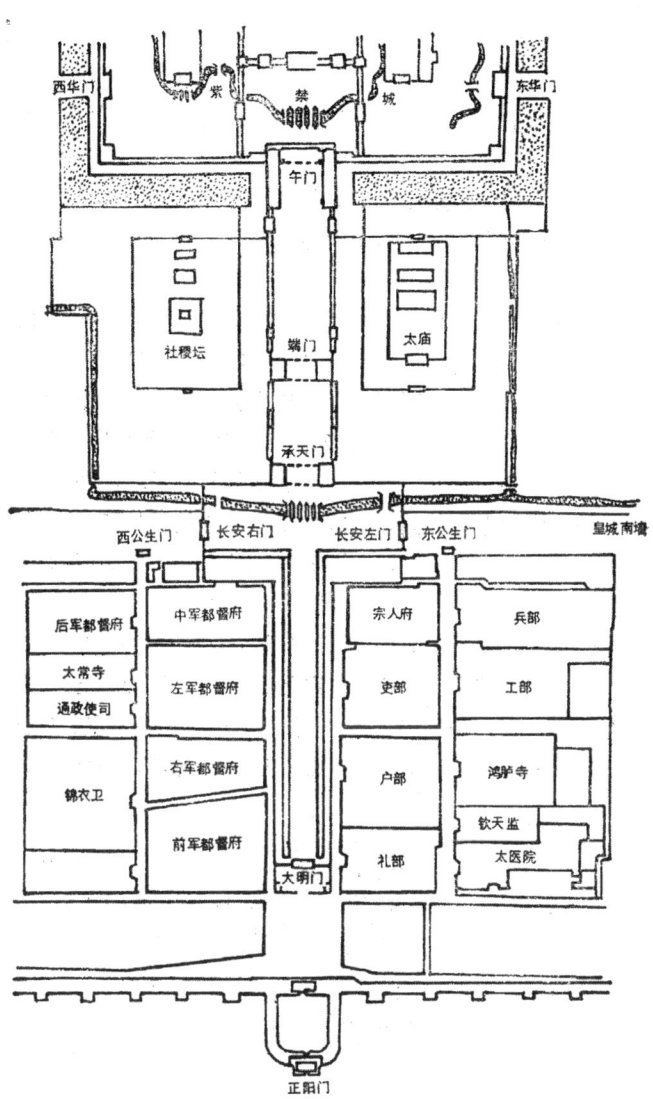

图 5-12 明北京城午门至正阳门平面图①

① 侯仁之:《历史地理学的理论与实践》,上海人民出版社 1987 年版,第 239 页。

遵循《周礼·考工记》中"前朝后市,左祖右社"的平面布局特点化解了。除此之外,午门与承天门之间新建的端门,御道两侧修建的宫墙,则是将紫禁城的森严、神秘之感推到了极致。

改造后的皇城基本上呈正方形,但西南一隅内收。这是因为皇城西南原为密集的居民里坊,为了减少拆迁扰民而做出让步。同时还在社稷坛以西,也就是新拓的空地太液池南端新开凿了一个湖泊扩大皇城的水面,增添自然风光,这就是今天的南海。南海的开凿还有一个优点,就是将一般居住区与宫禁区隔离,便于宫禁区防御和减少闹市区的噪音干扰。可谓一举数得。

第二个改变是,皇城北、东两面城墙稍向外移,也是为了解决居民区噪音对宫禁区的干扰问题。然而皇城北、东两城墙的外移,却将通惠河的河道包围进皇城,加上拓展南城又把元大都文明门以外的一段通惠河故道也包入内城中,于是元代通往积水潭的漕运通道被彻底切断,失去了运河的作用。因此,元代积水潭东北岸斜街一带的商业,到了明朝便不复当年之盛。再到后来,积水潭本身也日渐淤浅了。

第三个改变,就是明朝利用承天门和大明门之间扩建的部分形成了一个宫廷广场和集中布局的中央官署区。

明代将承天门与大明门之间的广场沿东、西、南三面修筑了宫墙,形成了一个"T"字形的封闭广场。在这个封闭的广场东西两翼以及南端凸出的一面各开一门,分别是长安左门、长安右门以及大明门(清初改大清门)。自大明门内沿东西宫墙的内侧修建了千步廊,而宫墙以外则遵循唐、宋以来的传统,把直接为封建帝王集权服务的中央官署,沿着中轴线,对称排列在东西两边。这一布局,既彻底改变了元大都城中央官署

第五章
城·郭——都城形态的演变

分散城内各处的状况，又进一步强化了中轴线的作用。

清乾隆年间(1736—1795年)，再把天安门前宫廷广场的东西两翼，继续向外延展，增筑了与皇城南墙平行的宫墙，把长安左、右门外大街的各一段也分别包入了广场的两翼，进一步增强了广场的封闭程度，成为唐宋以来宫廷广场发展的最高形式。

至于大明门和正阳门之间的一小段距离，也被有计划地保留下来作为连接东西城区交通往来的孔道，称为"棋盘街"。这里当然也就形成了明清北京繁华的商业街。

此外，明初利用新开凿的南海和护城河的泥土在紫禁城的北面，距离大城南北两墙等距离的中轴线上，堆筑了景山，形成了全城的制高点。景山，后来又称万岁山，或称煤山，它的堆筑取代了元大都中心阁的位置，成为改建后北京城的新的几何中心，从而确保了全城布局匀称方正。

当然，或许景山作为风水象征意味的"镇山"，更加为明代统治者所津津乐道，因为它不仅代表了全城的中心，同时正好被布置在元朝宫城北部正中的延春阁旧址上。明王朝或许希望以此来象征前朝的覆亡和本朝的长治久安。但可惜的是，它并没有保佑明王朝千秋万代的统治，反而在无力镇压各路起义之后，明朝末代皇帝崇祯自缢于此，成为明王朝终结的标志。这实在是历史与明朝统治者开的一个不小的玩笑。

由于明宫城并皇城、大城的南移，使得北京中轴线向南延伸。明代在相当于元代中心阁的位置上，分别建筑了鼓楼和钟楼，作为北京城中轴线的新起点，并向南延伸经过承天门、正阳门。及至嘉靖年间(1522—1566年)修筑外城之后，全城的中轴线再经过天坛与山川坛之间，笔直延伸到外城南部正

图 5-13　正阳门

中的永定门。这样，北京的中轴线通过一系列重要建筑的修建更加清晰，它南起永定门，穿越紫禁城的正中心以及景山中峰，最后止于钟鼓楼，全长近 8 公里。这在中外的城市规划史上是极为罕见的，也是明清北京城在平面设计上最为突出的特点。

城门·礼制城市的标志

元大都的城市建设基本遵循《考工记》关于王城规划"匠人营国，方九里，旁三门。国中九经九纬，经涂九轨。左祖右社，面朝后市，市朝一夫"的设计理念，然而大都城的设计者在规划城门的时候却没有严格按照此原则，北墙仅开两个城门，形成了元大都共十一个城门的格局。

有学者认为元大都只有十一门是设计者取象于《周易》"天地之数，阳奇阴偶"的结果。天数为一、三、五、七、九，地

第五章
城·郭——都城形态的演变

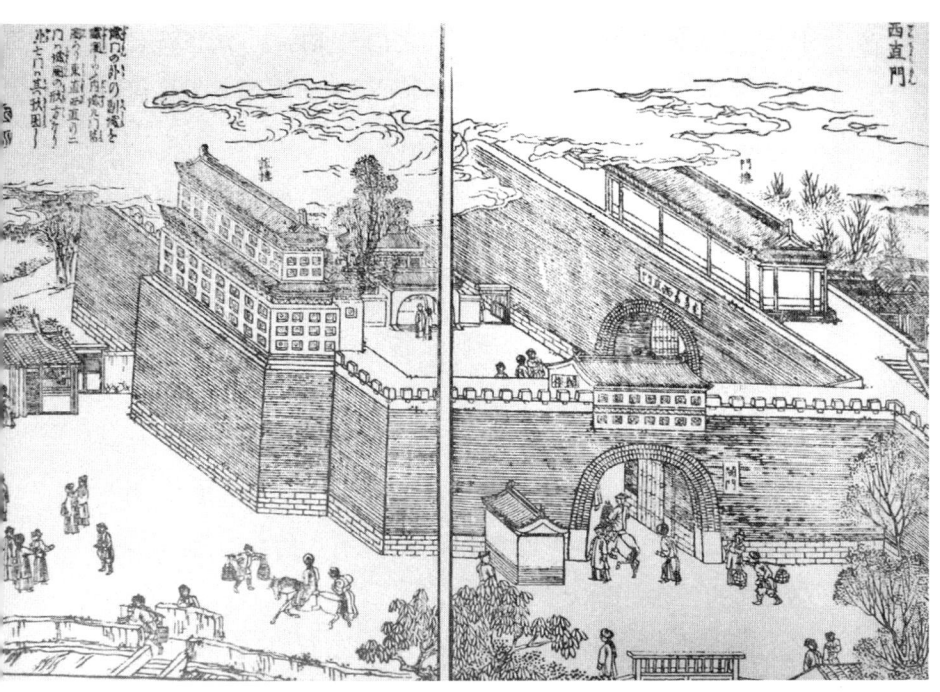

图5-14 西直门

数为二、四、六、八、十,取"天地之中和",即天数的中位数"五"与地数中位数"六"合而为"十一",其意义引申为天地合和,所以,南门三个,奇数,北门两个,偶数,呈现阴阳对应之势。①

当然也有学者认为此现象与元大都城的设计规划者刘秉忠不无关系,刘少时为僧,后饱读儒、道经书,儒、释、道的思想都对他产生了深远的影响,在大都城门规划建设以及命名上就可见一斑。大都城之所以北面少一门,是因为刘秉忠奉邵雍之说,以示"北不全见",并且据《易经·说卦》,北暗含"隐

---

① 参见黄建军:《中国古都选址与规划布局的本土思想研究》,厦门大学出版社2005年版,第213页。

伏""重险"的意味,所以不开正北之门。实际上,这也符合北京温带季风气候冬季多西北风的特点,正如中国北方民居的北面山墙不开窗是为了讲求严实保暖。①

元大都城门的命名也都取义于《易》卦,蕴涵着深邃的文化意义。国都的正门——丽正门,是从离卦中"日月丽乎天"中得名,以期"圣人南面而听天下,乡明而治"。结合学者的研究②,通过《易》卦与元大都城门命名示意图,我们似乎可以参透个中的奥秘。

明中期以后,北京城再从原来的长方形变成了内城、外城结合的"凸"字形,同时也使得城门从原来的十一个发展成"内九外七皇城四"的格局,并延续五百余年未有大的变动,而且大多数城门的名称一直沿用至今。

所谓的"内九",指的是内城东边的东直门、朝阳门,西边的西直门和阜成门,北边的德胜门、安定门,南边的崇文门、正阳门(前门)和宣武门。我们耳熟能详的"九门提督"实际上就是掌管内城的负责人。内城九门地位重要,各有用途,用老北京人的话说,就是"九门走九车"。

正阳门——走"龙车"。北京内城南墙的中门,元代称为丽正门,明清改名为正阳门。这是属皇帝专用的城门,又称"国门"。皇帝每年两次出正阳门,一次是冬季,到天坛祭祀上天,另一次是惊蛰,到先农坛去耕耘稼穑。因为正阳门位于皇城的正前方,所以又叫前门。人们所熟悉的"大前门"香烟,就

---

① 参见于希贤著,侯仁之主编:《北京城市历史地理·辽金元时期北京城的规划与建设》,北京燕山出版社2000年版,第101页。
② 参见于希贤著,侯仁之主编:《北京城市历史地理·辽金元时期北京城的规划与建设》,北京燕山出版社2000年版,第102—104页。

第五章
城·郭——都城形态的演变

是由此而命名的。

崇文门——走酒车。崇文门与下面我们要讲到的宣武门，是内城南墙东西对应的两座城门。"崇文"是尊崇文化的意思，"宣武"是宣扬武威的含意。两座城门并列东西，是取"左文右武""文治武安"的含义。崇文门是明清时的称呼，元代称为文明门，寓意相近。崇文门又名"哈德门"，当年京城收税的总机关即设立在此。明清时期京城里的达官贵人享用的美酒佳酿大多是从河北涿州等地经大运河到通州，然后经过一段陆路从崇文门进北京城。在崇文门附近接受检查，交纳厘金。另外，按照阴阳五行的说法，东方为木，主生，所以当年进京赶考的士子也是从崇文门进入北京城内的。

宣武门——走囚车。宣武门在元代时称顺承门。明代就改称玄武门。后来为了避康熙帝的名字玄烨之讳而改为宣武门。明清时期北京的刑场就设在宣武门外的菜市口，犯人经刑部审核确定，从宣武门出去，在菜市口问斩。据说当时宣武门的城门洞顶上刻着三个大字"后悔迟"，其寓意一目了然。据五行学说，西方为金，主死，所以死人出殡也要走宣武门，故又称之为"死门"。

朝阳门——走粮车。朝阳门是内城东墙的南门，元代时称为齐化门。明清时期北京的粮食多是从江南地区沿大运河运到通州，然后卸船装车运到北京朝阳门内，存放在官方的粮库"海运仓""东门仓"和"禄米仓"。直到今天，这里的地名中还保留着这些名称，所以朝阳门也有"粮门"之称。

阜成门——走煤车。阜成门是内城西墙的南门，元代时称平则门。因为京西的门头沟一带是产煤之地，北京城居民所用的煤炭皆从该地运来。传说老阜成门的门洞顶上刻了一

135

枝梅花，取"煤"的谐音，以示此处为走煤车的意思。

西直门——走水车。西直门是内城西墙的北门，元代称为和义门。因当时北京城内的水井水质不佳，宫廷内的饮用水要从西郊玉泉山用专门的水车运到宫内。所有的御水车都走西直门进入城内，而西直门的城门洞上面也因此象形地刻着水的波纹。

东直门——走砖瓦、木材车。东直门是内城东墙的北门，元代时称崇仁门。这个门是九门中最贫穷的门，因为过去的砖窑都设在东直门外，从南方运来的木材也从东直门进城。实际上，东直门大街在明清时期就是提供百姓日常生活所需用品的集散地，是最能反映京城下层老百姓生活状况的地方。

德胜门——走兵车。德胜门为北城墙的西门，元代大都北城墙西门称为健德门。据说这还有一个故事：明初徐达率

图5-15 德胜门

第五章
城·郭——都城形态的演变

明军进入北京后,发现元顺帝早已从大都北城西边的健德门逃走,遁入蒙古高原。徐达为纪念这次胜利,就将健德门改名为得胜门。但这只是一个传说,因为元大都北城墙与明北京北城墙位置并不一致。从目前保存的明代北京文献上看,明代此门一直称为德胜门。此门是明清时期出兵征战必走之门,故又称为军门。

安定门——走粪车。安定门位于北城墙的东面,此门本与德胜门一样,是为征战凯旋的将士们返城时所进的门,与德胜门相对应。但事实上,安定门因为以前靠近城门的地坛,附近有北京主要的粪场,所以此门就自然而然地成了粪车出入的通道。不过,老百姓还是把这个门称为兵车回城,显然是一种更文雅的说法。

"外七"是指明世宗(1522—1566年在位)为加强城防,在嘉靖三十二年(1553年)增修的外城城门,共有七座。最北边与内城的"前三门"平行的是东便门和西便门,东西两边儿分别是广渠门和广安门(原为广宁门,为避道光皇帝旻宁的名讳而改),南边则是左安门、右安门和直通正阳门的永定门。

通过照片我们就会发现外城城门的规模都不如内城的宏大,显然表明它们的地位没有内城的重要。只有位于南垣中央的永定门是整个外城最大、最重要的城门。原因十分简单,永定门是从正阳门一直延伸下来的前门大街的终点,也是明清北京城中轴线的终点,自然要阔气一些。

"皇四"是指皇城即紫禁城的四座城门,东有东安门(现为东华门),南有天安门,西有西安门,北有地安门。这些门都是封建时代统治者为保护自己而设立的,与北京的普通百姓关系不大。

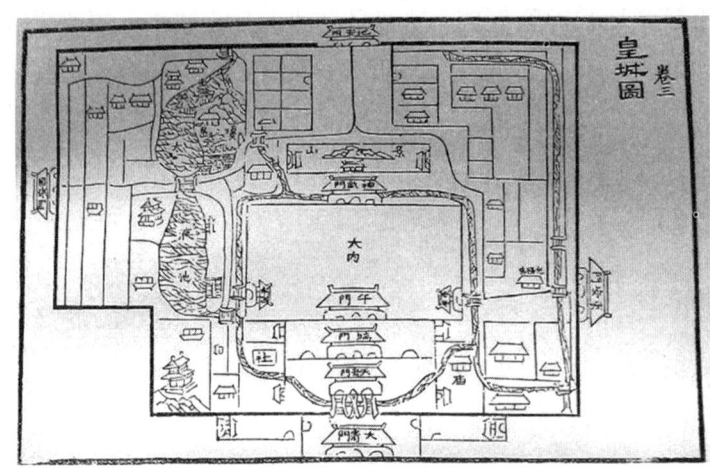

图 5-16　皇城图

市场·礼制城市的活力

说起北京的市场,人们一定都会想到王府井、前门、东单、西单等耳熟能详的地方,殊不知北京的市场经过了几朝的更替变迁,才发展成为现在的空间格局。所以,说起北京的市场,自然就得从元大都时期讲起。

元代,依靠大运河和发达的水陆交通,各地商品货物可直达大都城内。据学者研究,大都城内各种专门的集市有三十多处,形成了以钟、鼓楼和积水潭北岸的斜街一带的钟鼓楼市场为中心的市场布局,①这一布局特点甚至影响到了后世。

众所周知,为了便于提供货物和服务市场,商业点一般位于区域的几何中心,因为这样一来就可以用最短的距离到达商业点,给交易双方都带来便利,位于积水潭东北的钟鼓楼市

---

① 参见高松凡:《历史上北京城市场变迁及其区位研究》,《地理学报》1989 年第 2 期。

第五章
城·郭——都城形态的演变

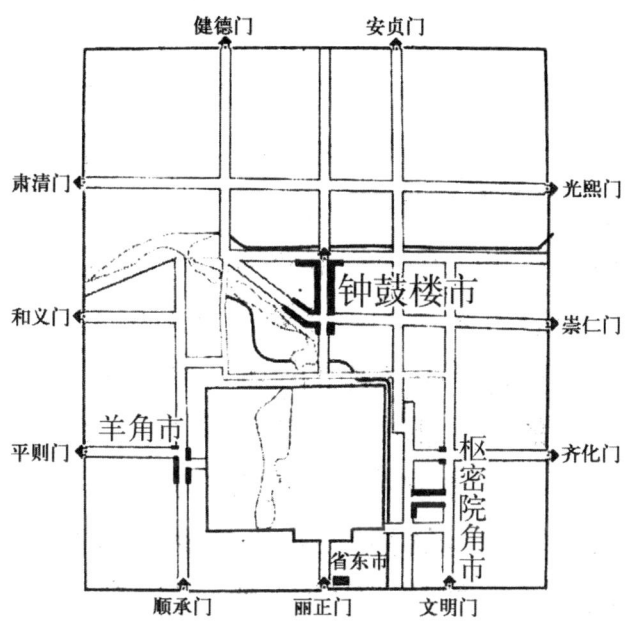

图5-17 元大都城市主要市场分布示意图

就是处于这样一个有利的位置。如前所述,元大都的钟鼓楼基本上处于城市的几何中心,这里有数条主要干道交汇,还有积水潭作为通惠河和坝河两条漕运水路的终点码头,水路和陆路交通都极其便利,因而也理所当然地成为大都全城的商业中心。这也使得大都成为中国历史上少数几座能遵循《周礼·考工记》中所描述的理想都城制度"前朝后市"的理想的都城。

除了皇城北部的钟鼓楼市场外,位于城市西南部顺承门(今宣武门)附近的羊角市,当时是大都西部的商业中心。用今天的位置来看,这一带就位于西四附近,可见西四商业中心的地位已有悠久的历史。同样,东部的商业中心是枢密院角市,相当于今灯市口一带。

匠人营国
中国历史上的古都

　　上述三个市场是元大都最重要的,也是规模较大的市场。但对普通百姓来讲,还需要就近获得日常生活所需的柴米油盐。因此,在大都内部也大致均衡地分布着一些小型的市场,为附近居民提供日常生活用品。如城东,相当于今天的东四一带的十市口,有杂货市、柴草市、车市等,在西边的顺承门(今宣武门)附近有草市、柴炭市、果市和穷汉市;而东部的文明门(今崇文门)一带同样也有草市、猪市、鱼市等;在丽正门(今前门)内的中书省附近又有省东市、文籍市和纸扎市等。

　　其实,城市内部商业网点均衡分布的原则之外,城市人口的社会阶层也影响着城市商业网点的布局。由于元大都城的主要官宦富户集中居住在城内的南部和中部,所以大型的、可提供高级商品的市场主要分布在城市的中部;而生活贫困的下层居民主要居住在金中都的故址处,也就是大都城外的西南郊。因此,这里形成了一个专为穷人服务的穷汉市。

　　明代北京城内的市场虽然是在元大都市场的基础上发展起来的,不过因明初对北京进行了大规模的城市改造,所以昔日元大都城内的市场分布也随之发生了一些变化。其中之一,或者说最重要的变化就是产生了以"朝前市"为中心的市场体系,改变了元大都"前朝后市"的市场分布格局。

　　由于明初将元大都空旷且难于防守的北城内缩,并相应将南城墙外扩,使得明代北京城较之元大都向南平移。南北城墙与宫墙改筑的结果之一,是大运河不再直通城北的积水潭,而积水潭畔的钟鼓楼地区也因僻居城市北隅,全城商业中心地位尽失。城市位置南移的结果之二是大大扩展了皇城南面和南城墙之间的空间,并因交通的发达而形成了"朝前市"。

　　朝前市是由皇城南门大明门前的棋盘街一带和前门外大

第五章
城·郭——都城形态的演变

街组成,是当时内城最繁华的地带,也是全城的商业中心。据统计,这里店铺约有 1100 户以上,且上等店铺在 320 户以上,其市场规模之大、职能之高由此可见一斑。①

除此之外,其他市场大多因袭了元代的旧址,如东安门外灯市,因每年元宵节期间,白天为市,晚上放灯而得名。此处原为元代枢密院角市的所在地,明代时整条市街长达二里,并开设有宝和等六家著名的皇店。每月初五、初十、二十还定期举行集市,声名大噪。

图 5-18 北京前门

---

① 高松凡:《历史上北京城市场变迁及其区位研究》,《地理学报》1989 年第 2 期。

城西部的主要市场是西四牌楼市场,这也是在元代羊角市的基础上发展起来的。明代北京人把这个市场称为"西市"。永乐时在此修建廊房,可知其市场的重要性。另外还有马市、羊市、果子市等集市,西院勾栏胡同甚至形成了一个繁华的娱乐区。

城市北部则有地安门市场。这里包括地安门外至鼓楼下大街一带,也就是元代最繁华的商业中心钟鼓楼市场的遗迹。虽然明代因北城墙的南缩,这里不复昔日盛况,但仍是北城区的商业集中区。

此外,东单、西单、东四、菜市口、崇文门外等街市,都分布有很多店铺,显然也是从元代大都的市场体系中继承下来的。

明代北京城市商业还有一个特点,就是庙会市场在商品经济发展的刺激下应运而生。庙会市场是在传统庙会的基础上发展起来的定期集市,其特点是以商业贸易为主,附以民间娱乐活动。庙会和其他集市一样成为前面所说的那些固定商业市场的补充形式,在城市商业生活中扮演着重要的角色。其中,城隍庙会就是明代北京最大的庙会市场,每月的初一、十五、二十五都要定期举行。

显然,明代北京的商业活动是以棋盘街——前门"朝前市"为中心,东有灯市,西有西市(西四),加上东单、西单、东四、菜市口、崇文门外的街市市场和以城隍庙会为代表的庙会及其他定期集市。这样一套看似复杂,但实为有序的市场体系,组成了明代北京的市场格局。

清代北京的市场体系经历了前期的衰退和中后期的恢复与发展两个阶段。

清初,清政府强制实行满汉分居的政策,并将内城划为八

第五章
城·郭——都城形态的演变

旗营地,这严重摧残了北京内城的市场。清中期后,随着满汉分居政策的松弛,北京城内的商业开始出现生机。与此同时,工商业会馆和行会的建立,以及全国性商品经济的发展,使得作为全国政治中心的北京,市场呈现出繁荣的景象,各类商品荟萃,市场类型多样。

在明代北京城市市场格局的基础上,清代北京形成了以前门为商业中心,庙会市场与固定店铺互为补充的空间格局。

前门商业区是在明代"朝前市"的基础上发展起来的,规模宏大。这一商业区北起大清门前的棋盘街,南达珠市口一带,东抵长巷二条,西尽煤市街,是清代北京城的金融中心,也是全城最奢华繁盛之地。由于棋盘街地处东西城、内外城之间,交通十分便利,但又受到附近官署密布、交易空间局促的限制,因此商业活动不得不向南延伸,与前门连为一片,形成了雄冠全城的商业中心。著名的大栅栏就是其中的一部分。

清代北京商业活动繁荣的另一个特征就是庙会市场的兴盛。清初,城隍庙南移到慈仁寺,也就是现在的报国寺,并很快形成了一个热闹非凡的集市。到了康熙时期(1662—1722年)这里竟成为全城最大的庙会集市。而明代就已形成的土地庙会、南药王庙会和灵佑宫庙会,在清代也十分繁盛。此外,在东直门内,旧鼓楼大街,天坛东北的东、北药王庙等处都有庙会的分布。而雍正初年(约 1723 年)兴起的隆福寺、护国寺两大庙会,更成为清中期以后北京最大的两个综合性庙会集市。由于内城在晚清以前少有固定的商业店铺,因此庙会就成了为市民们提供日常生活用品的主要场所,承担着内城主要商业中心的职能。不过,随着晚清内城固定商业店铺的逐步发展,庙会也随之退居到了附属的地位。这一特点可以用琉璃厂市场的发育作为代表。

清初灯市一带先是有定期庙会在南边的慈仁寺一带兴起,但不久即走向衰落,其商业职能为更南一些的琉璃厂所取代。随着书肆陆续集中到琉璃厂,原本定期举行的庙会开始出现固定店铺,到了晚清时期这一带更成为售卖各色文化产品的店铺集中分布的区域,最终形成了声名远扬的琉璃厂文化商业中心。

琉璃厂的情形反映了清代北京内城商业发展的基本路径:即由早期的定期集市转变为固定的商业店铺,并形成了层级分明的城市商业体系。因为同样的情况也发生在东部最主要的商业中心的东大市,也就是设有京师"四大恒"钱铺的东四牌楼市场。这里最早是因邻近贡院形成了一个定期的商贸集市,清中叶后则发展成为北京内城东部的商业中心。其实,西城最主要的商业中心,西四牌楼市场也是从庙会发展而成。在这些区域性的商业中心之外,一些交通便利的地方则形成了基层商业市场,如新街口、北新桥、交道口、东安门、地安门等大街都形成内城热闹的固定市场,而朝阳门、安定门、德胜门、西直门等各门关厢处也形成了繁盛的商业市场。

外城的商业布局与内城稍有不同,这些市场大多直接承袭了明代的布局。如中部天桥市场是明代前门外大街商业中心的延续;外城西部的菜市口市场和外城东部的崇文门外市场都是继承了明代外城的市场格局。

清代北京内外城商业市场之所以有不同的发展路径,是因为外城作为汉族官民所居、外地商人晋京的汇聚之地,市场在明代已有的基础上稳步发展。而内城不同,直到清代中期的康雍时代,内城的商业才开始恢复,而在此之前,则是以东西庙——隆福寺和护国寺为首的庙会来执行商业中心的职能。

至晚清,北京的市场终于又形成了"正阳门街、地安门街、东西安门外、东西四牌楼、东西单牌楼暨外城之菜市、花市"的空间格局,加上定期的庙会和一些专业性的集市,构成了清末北京市场分布的基本格局。

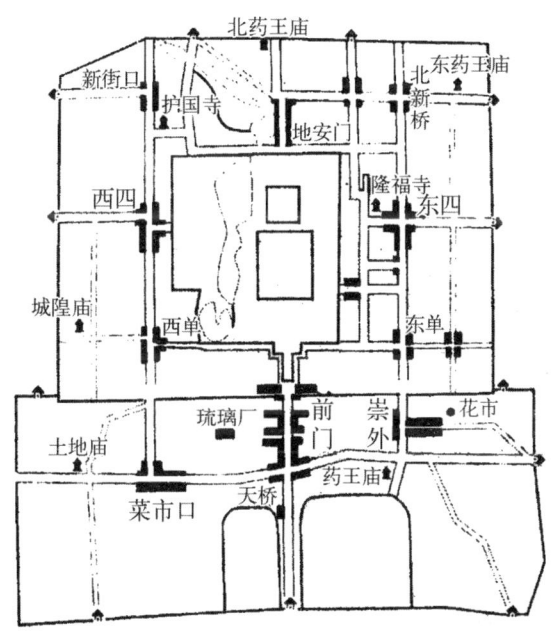

图 5-19 清代北京城主要市场分布示意图

民国时期,由于全国性政治中心地位的丧失,北京的城市空间格局也发生了重大变化。天安门前丁字型广场的拓展,直接影响到东西城之间交通条件的改善,同时也导致了北京市场格局重心的空间转移,加上近代资本的运作,使得王府井商业中心形成和西单商业迅速成长,确立了今日北京城市场体系的基本格局。

匠人营国
中国历史上的古都

民国时期北京市场的最大变化就是,因政治因素的变迁,王府井商业中心一跃成为北京城内最大的综合性市场和全城最重要的商业中心。

王府井地处皇城主要进出口的东安门和外国使馆区的联接地带。这两种性质完全不同,但又是晚清以来北京最重要的政治势力,齐力打造出这一商业中心:一方面是清廷实施"新政",投资办起了东安市场;另一方面是外国资本兴建了北京饭店、协和医院、洋行、影院等新式的公共机构。中西各方的投资,带动了这一地区商业的发展,使得王府井迅速崛起,成长为全市的商业中心。

如果说王府井商业中心的成功打造,是由于中外各方势力的共同努力,那么西单商业中心的形成,则是西方经济影响下中国民族经济兴起的产物。20世纪30年代开设的西单市场促进了长安街一带商业活动的兴盛,而长安街的贯通,又带动这一地区各种商店的设立,使得西单在民国年间开始取代西四的商业地位,成为北京西城最大的商业中心。相应的,东单市场则多受外国资本的影响,商业服务比较"洋化",这或许是更临近外国使馆区的缘故。

失之桑榆,收之东隅。反之亦然。王府井与西单的崛起,对应的是明清以来北京最重要的商业中心东、西四市场及前三门市场的衰退。民国初年,原本封闭的天安门广场和长安街被打通,内外城交通联系的畅通,使得联系原来内外城之间仅有的通道——前门的交通枢纽地位下降,直接的后果就是前门商业区范围的缩小,前门一代商店"多迁王府井及西单牌楼"[1]。而

---

[1] 高松凡:《历史上北京城市场变迁及其区位研究》,《地理学报》1989年第2期。

东西对应的菜市口市场与崇文门外市场的发展也陷入迟滞。只有天桥市场例外,反而获得了发展的良机,迅速成为北京最大的平民市场。天桥市场的兴起反映了近代北京的市场服务呈现出明显的阶层分异:天桥市场的定位是为居住在外城的大多数下层平民提供商业服务,而这些服务显然是一些王府井、西单无法或不愿提供的低等级商业服务。

但历史与传统在民国时期北京市场网络格局中的作用仍不可小觑:地安门、新街口、北新桥等传统的中间市场继续在区域商业网络中承担着不可替代的职能。前三门市场的地位虽不能与明清时相媲美,可是商业基础之雄厚使其依然有着能与新兴商业中心竞争的实力,特别是前门市场,仍不失为那个战争频仍、动乱纷争的年代里北京城内最重要的商业中心。

第六章　里·坊——都城社会的发展

一　闾里阛阓

从西周直到秦汉，城邑中居民聚居的基本单位，叫做里。顾名思义，里就是一里之地，一平方里面积的意思。这种里直到北魏都城洛阳时还在用，"方三百步为一里"，北魏的一里为三百步，所以方三百步就是一平方里。里一直是中国早期城市用来划分居住单元的空间单位。

既然是城市居民的居住单元，必然需要一定的管理组织和机构。在西周时代，都城中贵族聚居的里，一般设有长官，叫做里君。这是西周王畿内最低级的官员，大约相当于我们现在的居委会主任。《尚书·酒诰》中说："越在内服，百僚、庶尹、惟亚、惟服，宗工越百姓里居。"这里的里居按著名学者王国维的说法，是里君之误，内服是王朝内部的官员，百僚即为百官，庶尹是众多的长官，惟亚是次等的副官，惟服是一般的官吏，宗工是宗族的官员，百姓里君即为贵族里的长官。由此可见，里君是当时最小的官员了。

春秋时期，还把里的长官称为里君。如《管子·小匡篇》

第六章
里·坊——都城社会的发展

中管子对齐桓公说:"为高子之里,为国子之里,为公里,三分齐国,以为三军,择其贤民,使为里君。"战国时代中原各国大体上都沿用这种里制,所有的行政系统仍然以里作为基层单位。《墨子·尚同上篇》和《尚同中篇》讲到行政系统,都是"国""乡""里"三级,乡有乡长,里有里长。战国时代秦国的里长官叫"里正"。战国时各国的县、乡所属的里,包括都城中的里,都设有看管里门的官,叫做监门。如秦武王丞相甘茂的老师下蔡史举,就是下蔡里巷的监门。又如秦汉之际郦食其"家贫落魄,无以为衣食业,为里监门吏"①。里间的监门是最低级的小吏,也被看作是一种低贱的职司,所以《战国策·齐策四》中记齐宣王的左右说:"监门闾里,士之贱也亦甚矣。"不过,从这段记载中,我们还可以得到一个信息,那就是里是封闭的,因而需要有监门。

秦代的里制,我们现在也没有太多的资料可以描述。不过,有一条记载值得注意,这就是《史记·陈涉世家》中的"二世元年七月发闾左"。这是说征发的是闾左的居民。由此可见,那时里的居民有闾左与闾右之分。闾,就是里的正门。因此,我们还可以进一步推测,秦代的里也和先秦时期一样,内部有一条通道和一个正门。

西汉继承了秦代的里制,如《三辅黄图》卷二讲到长安的闾里时,是这样表述的:"长安闾里一百六十,室居栉比,门巷修直。"事实上,除此之外,关于汉代城市中里的形制,没有可靠的资料可以依据,因此,后人只能依据间接资料进行种种不同的推测:里和市一样,四面有墙和出入的门;或者更具体一

---

① 《史记》卷 97《郦生列传》。

些,认为里的平面形态是南北向的狭长形,南面和北面各有一个通往外部的正门,也就是前面提过的"闾",此外还有中间通道上的中门,叫作"阎"。从文献中看,有闾有阎可能是当时的实情。因为《春秋繁露·求雨篇》中讲到了里的南门和北门。另外,张衡的《西京赋》以及不少汉代文献也讲到闾阎。如《汉书·张敞传》中讲到这样一个故事:宣帝时长安城内偷盗猖獗,一直无法治理,百姓怨念不已。张敞就任京兆尹后设法找到偷长,任命他们为小吏管理社区。偷长置酒宴,小偷们前来贺酒,"偷长以赭污其(指的是小偷)衣裾,吏坐里间,阅出者,污赭辄收缚之,一日捕得数百人"。这个故事里称管理治安的

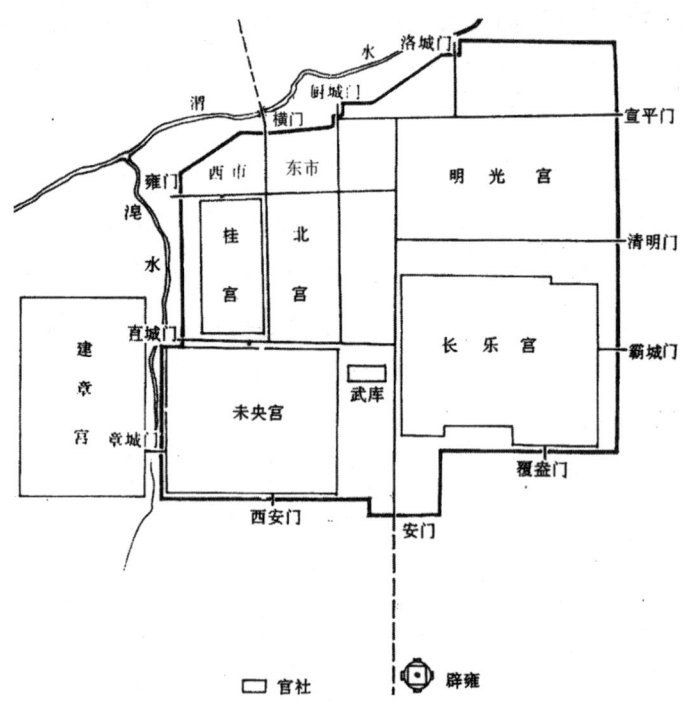

图6-1 西汉长安城市功能分区示意图

第六章
里·坊——都城社会的发展

小吏就守在每个里的大门口,只要发现有标记者就捕捉住,从此长安盗贼绝迹。这说明当时长安一般居民的住宅都建造在里的里面,任何人出入居民区都必须经过正门——闾。

这样安排居住的模式,还造成了城市居住方式的另一个特点,就是一般百姓的宅门不能直接对着大街。这是由于里用墙围合成一个封闭的居住区域,居民必须通过里门出入,这样从城市管理者的角度来说也方便管理。所以高官贵族的宅院可以临街开门、不由里门出入就成了一项特权,而人们称这种住宅为"第"。因此,《初学记》中讲到汉魏制度时,专门有一条:"出不由里门,面大道者,名曰第。爵虽列侯,食邑不满万户,不得作第,其舍在里中,皆不称第。"[①]实际上,现在人们称大宅院为"府第"就是从这里来的。

由于西汉长安基本上是在秦代旧有宫殿的基础上不断修建完善的,就连皇帝所居的宫殿也是后来不断增建的,所以普通居民居住的里也不可能是一次建成。直到西汉晚期,长安还有新建的里,如《汉书·平帝纪》载:元始二年(2年)"起五里于长安城中,宅二百区,以居贫民"。

二 坊肆谨严

东汉以后,宫中贵族的住处就有称为坊的。如东汉洛阳宫内就有九子坊之名。[②]"洛阳故北宫有九子坊。"但这还只是孤例。到了西晋,坊名显然多了起来,但仍是宫中建筑的名称。《太平御览》中的《晋宫阁名》就说:"洛阳宫有显昌

[①]《初学记》卷24引《魏王奏事》。
[②]《太平御览》卷157引《汉宫阁名》。

坊、修城坊、绥福坊、延禄坊、休徵坊、承庆坊、桂芬坊、椒房坊、舒兰坊、艺文坊。"事实上，从语义学上，坊与防是通用的，如《礼记》中有《坊记》一篇，坊即读作防。坊原本是指四周有围墙的区域，不过，到了北魏建都平城时开始将都城中普通居民居住的里称为坊。

  北魏在建设平城的时候，模仿邺和洛阳建设外郭城。道武帝天赐三年（406年）"规立外城，方二十里，分置市里，经涂洞达，三十日罢"①。这时还仅仅是规划，是准备修建外郭，安置用作商业的市和居住的里。平城外郭是在十六年后建成，也就是明元帝泰常七年（422年）才"筑平城外郭，周回三十二里"②。当时，平城外郭城的结构是"其郭城绕宫城南，悉筑为坊，坊开巷，坊大者容四五百家，小者六七十家，每南坊搜检，以备奸巧"③。这样用外郭环绕宫城，把郭区完全划分为坊里的办法，显然是沿用东汉以后洛阳和曹魏邺的制度。而且这段记载中，我们可以获知平城之所以建坊以居民，更多是从城市治安的角度考虑的。坊用作普通居民住宅区，可以说是拓跋魏对中国城市居住和管理的一大贡献。

  北魏在迁都洛阳后，把这一城市居住方式带到了中原：在对洛阳进行了统一的规划后，景明元年（500年）征发五万人，一次性筑成了洛阳三百二十个坊。北魏洛阳城的贡献还不仅仅是坊的修建，还有一个重要的贡献是，在中国古代都城建设史上第一次有计划地把居民区整体建成，并形成了整齐规范的格局。

---

① 《魏书》卷2《太祖纪》。
② 《魏书》卷3《太宗纪》。
③ 《南齐书》卷57《魏虏传》。

第六章
里·坊——都城社会的发展

《洛阳伽蓝记》卷五末记载：

> 京师，东西二十里，南北十五里，户十万九千余。庙、社、宫室、府曹以外，方三百步为一里，里开四门，门置里正二人。吏四人，门士八人，合有二百二十里，寺有一千三百六十七所。

所谓的"方三百步为一里"，就是说洛阳每个坊正好一里见方，因此人们也多将里坊互称。当时一般居民居住的坊，都是正方形的，四面各开一门，设有里正2人和里吏4人主管坊中事务。为了加强治安，坊中还设有门士8人，监督观察由坊中四门出入的居民。

需要指出的是，上引这段记载中的"合有二百二十里"，应当是"合有三百二十里"之误。按照当时的规定，这三百二十个里的面积应有320个平方里。洛阳城北靠邙山，郭区自然主要分布在东、西、南三面。著名考古学家宿白先生绘有一张《北魏洛阳郭城设计复原图》，把洛阳的内城绘成东西6个里、南北9个里，把包括城区和四周郭区的整个洛阳画成东西20个里，南北15个里，并在南边中央画成长方形的凸出部分，计东西4个里，南北5个里，这样正好是320个里。显然，这320个里大部分位于城外的郭区。这一画法被公认为关于北魏洛阳城的最准确的复原。①

坊作为城市居住小区虽形成于北魏时期，但其形制达到顶峰则到了唐代，而唐代城市中的坊制留给后人最突出的特

---

① 参见宿白：《北魏洛阳城和北邙陵墓》，《文物》1978年第7期。

点就是规整封闭,而这一特点表现得最为典型的就是唐都长安。

唐代长安城的前身,就是隋代的大兴城。隋文帝开皇二年(582年)命高颎、宇文恺等人在汉长安故城东南的龙首原建设新都,称为大兴城。大兴城分郭城和内城,内城又分宫城和皇城。与北魏洛阳一样,这也是一个先制定好整个规划,然后陆续建成的都城:先建宫城,再建皇城,最后建成郭城。唐代隋后,同时继承的还有隋都大兴,只是将名称改为长安。

关于隋唐长安,由于文献记载较多,所以我们对城市内部的布局及其具体的细节更为了解。唐代长安各坊四周有夯筑的坊墙。而根据考古发掘的情况,这些坊墙墙基宽2.5—3米。不过,从整个长安城来看,坊的形制还是略有差别,皇城以南朱雀大街两侧的四列小坊,内部只有东西向的横街,而没有南北向的通道,所以这四列坊只设有东西两个门。除此之外的坊,内部有东西、南北两条通道,呈十字交叉,并将整个坊分成四个独立的小区。这每个小区内又都有一个十字形的小巷直通各个住宅。这种小巷在当时有一个专门的名字,称为曲。如唐长安著名的娱乐区就是平康坊的三曲。另外,每个坊都设有东西南北四个门,和十字街贯通。

居民居住的坊不仅仅有围墙封闭,而且唐代还规定,无论都市还是县城,坊门早晚都要定时启闭。在大的城市,如长安、洛阳等都城,坊门启闭以击鼓六百下为号。长安城内通知坊门开启与关闭的击鼓最初是设在宫城的南门承天门处。此外,还专门布置一些骑卒在各条大街上传呼。不久,贞观十年(636年)根据马周的建议,取消骑卒传呼,改为在各条街道上设鼓敲击。这种鼓在当时称为"冬冬鼓",俗称"街鼓"。如果

第六章
里·坊——都城社会的发展

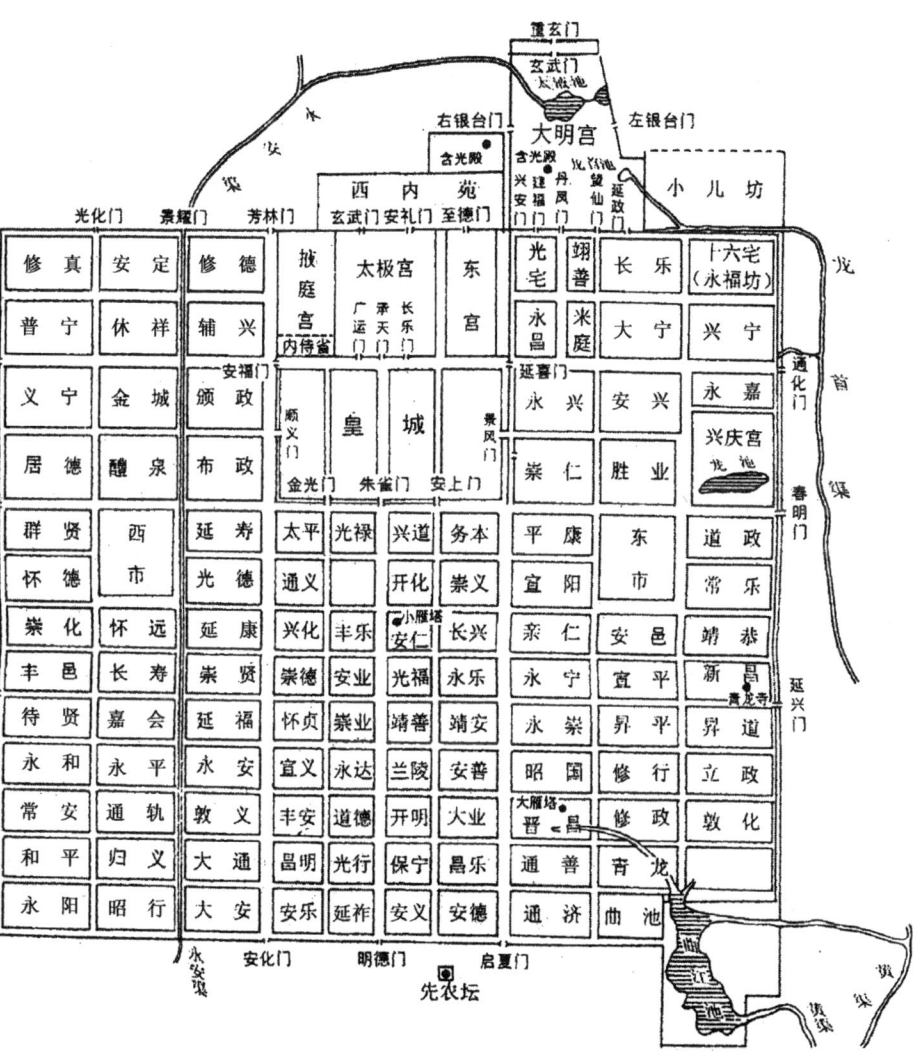

图 6-2　唐代长安城坊平面示意图[1]

---

[1] 杨宽:《中国古代都城制度史研究》,上海人民出版社 2003 年版,第 163 页。

匠人营国
中国历史上的古都

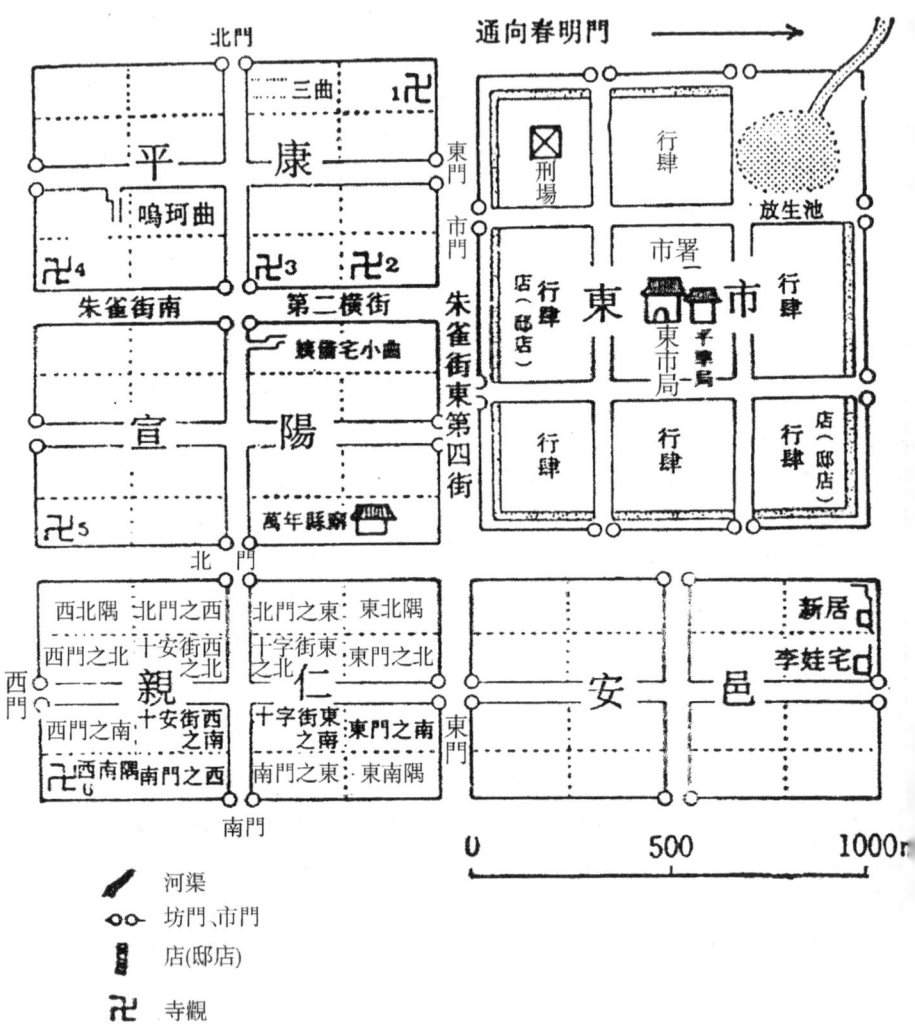

图 6-3 唐长安坊内平面示意图①

---

① 妹尾达彦:《唐代后期的长安与传奇小说》,见《日本中青年学者论中国史·六朝隋唐卷》,上海古籍出版社 1995 年版。

第六章
里·坊——都城社会的发展

我们生活在唐代的长安,就会发现每当天色微明时,承天门处首先击鼓,长安各个城门随即开启。几乎同时,街鼓也跟着击打六百下,坊门随之打开,城市这时才从一夜的沉睡中清醒过来,开始了一天的喧嚣;日落时分,同样是承天门击鼓,各城门关闭,紧接着街鼓敲击六百下,坊门关闭,整个长安城随着夜色的来临归于寂静。

唐代定时启闭坊门的制度十分严格。坊门关闭后普通百姓不得再在大街上行走,否则就是犯禁,也叫作犯夜。犯禁按唐律要抓起来打二十下,这一制度在整个唐代都是严格执行的,直到唐末还是这样。我们从晚唐小说如沈既济《任氏传》、白行简《李娃传》的故事里都可以看到这一细节。在《李娃传》中,当郑生身无分文后,鸨母与李娃设计,利用坊门定时启闭成功地摆脱了郑生。也正因为此,才有在特殊情况下皇帝特诏开放坊门的制度。例如为了庆祝上元节,唐玄宗特许正月十七、十八、十九三天夜间坊市门开放。不过,这一制度还是可以通融的,凡是家中举行婚礼,并拿到了县衙颁发的通行证的人家可以夜间通行。另外,如患有急病,或者家有亡者,只要持有坊的文牒就可以夜间出行,不算犯夜。所以说,唐代的城市并不完全是一座睡城。

唐代城市的夜生活主要是在坊中进行。夜晚坊门关闭后,人们就在坊中进行各种活动,也可以宴饮聚会,但绝不能越出坊墙。尤其是到了唐代晚期,长安由于居民日常生活的需要,许多坊中已设有小规模的饼店、酒店和食店。如沈既济所作的《任氏传》中就讲到韦崟与其妹婿郑六出游,"将会饮于新昌里"。郑六走到宣平坊南时,请求暂时离开,约好一会儿后"继至饮所",也就是宴饮的酒楼。后来还有一个情节是,郑六在天将破晓时,走到位于东市以南第三个坊的昇平坊坊门处,其时坊门尚未开启,但"门旁有胡人鬻饼之舍,方张炭炽炉",已开始为坊里居民准备早点了。由此可见,当时长安的许多坊内,都已有饼店、酒店的开设,以供居民日常生活的需要。

如果说唐代城市是封闭的,那是指当时城市坊市的安排还有另外一个特点。

我们仔细观察图6-3和图6-4唐代长安与洛阳的示意图的话,就会发现长安和洛阳不仅皇帝所居的宫城与中央官署所在的皇城分隔开来,而且皇城与居民的坊所在的郭城也是隔离的。这一特点就决定了唐代市民的日常生活较前期的都城受到更多的局限。

西汉长安并不是有意识规划后才修建的都城,所以宗庙、官署与居住区的里并没有严格的界限。到了汉魏洛阳城,也是庙社、宫室、府曹与居住区域杂错分布,这样的城市空间特点就是到了北魏洛阳时期也没有完全改观。尽管当时的洛阳相较过去的都城,已是一个规划极为严整的城市,一切都井然有序,甚至居民是按不同职业分别居住在不同的坊中,以至于坊名也各有特色。如在洛阳大市附近,东有通商、达货二里,南有调音、乐律二里,西有退酤、治觞二里,北有慈孝、奉终二里。① 从这些坊名就知道这些地方按职业居住着商贩、乐师,或以酿造、处理丧葬为职业的人们。但是,我们从《洛阳伽蓝记》中发现,仍不免有在宫殿区中混杂有官署和府第的情况,而在内城中更是平民的里与官署及官吏府第杂错分布。但到

---

① 《洛阳伽蓝记》卷4。

第六章
里·坊——都城社会的发展

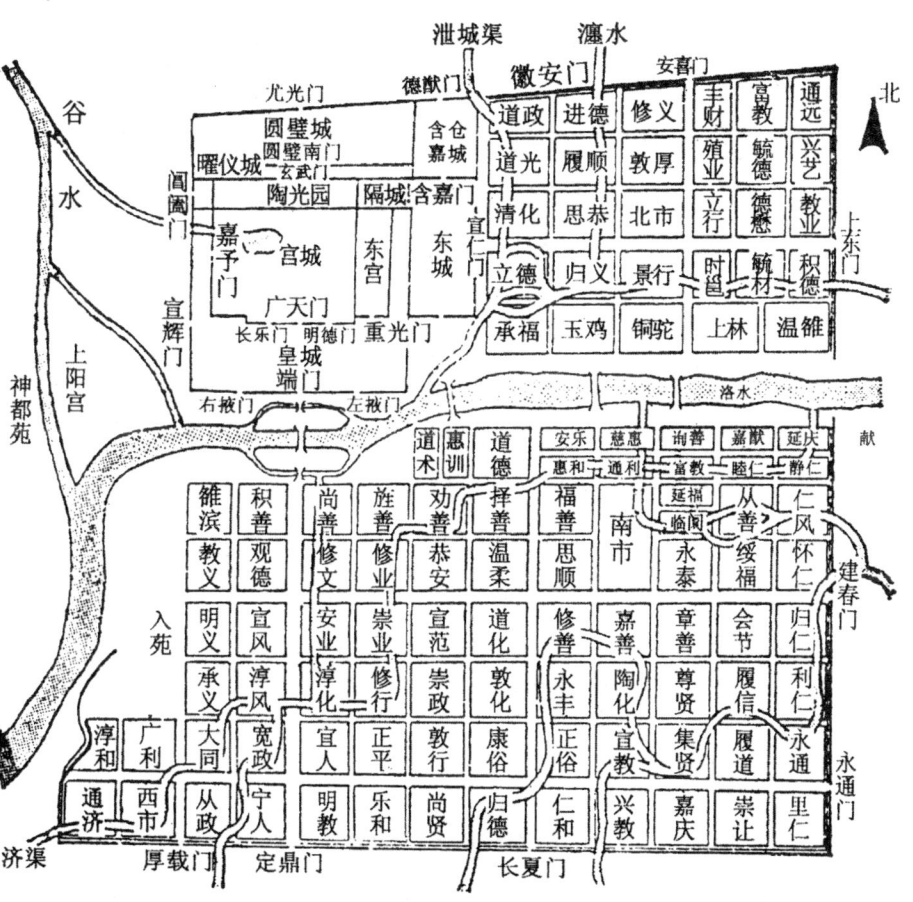

图 6-4 唐洛阳城坊平面示意图①

---

① 杨宽:《中国古代都城制度史研究》,上海人民出版社 2003 年版,第 173 页。

了唐代，情况就完全不同。无论是官吏私邸、还是平民住宅，一律建造在外郭的坊内。而中央官署隔离在高高的皇城之内，帝王所居的宫城更是壁垒森严，使得城郭的封闭性达到了极致。

都城这样的安排与设计，当然主要目的是便于维持治安和警卫。所以，虽然唐代规定三品以上的高官可以向街开门，但直至唐后期，许多高官，甚至宰相也还从坊门出入。唐宪宗元和十年（815年），藩镇就是利用这一居住特点，安排刺客埋伏在宰相武元衡所住的靖安坊东门，当他清早从坊门出来准备入朝时，刺客先放箭把侍从吓走，然后抓住武元衡将他杀死并割取头颅而去。还有一个例子，也是刺客在坊门处伏击：唐文宗开成三年（838年），宦官对宰相李石不满，欲除之。正月甲子李石上朝中途，宦官用刺客射击不中，李石左右奔散，自己骑马惊驰归还府第。不料，又有人邀击于坊门处，断其马尾，仅得以身免。这又是刺客等候在坊门行刺的，由此也可以得知坊确实是有防御作用的。

三　绣旆相招

然而，中唐以后由于城市人口的急速增加，对日常生活必需品的需要也日益增长。这时的城市就不仅仅是一个统治中心，另一项主要的功能，也就是经济活动的中心日益凸显。随着城市经济功能的不断加强，与城市经济活动密切相关的各种社会组织也成为城市生活中的组成部分，如城市各行业商人的联合组织"行""市"在唐宋之际得到了充分的发展，并刺激了繁华街市的形成。不知不觉中，汉唐以来封闭的城市景观开始发生变化。

第六章
里·坊——都城社会的发展

在唐代以及之前,都城中设有封闭式的市,将城市商业活动集中在一个固定的区域。与坊一样,市也是定时启闭的,而市中交易的货物主要依靠同住在市中或住在市附近的坊中的行商和客商提供。这种形式甚至早在先秦时期就形成了,如春秋时期齐国临淄的市中,既有开设商店的坐贾,又有"负任担荷,服牛辂马,以周四方"的行商。到了西汉时期,长安的行商集中居住在城内西北角靠近"九市"的雍门一带。即《庙记》云:"九州之人在突门。"①九州之人就是指奔走全国各地的行商。北魏洛阳的行商,主要住在西面郭区大市以东的通商、达货二里。不用多说,仅从坊名就知道这里主要居住着行商。唐代也同样,西市东南的兴化坊住有"以贩缯为业"②的客户。但是,这种情况到了五代开始变化,到北宋时期则完全改观。

五代后周时期的开封,由于驻军众多,人口急剧增长,粮食及日常必需品主要靠水路运来。大量南来北往的客商麇集在开封城内,以至于供他们临时居住以及储存货物的邸店已不敷使用。因此,周世宗采取了两项措施——拓展外城和增建邸店来改造开封城。不料,这两项举措整个改变了中国古代的都城制度。

后周的东京开封府,原为唐代汴州的州城。因为是州城,所以开封的城市规模远较以前的都城为小,街道当然也不宽阔。再加上唐代后期和五代时,居民不断侵占街衢修建房屋,所以街道更加狭窄。随着人口的急剧增加,与经济活动的不断发展,已有的城市空间远远不能适应其都城的地位。于是,

---

① 《三辅黄图》卷 2 引《庙记》。
② 《太平御览》卷 486《无双传》。

匠人营国
中国历史上的古都

周世宗柴荣于显德二年（955年）四月下诏，在原有州城的外围，另筑外城。这个被称为新城或罗城的外城，比原来的汴州州城几乎扩大了四倍。

对于开封外城拓建的必要性，周世宗的诏书中有明确的说明：

> 惟王建国，实曰京师，度地居民，固有前则。东京华夷辐辏，水陆会通；时向隆平，日增繁盛；而都城因旧，制度未恢。诸卫军营，或多窄狭；百司公署，无处兴修；加以坊市之中，邸店有限；工商外至，络绎无穷；僦赁之资，增添不定；贫乏之户，供办实难。而又屋宇交连，街衢湫隘，入夏有暑湿之苦，居常多烟火之忧。将便公私，须广都邑，宜令所司，于京城四面别筑罗城。①

扩建外城的目的或者说必要性，不仅是为了解决军营和官署的用地不足，还在于解决原有"坊市"中"邸店有限"的问题。同时，由于人口的剧增，城市居民的生活环境也大为恶化。因此，在解决外来工商业者所需邸店不足和租费增长的问题的同时，还希望能改善开封市民的生活质量，尤其于消防安全是十分必要的。

后周对开封的改造基本上是分两步完成：首先，政府组织修筑罗城；之后，在新建的城区内，官府按计划分划街巷、军营、仓场、官署所用的地段以后，"即任百姓营造"。这显然与隋唐长安的营造截然不同。

---

① 《五代会要》卷26《城郭》。

第六章
里·坊——都城社会的发展

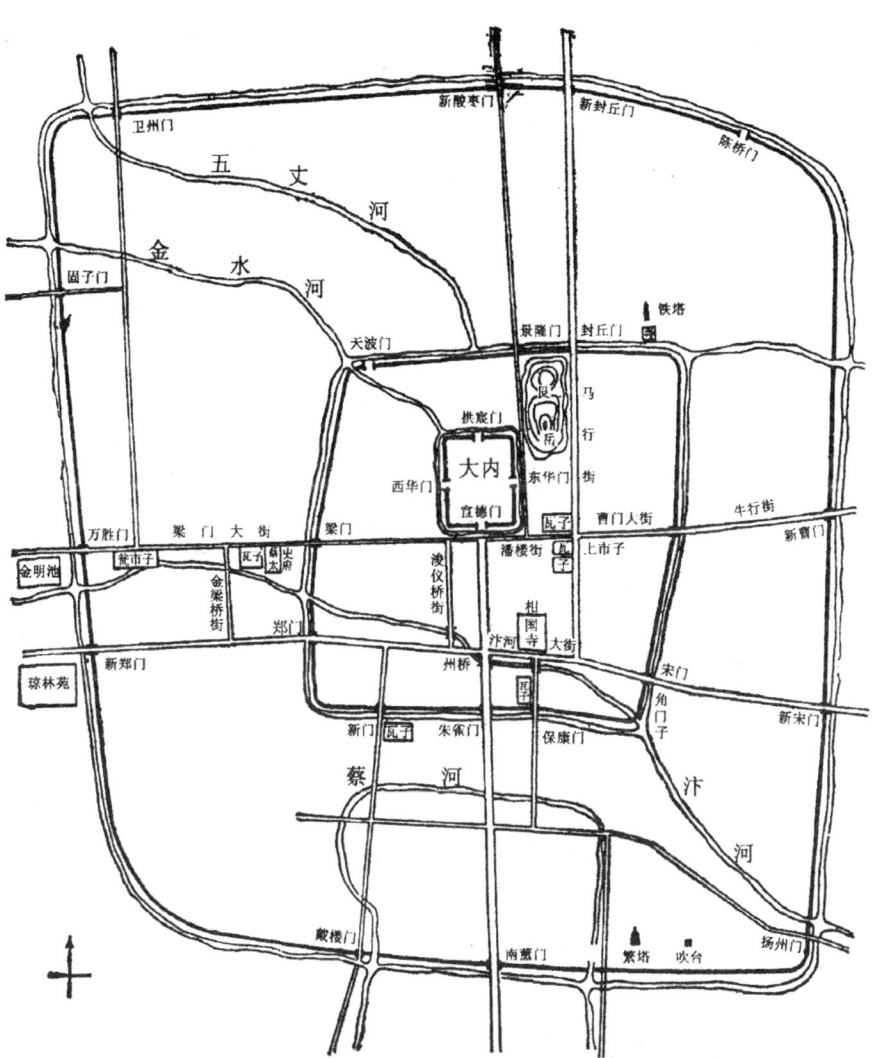

图 6-5　北宋东京城市结构示意图[①]

———————
① 杨宽：《中国古代都城制度史研究》，上海人民出版社 2003 年版，第 279 页。

匠人营国
中国历史上的古都

外城扩建以及邸店修建完成后,后周政府还疏通东京对外交通的水道。显德四年(957年),"诏疏汴水北入五丈河,自是齐、鲁舟楫皆达于大梁"。次年三月再"浚汴口,导河流达于淮,于是江淮舟楫始通"①。疏通了开封与东南和东方的水上交通,大批客商可以极其方便地挟带着大量的商品进入到开封新扩建成的外城里,更进一步刺激了东京的城市发展。到北宋初年,东京的城市景观完全改观:在沿汴河地带不仅有大量的邸店,同时还兴起了一些日用必需品的新行市。

如前文所述,开封作为四战之地,并不是都城的最佳选择。然而,自中唐以后经济重心的南移江淮,中央政府的统治相当程度上是仰赖东南的漕运。而开封正是依靠水陆交通枢纽这一优越的区位条件,成为五代以至于北宋时期首都的必然选择。由此可知,开封的首都地位系于汴水。对于这一点,北宋统治者有着十分清醒的认识,宋太宗晚年曾说:"东京养甲兵数十万,居人百万,转漕仰给在此一渠水。"②这里的渠水就是指连通中州与江淮地区的汴水。

这百万之众的开封人口,其日常所需物品的供给,主要依靠众多客商从汴河源源不断地运来。先是存放在沿汴河一带的邸店处,然后再从这里批发到全市各处的商铺里。显然,原有交通不便的封闭的市中行市,已不能很好地完成这样大规模的商品营销。同时,很自然地,同行业的商人组织起来,形成行会。这些行会在沿汴河一带的空地上,专门经营所销售的日用必需品。这样,新的行市就在北宋东京开封产生了。

---

① 《资治通鉴》卷 293、294。
② 《续资治通鉴长编》卷 32 "淳化二年六月乙酉"条及《宋史》卷 93《河渠志》。

第六章
里·坊——都城社会的发展

不过,这种新行市起初带有临时的或定期的集市性质,上市时集合,市罢即散去,并不长期占用土地。有的商人甚至直接在架设于河上的桥头做起了临时生意,这些临时性的集市再后来就慢慢变成了定期的。当时开封人将这种在桥上设立的市集称为"桥市"。这种新的行市不断形成,并逐渐固定。大约到了北宋中期,新行市多到官府感到有必要对其进行管理,于是制定政策,从中抽取地税,同时还规定"须就官地为市交易"。也就是必须租借用官地修建的铺屋,以便设立永久性的固定行市。如宋神宗元丰二年(1079年)九月,由修完京城所申请批准,租官地与民"创屋"而"为面市"[1]。事实上,沿汴

图6-6　清明上河图汴水运输[2]

---

[1]《续资治通鉴长编》卷300"元丰二年九月丙子"条。
[2] 吴涛:《北宋都城东京》插图,河南人民出版社1984年版。

河新设立的行市经官府抽税的,除了面市外,还有斛豆斗行、菜行、果子行、牛行、马行、纸行等,显然主要是经营日用必需品的新行市,用以供应日益增长的都城居民的需要。

但是,政府对新行市的管理如同其他很多政策一样,不但效果不佳,最终甚至沦为扰民的苛政。因此,元丰八年(1085年)七月殿中侍史黄浞,看到官府对许多新兴行市抽地税为害严重,上奏请求罢免这项政策。不过,他在奏书中讲到的这样一句话:"沿汴狭河堤岸空地,先有朝旨许人断赁"却颇耐人寻味。这是说,许多新行市最初是从沿汴河堤岸空地上兴起的。这当然是因为客商为了方便,就近租赁沿汴河旁的空地,以堆放货物进行交易。显然,在没有被官府拘拦空地或强制"就官地为市交易"以前,这样的经营方式已经有一段时间了。

图 6-7　清明上河图桥市①

---

① 杨宽:《中国古代都城制度史研究》插图,上海人民出版社 2003 年版。

第六章
里·坊——都城社会的发展

事实上,除了通过征收地税与民争利外,官府还曾一度在这些沿河近桥地段设置官营的果子行、面行、肉行等行市。元丰八年(1085年)五月乙未的诏书中,提到修完京城所管属的"万木场、天汉桥及四壁果市、京城猪羊圈、东西面市、牛圈、垛麻场、肉行、西塌场"。① 从这条记载中我们知道,官营的行市几乎囊括了所有日常用品的经销。

东京开封新兴的行市,由于受到运输条件的限制,不再局促在封闭固定的市坊内,而是向交通便利的河岸、桥梁地区集中,并因此形成新的城市经济中心。根据《东京梦华录》,商人和官营的果子行都设在州桥(天汉桥)附近。不过,从整个东京来看,它的商业贸易活动主要布局在城内从州桥沿汴河到

图 6-8 清明上河图行市②

---

① 《续资治通鉴长编》卷 356"元丰八年五月乙未"条。
② 吴涛:《北宋都城东京》插图,河南人民出版社 1984 年版。

东水门水陆两路并行的交通线及其街市上。

东京外城的布局,凡是四面设有城门的地方,都有大街通向城中。此外,还有一些为方便水运的水门布设在各处,其中以汴河下游水门东水门最为重要,也最为有名。汴河东水门两岸有通津门和上善门,西水门两岸则有宣泽门和大通门,它们都有沿汴河的大街通到里城中心,是水陆两路运输重要物资进入城中的主要交通线。这当中以从州桥向东,经相国寺桥,穿过东角子门,经上、下土桥和便桥而到达通津门和上善门的沿汴河大街最为繁华,甚至远远超过了东面的御街。《东京梦华录》中称:"大内前,州桥之东,临汴河大街,曰相国寺,有桥平正如州桥……东去沿城皆客店,南方官员商贾兵级皆于此安泊。"①这是说,在这条水陆通道上,修建有许多官府的仓库,接待客商堆货、寓居以及进行交易的邸店和客店。尤其是官府的米麦仓库集中在此处:"诸米麦等,自州东虹桥元丰仓、顺成仓、东水门里广济、里河折中、外河折中、富国、广盈、万盈、永丰、济远等仓。"②《清明上河图》中所描述的正是汴河入城的东水门虹桥一带,其所反映的百货辐辏、人员骈集的景象,可以说是东京城市商业发达的真实写照。

与此同时,城内远离主要交通干线的地方则随着新的行市的兴起和繁荣形成了新的街市。开封城中有许多街市都是在一个新行市的基础上发展形成的,如牛行街。甚至在连接几个重要的新行市的交通要道上也形成了繁华的街市,如马行街就是这样。

---

① 《东京梦华录》卷3《大内前州桥东街巷》。
② 《东京梦华录》卷1《外诸司》。

第六章
里·坊——都城社会的发展

马行最初只有酒楼庄楼作为行头驻在地以及交易之所,人们称之为马行市。再到后来,因此处酒楼较多,就成为开封城内人们邀约饮宴之地①。由于形成一定的规模,不断有行市形成,最终整条街店铺相连,形成了一条人烟浩繁的马行街。马行街是北宋东京四条御街中最繁华的一条。整条街上酒楼、茶坊、饮食店很多,据说整个东京城内只有马行街上没有蚊子,就是因为"夜市酒楼极繁盛处","灯火照天",而"蚊蚋恶油"②。马行街的商业还形成了一定的集聚效应,在附近的巷子里也形成了不少工商业经营场所:向北穿过马行街有作为大小货行的东西两巷,是许多手工业作坊的所在地;再往北又有小货行的时楼、药铺、香药铺,"两行金紫医官药铺"③。

街坊桥市的形成,完全改变了北宋东京的城市景观。新的街市的形成,意味着旧的封闭坊市被淘汰。据学者研究,东京里城东西两市的消失,大约是在北宋中期沿河近桥以及城门口的新行市兴起并达到一定程度的发展之后。也就是说,原有的旧的封闭式的市不起作用后,不得不自然淘汰。④ 与此同时,为城市居民需要的各种饼店、小酒店更是可以在城市中到处开设,而不是像唐代那样仅仅设在坊内。东京内的一些酒楼甚至成为街市中的主要店铺,有些街市上还形成酒楼夹街相对的景象,"九桥门街市酒店,彩楼相对,绣旆相招,掩翳天日"。

---

① 见洪迈《夷坚志》甲集卷18"李舒长仆"条。
② 蔡绦《铁围山丛谈》卷4。
③ 《东京梦华录》卷3《马行街北诸医铺》。
④ 参见加藤繁:《宋代都市的发展》《唐宋时代的市》《论唐宋时代商业组织"行"并及清代会馆》等,见《中国经济史考证》,华世出版社1981年版。

匠人营国
中国历史上的古都

《东京梦华录》叙述街市的分布情况,常详述各种商店所在的街或巷,却没有一处谈到坊的。但是,在一般叙述中常是坊巷连称,比如说"每坊巷三百步许,有军巡铺屋一所"[①]。或是"坊巷桥市皆有肉案"[②],还有"其余坊巷院落,纵横万数"[③]等等。这都说明到了北宋末年,民间所利用的城市公共空间是巷而不是坊。其实,"巷"在唐代就有,原来是坊中的通道[④],不是举行公共活动的场所,所以在唐代在叙述城市活动时,常常是以坊或大街为空间单元。但到了宋代以后,却是以坊巷作为描述城市活动的空间单元,这自然表明北宋时坊墙已不再成为封闭商业活动的屏障,坊内密布的商店和住宅为巷所串联,形成互通互连的空间,城市空间的利用程度大大提高。

破除了坊墙的东京开封,居民可以沿街开店。因此,商业区不再像唐代以前固定在城市的一处,而是随处皆是,与居民区交错分布在一起,在许多重要的交通便利的街巷中,都出现了繁华的新街市,其中尤以南、东、西、北四条御街最为繁华。此外,宫城宣德门前大街、宫城东华门前大街、景灵宫东门大街和相国寺东门大街也非常繁华,新兴的行市、酒楼、茶坊、食店、瓦子以及其他日用品商店,在这里构成了一幅生动鲜活的都市生活浮世绘。

北宋东京所发生的这一重大变化,在南宋临安继续发扬光大。临安原是北宋的杭州,当时人口密度还不高,"四隅皆

[①]《东京梦华录》卷3《防火》。
[②]《东京梦华录》卷4《肉行》。
[③]《东京梦华录》卷3《马行街铺席》。
[④] 刘祁《归潜志》卷1载王飞伯《赠密国公完颜王寿》:"宣平坊里榆林巷。"

第六章
里·坊——都城社会的发展

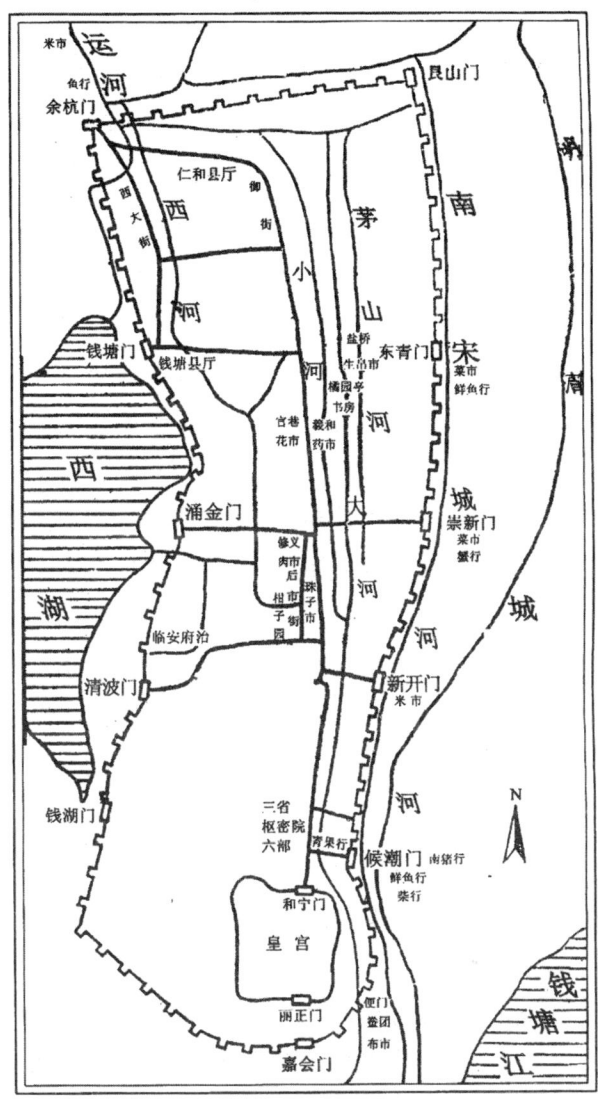

图 6-9 南宋临安城厢平面示意图①

———————————
① 杨宽:《中国古代都城制度史研究》,上海人民出版社 2003 年版,第 365 页。

匠人营国
中国历史上的古都

空回,人迹不到",西南部的丘陵地带则是"林木茂密,何尝有人居"①的空旷景象。但南宋定都临安后,大量南迁的人口,使得临安的城市规模急剧扩大,对日常生活用品的需求剧增,城市内部也因此形成了各种行、市:"自大街及诸坊巷,大小铺席,连门俱是,即无虚空之屋。每日清晨,两街巷门,浮铺上行,百市买卖,热闹至饭前,市罢而收。"②

在临安,行市的布局还呈输现出一定的规律:凡运输量比较大的手工业产品的行市,大体上都设在城门外沿河近桥的地段。如柴市设在东南候潮门外柴市桥,布市设在东南便门外横河头,鲜鱼行设在东南候潮门外和城东东青门外坝子桥,鱼行设在余杭门外水冰桥,鲞团设在便门外浑水闸头;而运输量小的或需要加工的商品的行市,大体上都设在城内沿河近桥的地段,如花市及方梳行、销金行、冠子行就位于御街中段的官巷,珠子团在融和坊到市西坊之间的御街中段,生帛市则在大河北段的盐桥,柑子团在御街中段的后市街。我们甚至都无法判断临安城内原有的封闭式市区是在何时消失的。但是从御街中段有市南坊和市西坊之名,以及市西坊"今为市曹"③等记载来看,这里可能原来是封闭式的市所在,只是随着城市的不断发展早已变成普通的居民坊了。

与东京开封相似,临安城内最繁华的街市还是首推御街。虽然临安御街的布设,是为了政治礼仪的目的,特别是为了适应元旦和冬至大朝会以及四孟驾出朝献景灵宫的需要,但是由于有利的区位条件,御街同时也成为都城中最热闹繁华的

---

① 周煇《清波杂志》卷3。
②《梦粱录》卷13《铺席》。
③《咸淳临安志》卷19。

第六章
里·坊——都城社会的发展

商业中心。

南宋临安的御街,从大内的和宁门开始,由南往北,直到北段的观桥一带。在这一段御街两侧是形形色色的各类商店,以及各种不同的行市组织:"大抵杭是行都之处,万物所聚,诸行百市,自和宁门权子至观桥下,无一家不买卖者,行分最多。"[①]话虽如此,事实上,我们按照文献中的记载,根据商业活动繁盛程度的差异,可以把整条御街分为三段:和宁门到朝天门是南段,朝天门到寿安坊,也就是官巷是中段,寿安坊到观桥是北段。

御街南段因紧邻皇宫大内,所以这里的街市主要为了供给宫内和中央官署日常生活所需。清晨,宫中派人争相购买当季的蔬菜、时鲜食品和新上市水果。到了午后,饮食店开始唱起了主角,为大内和三省六部官僚以及往来官府的人们提供膳食。也正是因为这个原因,这里有不少颇负盛名的饮食品,如"六部前丁香馄饨,此味精细尤佳"[②]。此外,由于来往者多为文人墨客,这里也多经营书籍铺、裱褙铺和药铺。比如太庙前尹家文字铺,又称为尹家书籍铺或经籍铺,就曾刊行了不少重要的笔记小说,如《北户录》《述异记》《箧中集》等书就是在这里发行的。

御街中段是从朝天门到寿安坊的一段。寿安坊,俗称冠巷或官巷,是临安街市中最繁华的地段,特别是中瓦子前一段的夜市尤其热闹。《都城纪胜》"市井"条中描写道:"其夜市,除大内前外,诸处亦然,惟中瓦前最胜,扑卖奇巧器皿、百色物

---

① 《梦粱录》卷13《团行》。
② 《梦粱录》卷13《天晓诸人出市》。

匠人营国
中国历史上的古都

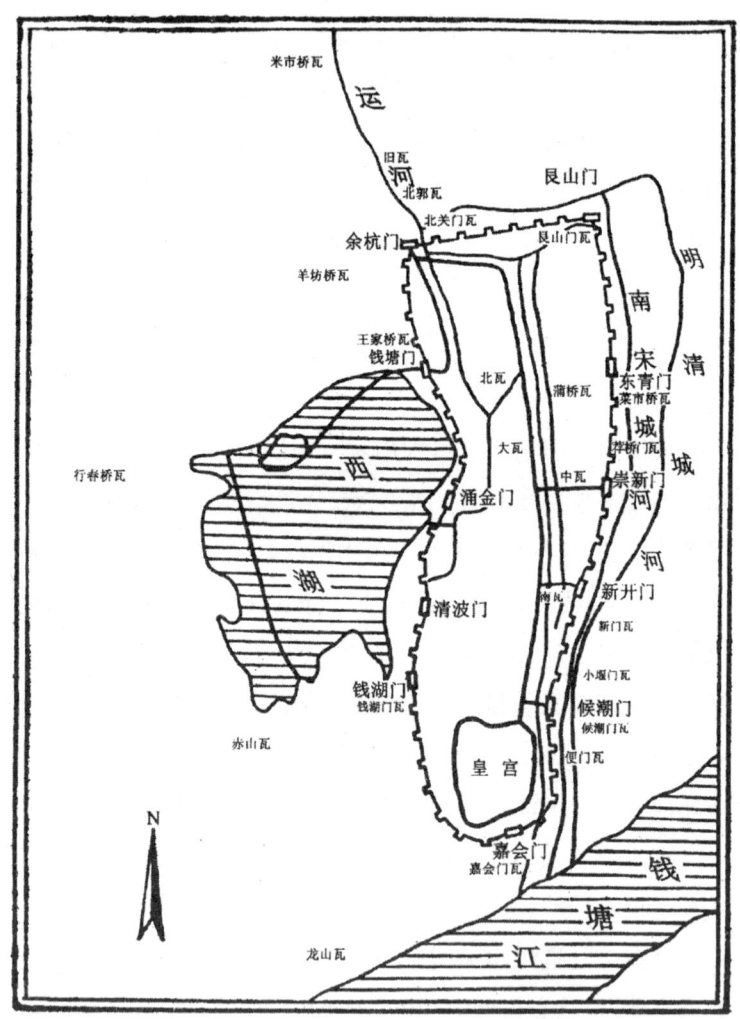

图 6-10　南宋临安主要瓦子示意图[①]

[①] 杨宽:《中国古代都城制度史研究》,上海人民出版社 2003 年版,第 414 页。

第六章
里·坊——都城社会的发展

件,与日间无异。"除了这些临时摊贩外,这里也是临安城内大酒楼、茶坊和著名歌馆的集中之地,还有一些重要的商业组织市、行和金银盐钞引交易铺也设在此地。所谓的盐钞引,就是当时政府发给特许商人支领和运销盐茶等国家管制商品的证券。当然,这里最多的还是供应居民日常需要的商店,如食品店、衣料服装店、书店等等。

御街北段,相对来讲著名的店铺较少,唯有众安桥西南的下瓦子值得一提。因位于杭城北部,所以下瓦子又称为北瓦子,是临安最大的瓦子。这里有勾栏十三座,是当时著名的民间艺人会集之地。

御街之外,临安城内商业活动最兴盛的地方是沿市河、盐桥运河、清湖河的近桥街市。这三条河是当时临安城内主要的水上交通线,上面的许多桥梁又是城市陆上交通的枢纽所在。当时临安城内居民日常所需的物品,先用船舶从外地载入临安,再使用人力搬运到城内各处。因而许多日用品商店就开设在沿河近桥的地方,并形成了一定规模的街市。事实上,临安这种沿河近桥的街市,在北宋时就已经形成。北宋著名诗人苏轼分别在熙宁四年到六年(1071—1073年)任杭州副知州、元祐四年到五年(1089—1090年)任杭州知州,因此有许多诗作都反映了当时杭州城市的市民生活。其中有一首《望海楼晚景》是这样描述沙河塘景色的:

> 沙河灯火照山红,歌鼓喧呼笑语中。为问少年心在否,角巾欹侧鬓如蓬。

诗中的望海楼在凤凰山上,沙河应当是指盐桥运河。诗中反映了当时沙河塘一带商业繁荣,夜间灯火万家,宛若繁星的景象。

除了这些繁华的街市外,一般的街市中,主要是卖柴米油盐的商店。即使是府县官署周围也有街市。"府治前市井亦盈,铺席甚多。盖经讼之人往来骈集,买卖要闹处也。"① 所以,《都城纪胜》中称临安城内"其余坊巷市井,买卖关扑,酒楼歌馆,直至四鼓后方静。而五鼓朝马将动,其有趁卖早市者,复晨起开张。无论四时皆然。如遇元宵尤盛,排门和买民居作观玩幕次,盖不可以胜纪云。"②

以沿河近桥以及城门外的新行市、新街市代替原有封闭式的市,这一中国古代城市制度的重大变化,不仅发生于首都中,在一些较大的城市中也普遍存在。以平江府,也就是今天的苏州为例,根据范成大的《吴郡志》和现存的《平江图碑》,原有封闭式的东西两市和大市在南宋时期已改变为坊,大市改为绣锦坊,西市改为西市坊。此外,还有鱼行桥、谷市桥、丝行桥、果子行桥等名称,说明沿河近桥的新行、市也已兴起。另外,还有米行在和丰坊,果子行在馆娃坊,说明了原来封闭式的市已被打破,而形成开放性的经济活动空间。不过,需要说明的是,这一变化虽然是保留在南宋的著作和图碑中,但实际上应该早在北宋时期已经完成。

北宋洛阳的情况基本相同,南市改成东成坊和通利坊,北市改为邻德坊和北市坊,西市改为通济坊。③ 虽然仍然保留有通商得利的意思在内,但形式与内容却都已完全不同了。

---

① 《梦粱录》卷 10《府治》。
② 《都城纪胜》"市井"。
③ 《元河南志》。

第六章
里·坊——都城社会的发展

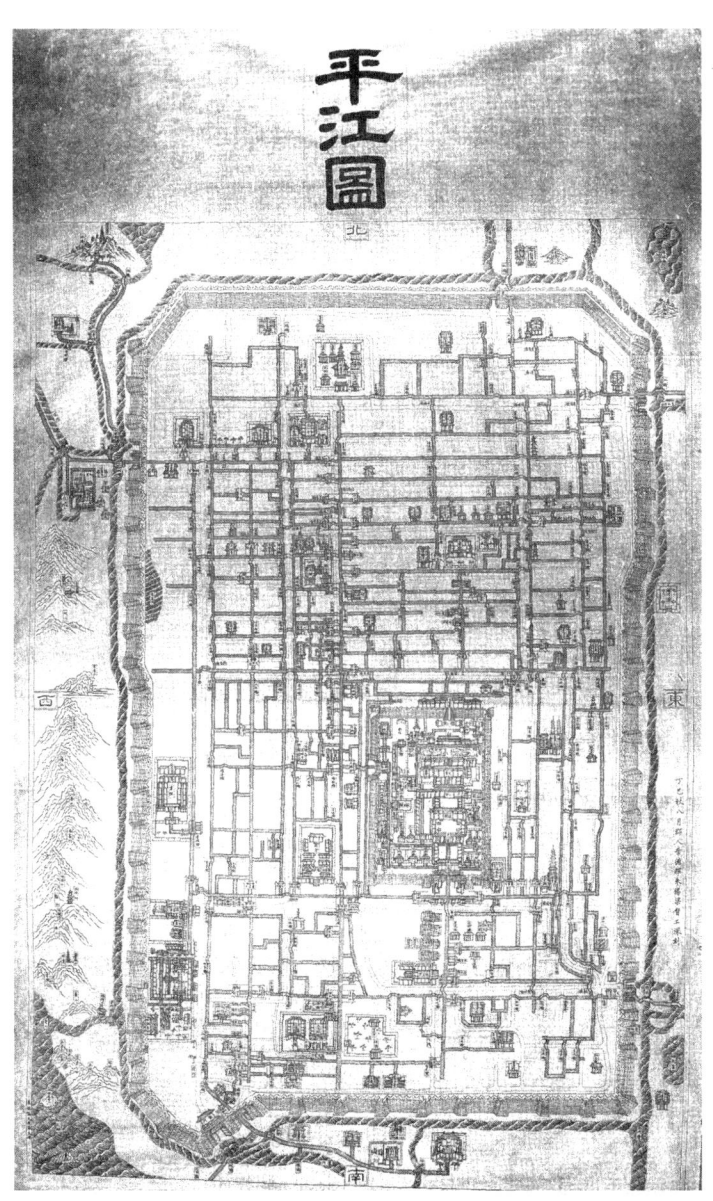

图 6-11　平江图碑

四　勾栏瓦舍

　　古代民间群众性的娱乐活动,只有在春季社祭和冬季腊祭的时候举行。社祭是祭祀社神,也就是土地之神,以祈求丰年。腊祭,是酬谢鬼神,庆祝丰收。这时要举行酒会,开展各种娱乐活动,常常是"一国之人皆若狂"。但城市中有大量的消费性人口,因此除了上述举国皆庆的年节活动外,还有一些日常的娱乐活动,如齐国临淄"其民无不吹竽、鼓瑟、击筑、弹琴、斗鸡、走犬、六博、蹋踘者"①。事实上,这些活动在秦汉以后长期流行,甚至宫中举行这样的娱乐活动时还向民众开放。汉武帝元封六年(公元前105年)夏,"京师民观角抵于上林平乐馆"②。

　　东汉以后,随着佛教的传播,许多寺院在迎佛赛会中用"角抵奇戏"来吸引群众。到了北魏时,洛阳各寺院在每年四月八日释迦诞辰常常举行"行像"赛会活动。这是一种用车载着佛像出寺巡视的活动,其中就有"角抵奇戏"的表演。如宗圣寺"妙伎杂乐,亚于刘腾。城东士女多来此寺观看也"③。这里所说的刘腾是指刘腾创立的长秋寺。除了寺院有歌舞表演外,还因不少寺院建有园林,常常成为城市中居民游乐之处。北魏洛阳宝光寺就因为"园中有一海,号咸池……京邑士子,至于良辰美日,休沐告归,征友命朋,来游此寺"④。可见,这时,城市居民的娱乐活动主要围绕着寺院。

---

① 《战国策·齐策一》。
② 《汉书》卷6《武帝纪》。
③ 《洛阳伽蓝记》卷2。
④ 《洛阳伽蓝记》卷4。

第六章
里·坊——都城社会的发展

到了隋唐时期,这种娱乐活动的场所开始发生变化。虽然唐代长安居民仍然以寺院道观作为节日及休闲时的主要游乐场所,但大规模的娱乐活动已开始在宽阔的大街上举行了。隋炀帝大业二年(606年),突厥来朝,召集四方"散乐"到东都洛阳表演,在端门外,建国门内,"绵亘八里列为戏场,百官起棚夹路,从昏达旦以纵观之,至晦而罢"。[①] 这次参加歌舞表演的有近三万人,并从此开创了隋唐时期每年正月皇帝在朝见国宾时都作大规模歌舞表演的先河。对城市发展尤为重要的是,以大街为舞台表演歌舞的风气,对唐代及其以后的城市空间布局有很大的影响。

唐代时,长安天门街上常常有一些"广较胜负"的音乐曲艺比赛,而天门街就是长安皇城前的朱雀大街。段安节的《乐府杂录》"琵琶"条中就讲到:"始遇长安大旱,诏移两市祈雨。及至天门街,市人广较胜负,及斗声乐。"这是长安东西两市的百姓,聚集在天门街上进行琵琶演奏比赛,作为祈雨活动的一部分。这种在大街上举行音乐会的情况在白行简的《李娃传》中也有描述,当时郑生作为西市的歌手,就是在天门街表演中一举夺冠。而同时进京上计的郑父也在观看这场演出,才使得父子相见。这也说明唐代长安天门街经常有各类娱乐表演活动。隋唐时期这种以城市街道作为娱乐活动表演场所的情况,正为宋代的瓦子做好了准备。

唐代以大众为对象的歌舞戏剧表演,或者设在坊内空地上,或者设在大街上,或者设在寺院门前,但有一个特征是共同的,那就是表演场地是临时布置的,没有专门的建筑。但自

[①]《隋书》卷15《音乐志》。

从北宋出现以勾栏或棚为中心的瓦市后,固定的、专供群众演出的戏场才正式在中国历史上登场。

瓦子,或者称为瓦舍,或是瓦肆、瓦市。据《都城纪胜》"瓦舍众伎"条曰:"瓦者,野合易散之意也"。《梦粱录》也在卷十九《瓦舍》中作了解释:"瓦舍者,谓其来时瓦合,出时瓦解之义,易聚易散也。"可见,瓦子或瓦市,原是临时集市的意思。因为这种集市常以演戏的勾栏为中心,习惯上也就把以勾栏为中心的集市称为瓦子或瓦市。事实上,勾栏就是栏栅或栏杆的意思。我们前面曾讲到北宋东京的牛行、马行和果子行原设在没有拘栏的空地上,后来官府强制他们加以拘栏,并按占地多少来抽税,称为"拘栏牛马、果子行",就是指此。再具体一些,就是简单围起来的临时集市。正因为如此,我们才可以理解东京当时最大的桑瓦子,"瓦中多有货药、卖卦、喝故衣、探搏、饮食、剃剪、纸画、令曲之类",而不仅仅是娱乐表演活动。不过,随着早期到处流浪的街头艺人用栏栅或绳子圈围起一块空间作为表演场地,从此将演出场所固定下来之后,人们渐渐习惯用"勾栏"或"瓦子"指称有歌舞戏剧表演的娱乐场所。

瓦子与勾栏的出现使得城市中居民的娱乐生活活跃起来,同时也促进了戏曲和各种伎艺表演的发展。据《东京梦华录》卷五《京瓦伎艺》记载,北宋年间流行在京城中的各种伎艺,有小说、讲史、嘌唱、小唱、诸宫调、杂剧、杂班、傀儡戏、影戏、乔影戏和杂技等等。其中,讲史是源自唐代寺院的俗讲,主要是以历史故事为题材。嘌唱和小唱分别是以打鼓或执板作节奏的清唱形式。诸宫调比上述演唱形式要复杂得多,是一种集合众多"宫调"组成的各种"短套",专门用来说唱长篇

第六章
里·坊——都城社会的发展

传奇、灵怪故事等,可以说是由小说和乐曲的结合发展而形成的表演形式。杂剧以唱、念、应对的方式表演故事情节,内容往往引人发笑并且兼以劝诫为目的,杂班则是杂剧之后的散段。由此可见,戏曲表演形式到了北宋时期已相当丰富,并对元明清三代的戏曲有着极为重大的影响。不过,瓦舍与勾栏的出现,并没有完全断绝城市流浪艺人的生路,直到南宋临安时,还有大量被称为"路歧人"的街头艺人存在,他们的演出场所还是"路歧",也就是街市中或交通要道旁的空地。

宋代瓦子的出现以及城市民间艺人的活跃,使得过去沉闷的都市生活发生了巨大的变化,城市日常生活变得更加丰富多彩,城市景观也呈现出更为开放的特点。

下编 城市

第七章　市·镇——城市与经济

中唐以后,尤其是五代以来,随着国土开发程度的不断加深,地方经济的勃兴,原本以防御为目的的军镇普遍向地方经济中心的市镇转变,以及大城市外围的草市大量出现,这可以说是明清时期我国城镇或市镇繁荣的前兆。

从西周开始,我国就有了明确的城乡划分。众所周知,西周王朝的建立,实际上是以一个人数较少的部落征服了人数众多的殷商王朝以及周边各零星小部落表示臣服的过程。因此,周人必须采取一些特别的手段才能巩固其对这片广袤国土的统治。于是,周室将自己族人与功臣分封到全国各个地区,建立了大大小小的姬姓或异姓封国,对殷商旧地进行武装殖民,统治各地原有居民,以屏藩周。于是,每一个受封的侯国在封地境内找一个合适的据点,筑城来保卫并安顿带来的本族人。住在城内的这些人就称为国人。城外之地则留给当地的原住民和被征服者,供他们居住与耕种。这些居住在城外的人就称为野人或鄙人。国人与野人的划分,即是族裔的分野,也是职业的分野。国人在城内从事行政管理及工商业,也有少数从事农业生产;城外的鄙野之人则主要从事农业生

第七章
市·镇——城市与经济

产。这样的城乡划分在西周时是很严格的,因为这是统治部族与被统治部族之间的政治区隔。但是到了战国时期,这种严格划分已渐泯灭,国野争民,城乡终于又可以自由交流了。

在西周那个国野严格划分的时代,城外的农村没有可供商品买卖的市场,市场一律设在城内,鄙野之人要进城才能买到所需要的手工业品。而且为了买日用品,鄙野之人首先要做的,是把他们仅有的余粮运到城内的市场上出卖,换成货币。当时的制度对市场的设立有很严格的规定。一般来说,市场只能设在城里,并委派专门的官员进行管理。这些都记录在《周礼·司市》中:"大市,日昃而市,百族为主;朝市,朝时而市,商贾为主;夕市,夕时而市,贩夫贩妇为主。"

再到后来,人口渐渐增多,农业区也不断扩大,开始有人在离城很远的地方居住及耕作,再进城中去买卖所需的物品就很不方便了,而且不可能在当日返回家中。于是,就有在城外农村里设立交易物品的市场的需要。对于这一点,春秋战国时期已有一些有智之士认识到了。《管子·乘马》中有这样一段话:"方六里命之暴,五暴命之曰部,五部命之曰聚,聚者有市,无市则民乏。"里不仅是城市居民居住的单位名称,也是先秦时期的乡村组织单位名称,这里是说在150里的范围内就应该设立一个农村集市。这当然是管子构想出来的理想状态,却也说明了在先秦时期人们已对农村集市的作用与空间分布有了相当的认识。

从春秋战国一直到唐代,政府设立的市场只能在城中。城外农户必须拿着他们的剩余农产品进城来卖,并换取所需的日用品。几乎与之同时,农副产品的交易也在城郊进行,这就是附郭市集。如郑国首都郊外就有逵市,这应该是最早记载下来的附郭市场,而且此后这类附郭集市愈来愈多。个中的原因并不复杂,因为城市修建之初,主要是考虑供帝王贵族们使用,没有考虑到一般市民的需求。所以,等到城内人口增加,市场的交易量自然上升,原有的市场空间当然就不敷使用,只能到城郊接合的城门处去发展。另外,还有一个原因也很重要,这就是城市中城墙与城门的设置,主要考虑的是安全防卫,对于城市内部的交通与贸易更多的是起阻碍和限制作用。每个城市只有少数的几个门,即便是北宋东京开封,加上水门也不过二十几个门。以当时车辆或船只通行的速度,每个城门每天能够通过的货物十分有限,更何况城门还是昼启夜闭。因此,人们发现在城门处进行交易,让城内的消费者出城来购买外地运来的商品可能比进城还略为方便一些。因此,草市的出现与发展也就是顺理成章的事了。

一 宋代草市

"草市"一词最早见于南北朝时的记载,《水经注》肥水条下载有"草市门"。另外,在《南齐书·鄱阳王萧宝夤传》中有这样一个故事:

> 宝夤至杜姥宅,日已欲暗,城门闭,城上人射之,众弃宝夤逃走。宝夤逃亡三日,戎服诣草市尉。尉驰以启帝,帝迎宝夤入宫问之。

这个故事讲的是南齐东昏侯永元三年(501年),雍州刺史张欣泰等人劫持了萧宝夤,企图废东昏侯。一行人走到杜姥宅时,因被守城的兵士发觉而溃散四逃,萧宝夤才得以脱身。杜

第七章
市·镇——城市与经济

姥宅在建康(今南京)台城南掖门外,是晋成帝杜后的母亲裴氏的府第。暗夜惊扰,萧宝夤只能在此躲避兵锋,三日后才敢出门去见草市尉以通告消息。这个故事透露出当时建康城外有草市,更重要的是还有专门的官员——草市尉对其进行管理。《太平寰宇记》也记载了东晋咸和年间(326—334年)建康七部尉中的南尉驻于"草市"以北,这些都说明草市之名至少在东晋时已出现了。

什么是草市?一般有三种说法:一是本为草场、草料堆集的地方,后来发展而成市场;另一种说法是"草"者,非正式、非常设,草创未完之义,这里是城郊临时的贸易之处,而不像城内正规的市有严格的管理制度,所以称为草市[①];还有一种认为是取因草屋为市之义。[②]

草市之所以在此时登上中国历史的舞台,是因为东晋南朝虽然偏安江南,但由于中原地区较先进的农作技术随着永嘉之乱中人口的大量南移而传播到江南地区,江南地区的区域开发得以迅速发展。而江南也正是在此时第一次被认为是超越了关中经济区的鱼米之乡。在这样的经济空间转换背景下,江南地区的农村副业生产自然获得了发展,瓜果、纻葛、陶瓦、渔猎、禽畜等各类农副产品开始成为经常交换流通的物资,"居肆"草市因而开始形成气候。

与此同时,长期战乱困扰下的黄河流域,在北魏统一后,社会经济又重新复苏。特别是均田制的实施,对以小农经济为主的乡村社会更是起到了极大的促进作用。尽管当时号称

[①] 参见赵冈:《中国城市发展史论集》,新星出版社2006年版,第171—172页。
[②] 参见傅宗文:《宋代草市镇研究》,福建人民出版社1991年版,第6页。

匠人营国
中国历史上的古都

"百姓殷阜,年登俗乐"①可能为夸饰之语,但经济的恢复却是无疑的。这时,一个突出的现象是以"店"为名称的各种乡间小商品市场开始出现。晋人崔豹在《古今注》中就对店作过注解:"店,置也,以置货鬻之物。"②这些无疑都是草市兴起与发展的历史机缘。

不过,尽管草市在南北朝时期已开始出现,但直到唐代前期草市的数量仍然很有限,这主要是李唐政府严格控制地方经济的后果,因为当时有"诸非州县之所,不得置市"③的法令。也就是说,即使州、县以上的治所所在城市的市场,其置废也仍一秉于政府。不过,尽管唐前期草市的发展并没有出现突飞猛进的势头,但这一时期却为五代或宋代的草市兴盛做好了必要的准备。

唐前期所实施的均田制或租佃制,将大量的劳动力吸收到了农业生产之中,促进了农业生产的快速恢复与发展。与此同时,由于唐帝国疆域辽阔,为了统治的需要,政府对交通极为重视,在全国范围内设有驿站1639处,并在荒远险路择冲要地点配置官马,方便驿传。在水路上也设立了水驿,也备有舟楫供行旅使用。

农业生产的发展,带动了手工业、商业的兴盛。而交通条件的改善又为商品的流通提供了便利。因此,中唐以后表现出来的经济繁荣与社会稳定都是前期发展的结果。其中,经济繁荣的表征之一,就是在水陆交通线上形成了大量的市店。杜佑有一段话一直被用来作为这一时期社会稳定与经济繁荣

---

① 《洛阳伽蓝记》卷4。
② 《太平御览》卷828《资产部》8《店》引。
③ 《唐会要》卷86《市》。

第七章
市·镇——城市与经济

的证词。大意是：在玄宗开元、天宝年间，东起宋、汴，西至陕西的岐、凉，南自荆、襄，北达太原、范阳，在这一广大的区域内，"夹路列店肆待客，酒馔丰溢。每店皆有驴，赁客乘，倏忽数十里，谓之驿驴"。① 这段话确实十分形象地描绘了当时位于交通线上众多市店繁忙而又兴盛的景象。

在江南一带，则以水运为主。在水道运输线上，也有许多草市形成。诗人笔下的江淮流域，是"草市尽近水际"②的情景。事实上，我们从唐及五代时期的诗作中常见到沙市、舟市、桥市、步市、津市、水市、海市等名词，就可以知道水运航线与市集之间的关系。

大约在五代十国时期，草市的发展出现了一个新的特征，那就是若干经济中心城市的周围发展出一批附城草市。如成都就有东门的草市，河南滑州城外有临河草市，山西的汾州城下也有草市。不过，草市最多的还数当时最大的商业城市开封。当时开封城外草市繁多，以至于后周政府专门设立界标划定草市的设置区域。

北宋重建中央集权统一国家之后，再次建立起来的辽阔版图，为晚唐五代以来逐渐勃兴的商品经济提供了资源、市场以及政策上的保障，客观上促进了草市的兴盛。宋初的劝农制度与水利措施，给当时的国民经济恢复以有力的推动。宋人曾对这一时期的经济政策有过这样的评述："夫景德、祥符间，斯民富且庶矣。当是之时，人人乐业，庐里之中，鼓乐之音，远近相闻，熙熙然，殆不知帝力也。"③有利的政治经济形

---

① 《通典》卷7《食货典·历代盛衰户口》。
② 杜牧《樊川文集》卷11《上李太尉论江贼书》。
③ 晁说之《嵩山文集》卷1《元符三年应诏封事》。

图 7-1　清明上河图附城草市①

势,不言而喻,是宋代草市镇发展的良机。不过,到了这时,草市基本上分为二途:一是附郭草市的兴盛,另一就是乡村草市或是称为集市的繁荣。

附郭草市的发展,正如前文已提及的,是城市发展的副产品。由于中唐以后城市规模不断扩大,原有城墙之内的空间已不可能将这些人户完全容纳,因此大量的城市常住人口漫溢到城墙之外,如成都当时就是"负郭而渐家者溢千数"②。甚至一些地方性的城市也出现了这样的情形,像宿州城也是"诸处似此城小人多,散在城外,谓之草市者甚众"③。城市空间的这种变化,直接促成了宋代城厢制度的形成。

自北宋政府始,在城市的城区之外人烟稠密的地方设立城厢,行政管理体制与城墙之内的城区相一致。只是城厢不

---

① 杨宽:《中国古代都城制度史研究》插图,上海人民出版社 2003 年版。
② 傅增湘《宋代蜀文辑存》卷 17。
③ 苏轼《奏议集》卷 12。

第七章
市·镇——城市与经济

受城墙的限制,有足够的发展空间以容纳更多的人口与城市活动。最初是宋真宗时,在汴京城郊置八厢管理城外的居民:"置京新城外八厢,真宗以都门之外,居民颇多,旧例惟赤县尉主其事,至是特置厢吏,命京府统之。"[1]到了南宋临安时期,这种状况更为突出,绍兴十一年(1141年)临安知府俞俟奏请:"府城之外,南北相距三十里,人烟繁盛,各比一邑。乞于江涨桥、浙江置城南北左右厢。"[2]江涨桥与浙江原是临安两个附郭市镇,自此便成为与临安城内一样的市区。而次一级的城市中也采用这一制度,如建康府南门外有城南厢,福州城郊则有六厢之数。

正因为城厢制度的发展,城市空间突破了城墙的局限。与此同时,为这些城厢提供零售服务的附城草市也就自然形成了。如北宋汴京就因为都门之外居民颇多,而形成了十二市环城的局面。明州,也是今天的宁波,也因此而"四郭皆有市……草市朝之合"[3]。

大城市里消费者众多,每项商品的消费量自然十分可观,为专业化市场的发育奠定了基础,尤其是城市居民每日需要的农副产品,如蔬菜、果物、花卉很早就在北宋的东京和南宋的临安出现了专门的市场,小农户聚集在农副产品专业市场上售卖他们的货品。因为有稳固可靠的销路,很多近郊农民便逐渐走上专业化生产的道路。北宋时的汴京以及南宋时的临安郊区都有大量专门种植蔬菜、花卉和瓜果的专业农户。这在孟元老的《东京梦华录》中都有记载:"大抵都城左近,皆

---

[1]《宋会要辑稿·兵志》卷1。
[2] 乾道《临安志》卷2。
[3] 舒亶《舒懒堂诗文集》卷1。

是园圃,百里之内并无闲地。"而临安的米市也在城外。附郭市集多是专业市镇,这也是宋代以来中国城市经济发达的表征之一。

早期的农村集市,性质上相当单一,主要是为无法自给自足的小农户进行互通有无服务的。农民们首先要把他们的产品,主要是农副产品销售出手,然后以所得的钱款购买他们需要的日用品和副食品。宋人曾有诗形象地描述了当日的农村集市:

迤逦转谷口,悠悠见前村。农夫争道来,聒聒更笑喧。数辰竞一虚,邸店如云屯。或携布与楮,或驱鸡与豚。纵横箕帚材,琐细难具论。①

由于同一区域的小农户生产的农副产品很少有不同的种类,他们不可能从同为农户的当地其他人那里获得所需物品。所以乡村草市中自然会有到处流动的小商人出现。他们中有人是收购粮食等农产品运往城市中去销售的,也有人将城市中贩来的小手工业品和油盐等日用品在市集上出手。双方都是零星少量的交易,也就不需要与中介商打交道。

由于在乡村草市上销售的每种商品总量有限,靠经营此类物品的小商贩如果每日只在一地开市,不会获得太多的利润,难以维生。因此,早期的农村集市需要定期举行,每隔固定的日数开市一次。同时,为了方便那些辛勤的小商贩每日前往一地售货,在一定的区域范围内,集市的日期相互错开,

---

① 释道潜《参寥子诗集》卷1《归宗道》。

第七章
市·镇——城市与经济

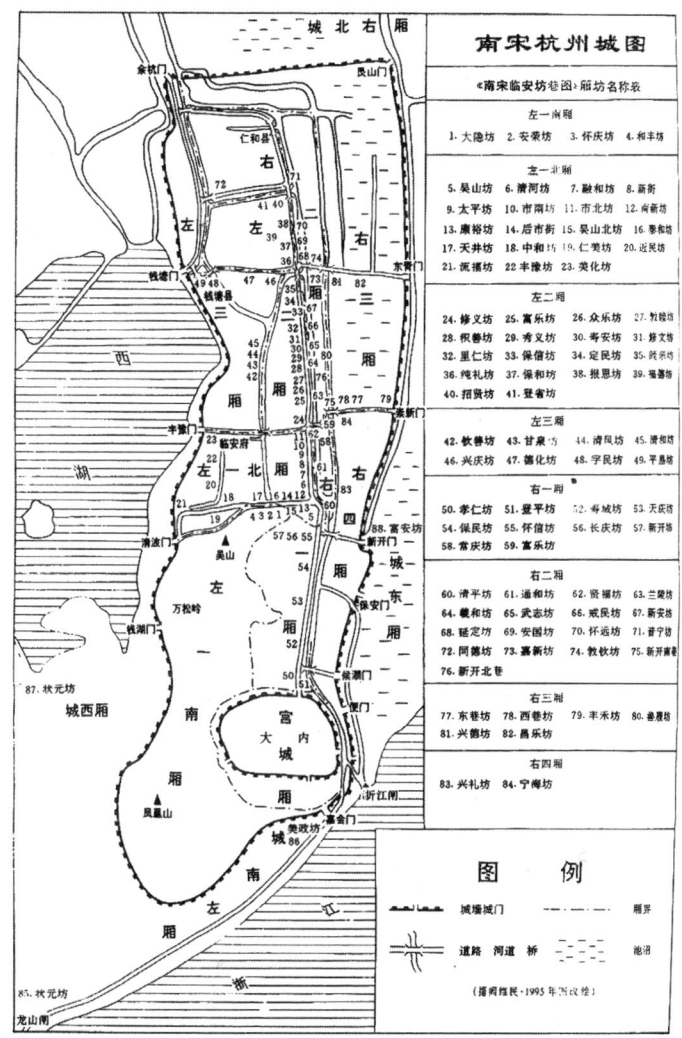

图 7-2 南宋临安城厢分布示意图[1]

---

[1] 阙维民:《杭州城池暨西湖历史图说》,浙江人民出版社 2000 年版,第 145 页。

轮流开市,这样小商贩们就可以获得足够的收入以维持生计。而在中国的南方多以墟市一词称乡村市集,就是取"有人则满,无人则虚"的意思。

草市经济的日趋繁荣,必然成为中央政府觊觎的对象,欲从中猎取丰厚的赋税。大约在北宋真宗后期(1020年前后),开始对草市征收商税。到了宋仁宗时期,草市不仅要征纳赋税,而且还设有专人监管税赋的征收。据不完全统计,宋神宗熙宁九年(1076年)府界及诸路坊场河渡等共计27607处,总收入在4203189贯石匹两左右。由此可见,草市在地方经济中的实力已十分雄厚,甚至规模也十分可观。比如位于湖北的荆州沙头市因地处水上交通要冲,而成为"商贾辐辏,舟车骈集"①的大型集市。不仅如此,有些草市由于正位于农副产品生产地,或地处工矿原料产地,因此开始向专业市镇发展。如四川盐亭县雍江因产盐而成盐市。

草市既已收税,又设有监税专官,其地位自然同往常有所不同,开始升格为镇市。《宋会要·职官》中有"诸镇监官掌擎逻盗窃及烟火之禁,兼征税、榷酤,则掌其出纳会计"。一般认为,草市设监税财政官吏是提升为镇市的主要标志。确切地讲,正是在仁宗天圣年间(1023—1032年)开始,在全国范围内实行了草市升镇,并成为经常性的普遍制度。

在政治与经济因素的共同作用下,从仁宗一朝开始,封建国家经济、财政领域的商业化明显加强。神宗在位时期(1068—1085年),又由于新法的推波助澜,建置新镇市就成为宫廷行政的重要一环。据学者统计,这两朝共置镇137处,

---

① 《舆地纪胜》卷64。

第七章
市·镇——城市与经济

占北宋总数 226 处的 60%。① 正因为如此,官方文书中开始将商业"镇市"与草市对称,有时又将二者联称为"草、镇市"。也大概正是到了这时,镇市开始成为地方经济的主体,并一直影响到明清两朝经济区域的形成与确立。

二 明清市镇

附城草市出现的同时,本以军戍功能为主的军镇也开始向以经济功能为主的市镇转化。

镇的名称最早正式出现在北魏时期,是国家在北方边境设置的军事要塞,所以又称为"军镇"。到了中唐安史之乱后,由于藩镇割据,所以又在内地置镇分戍各地。根据各自在军事上的重要性,唐代的军镇有上镇、中镇、下镇之别,并且不属州县地方政府管辖。军镇同时又兼治民,管辖境内的户口、租赋等民事。其中上镇设有仓曹,其职务管理中就有"市易"一项,中镇则由兵曹兼掌。

镇戍所在的地点,往往是水陆冲要之地,目的当然是便于运兵,进退可依。但这也同时方便了贸易活动。随着人口的聚集,商业的发展,曾经是战马嘶鸣、健儿唐突的军镇,成为商旅辐辏、市易货买的商埠。尤其是中唐以后,藩镇利用军镇占据地方,锁河征税,回图贸易,与地方政府相冲突,侵削中央政府的利益,客观上加速了镇由军事据点转变为商业中心的过程。到了五代时期,军镇完成了向商镇的转变。

北宋重建中央集权统一国家,标志着长达两个世纪的封建军阀割据的局面得以结束。同时,作为军事割据基础的军

---

① 参见傅宗文:《宋代草市镇研究》,福建人民出版社 1989 年版,第 91 页。

镇也完成了它的历史使命。前朝军镇中的驻军大都撤走,镇被改造为地方性的商业中心,设立文官进行管理。许多原是定期的农村集市,此时也已成长为规模不小的常设市场,宋朝政府再将它们正规化,设立税场务,同时派有专人驻守,征收商税。所以说,宋代是中国市镇发展史上的转捩点,也正是从这时起中国的城市化过程开始从超大型城市的形成转向中小城镇的起步。不过,市镇真正发展起来却要到明清时期了。

明清时期由于可垦荒地的减少,传统农业资源业已充分利用,也就是形成了后人所说的地少人多的局面。再用更专业一些词汇,就是人口压力不断加剧。因此,人们更多地把眼光投向尚未充分发展的商品生产与流通领域。事实上,明王朝建立以后,确实推行了一系列较为积极的政治、经济措施,比如削弱农民和手工业者的人身依附关系,推行屯田,鼓励经济作物的种植和工商业的发展等,社会生产力水平有了很大的提高。特别是在手工业生产方面,如纺织业、制瓷业、矿冶业和造船业都显著地超过了宋元时期。加之明中叶以后北部边防吃紧,对军需物品的需求,促进了各地手工业的兴盛,自然也刺激了这一时期手工业市镇与商业市镇的发展。这样的状况几乎一直维持到清中叶的乾隆时期。

较之宋元时期,明清时期的市镇此时已形成明显的功能分化。事实上,这种市镇的功能分化发端于两宋。正如我们前面所说的,最初的市镇是因为小农户无法自给自足,必须要将手中剩余的农产品卖掉,换取所需的日用品,于是农村集市应运而生。这种以农副产品及手工业品零售为目的的市镇,我们称之为传统市镇。传统市镇主要是粮食及少量其他农产品的收购点,以供应附近城市,同时也是手工业品的零售地,

第七章
市·镇——城市与经济

以供应周围乡村。传统市镇的兴盛期当然是在宋代,然而这一时期,另有一类市镇初现端倪。

南宋以后,尤其元代以来,棉花、蚕桑、茶叶等经济作物开始得到大面积推广,作为农村交易中心和农产品集散地的市镇随之兴盛,涌现出了大量以专业生产或手工业用品交换为主的专业市镇,如以纺织、印染、制茶等手工业生产和交易的专业市镇。在一些以经济作物生产为主的区域,当地的主要的农产品是棉花、茶叶、蚕丝等,或是以这些经济作物生产的手工业产品,如棉纱、棉布等,农户们或手工业者们需要用这些农副产品或手工业品到附近的市镇上换取每日所需的粮食。这样,市场商品的流向完全颠倒过来。这种以出售农副产品和手工业品为主的市镇我们称为新型市镇,或非传统市镇。因为它们是农副业产品和手工业品的收购点,需要把这些产品运销其他地方。同时,它们又是当地农民所需粮食的零售点,商人要将远方的粮食运来发售给附近的农户。

传统市镇与新型市镇的形成因素不同,因此,无论是功能形态还是空间分布都有明显的不同。传统市镇的基本功能是便利农户出售剩余农产品,以换取其他日用品,交易是由农户主动。新型市镇的功能是农户在此出售农副产品以换取粮食,交易受市场影响较大,主动者往往是商人。

明清时期,传统市镇仍然保留它们原有的特色。它们的主要功用是为农村消费者服务,参加集市贸易的人大多是附近村庄里的农户,将自己家中的剩余农产品,去与他人互易有无。同时也从小贩手中买回一些农村以外生产的日用品以及婚丧嫁娶的特殊用品。这种情况,在明清时期的地方志中有大量的记载,如当时的陕西同官县,也就是现在的铜川市,其市集上"布粟蔬薪而外,更无长物"①。河南嵩县也很明确,"市镇非列货若都会,只农器盐米备民用"②。参加传统市集交易的人,除了当地村庄的村民外,就是一些小商贩。因为这些市镇上的商品交易量很小,无法吸引大商人,所以富商巨贾是绝足不来这些传统市集的。陕西富平县虽然是明清活跃在大江南北的山右商人的主要来源地,但当地的市镇却很惨淡,"市廛有地,交易有期,皆日用常物,无大贾也"③。

传统市集既然是为了满足乡村消费者需要,就必须顾及农民们的具体情况。这一点决定了传统市集的典型分布。在选择地点时,交通的便捷显然不可能是唯一的考虑因素,但使四乡的村民都能在一日之内来回则是其中最重要的考量。因此,传统市镇要均匀规则地分布于广大乡间。这一特点不足为奇,也绝非中国特色,德国学者克里斯塔勒在对农业发达的德国南部地区的市镇分布进行了十分严密而复杂的计算后,得出的结论也是基层市镇均匀分布在乡村之中。④ 不过,由于中国地域辽阔,各地经济发展水平与地理环境不同,故各地的传统市镇的分布密度也有所差异。据美国学者施坚雅教授的研究,成都平原地区农户距离集市的路程平均约为 4 公里。而河北境内的农村集市密度,据日本学者石原润的研究,在明代是每 100 平方公里约有 1 个市集,清代则是 1.5 个市集,到了民国年间则变成了 2.5 个市集。

南宋以来,传统市镇一直发展缓慢,远远落在新型市镇的

---

① 乾隆《同官县志》卷 4。
② 乾隆《嵩县志》卷 15。
③ 乾隆《富平县志》卷 2。
④ 克里斯塔勒:《德国南部中心地原理》,常正文、王兴中译,商务印书馆 2010 年版。

第七章
市·镇——城市与经济

发展之后。这主要是因为农民的收入无法提升,购买力也很难增加,致使农村集市的交易量停滞不前。不但新的市镇出现不多,旧有的集市也难以由定期集市升级为常设的每日集市。几乎可以这样认为,传统市镇的停滞不前,是明清以来中国内地乡村经济发展举步维艰的一个缩影。

新型市镇是宋以后才开始出现的,到了明清时期则加速发展。在地区上,比较集中于江南太湖流域,所以又可以称为江南型市镇,以区别于内地各省的传统型市镇。新型市镇的出现,表面看来是导因于人口过剩与耕地稀缺,但实际上与中国的城市管理制度有着直接的关系。因为从宋到清,由于受种种因素的影响,城市人口的绝对数量大体未变,新增的人口全部留在了农村,导致乡村人地关系紧张。在人口压力严重的地区,像太湖流域人多地少,农户们完全没有办法单靠粮食生产来维持全家人的生计,于是以副助农便成为一个不错的解决办法。因此自明代以来,太湖流域的农户主要是种植经济作物或生产手工业品到市场上出售,然后再换取粮食。而在各种可能的副业中,棉纺织及丝织业相对最为适合家庭生产,所以这两项产业就变成了江南农村最发达的产业,这就是明清江南地区新型市镇形成的基础。

明清时期,江南地区几乎家家户户从事纺织业,其产品当然在本地不可能完全被吸收,只能依靠远方的市场,甚至国外市场。正因为要交通远方,所以新型市镇对交通的依赖仰仗较之于传统市镇更为迫切。它们大多位居交通要道,而且与所在区域的大、中城市联系密切。

但是,生产者小农户自然没有办法把自己的产品远销到外地,因而以生产棉布为主的松江府地区,之所以能号称"衣被天下",就是依靠商贩将当地出产的布匹行销到全国各地。同时,由于纺织品数量巨大,行销距离远,因此只有资产雄厚的富商巨贾才能胜任这一工作。所以,新型市镇的经济有三个特点:一,必须依靠远方市场;二,需要长途贩运;三参与者是持有巨额资金的大商人。这显然与传统市镇的区间性及小商贩是截然不同的。这同时还带来了新型市镇的另一个特点,就是由于交易中的买方是少数大商人,卖方是众多的小农户,许多作为中介的牙行及牙人就应运而生。这种现象也是传统市镇中很少见的。不过,新型市镇基本上仍是以乡村中的小农户作为服务对象,而这些农户的出行同样受到运输方式的限制,不可能长距离出行,所以新型市镇一般是依托传统市镇发展起来的,其空间分布与传统市镇往往会有重叠。不过,当手工业品或原料产量增加时,已有市场的规模也就是交易额也随之增加,带来的变化则是作为收购点的市镇数目快速增长。这就可以解释为什么明清时期江南地区市镇数量急剧增加。

新型市镇自然以明清时期的江南太湖流域最集中,也最发达。这其中又以苏(州)、松(江)、杭(州)、嘉(兴)、湖(州)五府最为突出。这一地区当时是我国最重要的棉花种植区域和桑蚕养殖区域。因此,这里的手工业市镇主要是棉、丝市镇,也就是以生产与交换棉、布丝制品为主要产业。当时享誉全国的棉制品或丝织品的生产中心,大多都位于这一地区。如湖丝贸易中心的菱湖镇,蚕丝贸易中心的嘉兴石门镇,盛产"绫罗纱绸"的盛泽镇,"绫、布二物衣被天下"[1]的上海等。

---

[1]《农政全书》卷25。

第七章
市·镇——城市与经济

关于新型市镇的形成过程,我们可以用嘉兴府的濮院镇作为典型。这个镇在宋元时期还是一个比较单纯的商业性市镇,但到了明代隆庆、万历年间(1567—1620年)改土布为纱绸后,这里的丝绸制品因工艺精美,"遂著远近,日出锦帛千计,远方大贾携囊群至"①,开始转向将手工业生产作为当地的主要产业。到了清初,濮院镇已进一步发展成为一个有着"万家烟火"规模的手工业市镇了。乾隆年间(1736—1795年)濮院镇一镇可"日出万绸",绸制品远销"两晋、山东、山西、湖广、陕西、江西、福建以至琉球、日本,濮绸之名,几遍天下"②,号称"绸市"。

其实新型市镇并不仅限于江南地区的棉丝纺织品手工业市镇,在全国范围内还有许多新型市镇,比如"鬻于四方"的陶瓷市镇景德镇,"商贩四方货卖"糖制品的泉州与漳州,以及竹纸"行天下"的福建顺昌和茶业专业市镇的安徽霍山等,都是由于手工业发展而进一步发展成为商贸市镇的。也有一些新型市镇并不是以手工业产品兴起的,而是靠优越的交通条件成为地区贸易中心,如江苏的清江浦、山东济宁的张秋镇、武清的河西务等。其中,清江浦自明代在沙河以上开运河后,凡南北"货船悉由清江过",于是成为"千舳丛聚,侩埠氊集,两岸沿堤居民数万户,为水陆之康庄,冠盖之孔道,阛阓之沃区"③的大型商业市镇。据记载,清江浦在清乾隆四十一年(1776年)时人口已达54万余人,即使放在今天也是一个规模可观的城市。

---

① 《濮川所闻记》卷4,明孝培《翔云观碑记》。
② 《濮镇纪闻》卷首《风俗》。
③ 刘献廷《广阳杂记》卷4。

明清两代,有些商业市镇、手工业市镇以及手工业—商业市镇,无论是人口规模还是城市经济职能都远远超过了作为传统政治中心的县城,甚至府城或州城。有些极个别的市镇,竟然还发展成为全国性的经济中心。当时曾流行着不同版本的"四大镇",其中的一个版本是河南朱仙镇、湖广汉口镇、江西景德镇和广东佛山镇。其中朱仙镇和汉口镇是因为地当交通要道而发展成为商业市镇;江西景德镇和广东佛山镇则是以陶瓷、铸铁生产起家,最终发展成为著名的手工业市镇。另外,《广阳杂记》中也有类似的表述:"天下四聚,北则京师,南则佛山,东则苏州,西则汉口。"不管这种表述是否真实可靠,把作为市镇的佛山和汉口与分别为南北经济、文化中心的都市北京和苏州并称,足见得其市镇规模不可小觑。

  在中央集权统治下的古代中国,自然生成的市镇显然与中央政府严格控制下的各级行政中心的空间布局不同。这种不同不仅仅是缺少一个作为城市核心的政府机构,更重要的是,这些以商业贸易为主的市镇,在空间扩展上显然是以交通线为主要轴线。

  自古以来,由于江南地区河网稠密,四通八达,水运便捷,舟楫一直是当地主要的运输工具,城乡交通大多是以水道为主,陆道为辅。因此,这里的市镇无不依河设市,以取运输之便利。而江南市镇与河网之间的这种依存关系也决定了市镇的平面布局特点是因河设市,镇区的布局或者说平面形状是完全依照河流的走向延展。虽然在太湖周边一些比较低平的地区,由于乡村农田从宋代以来不断用圩堤—岸沟的方式开发形成,河道曲折,使得这里的市镇的平面布局也因此形态各异。不过,大体上还是可以归纳出一字型、十字型、丁字型和环型市镇四种类型。①

一字型市镇是通过市镇的河道比较顺直，河道两侧夹岸成市，形成单一街市的市镇。这种类型应该说是江南地区最常见的类型，而且无论规模大小，都可能形成这样的平面形态。如嘉兴的王江泾镇规模十分可观，在明末时就已号称有

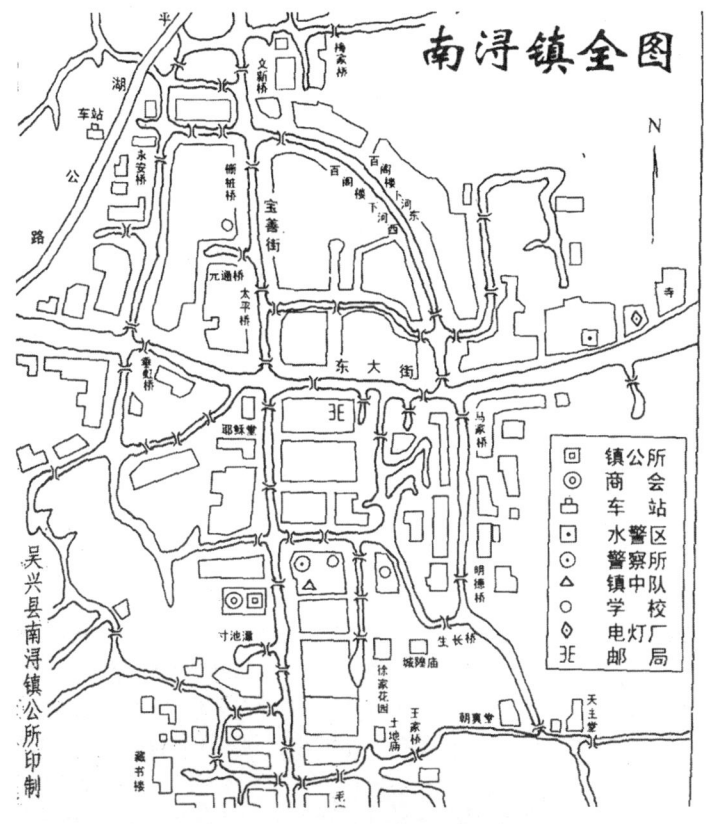

图7-3 十字型市镇平面图②

---

① 包伟民主编：《江南市镇及其近代命运(1840—1949)》，知识出版社1998年版。
② 包伟民主编：《江南市镇及其近代命运(1840—1949)》，知识出版社1998年版，第95页。

五里长街。更多是规模较小的市镇,如桐乡屠甸镇同样是依河成市,中段虽有寂照、石泾两寺,使镇区向南北两边稍有扩展,但与商业活动无关,而市河东西两端各设厘局,可以视作是一条直线形市街起讫的标志,也比较典型。其他一些市镇周边河流虽呈现多种形态,但市镇商业区的分布仍然依直线状的市河展开,如吴江盛泽、嘉兴新塍等镇,我们把它们都归为一字型市镇类型。

十字型市镇是指市区沿十字交叉的两条河流同时展开,平面形态上构成十字型。如吴兴县(今湖州)的南浔镇,南北走向的市河与东西向的苕溪构成十字形状,两河对岸都形成了商业街,是一个比较典型的十字型市镇。绍兴的柯桥镇平面形状与此类似,依南北走向的市河与东西走向的浙东运河伸展,构成十字形镇区。十字型市镇中比较特殊的是位于桐乡与吴兴(今湖州)两县交界处的乌青镇。作为一个整体,乌

图 7-4　江南市镇

第七章
市·镇——城市与经济

青镇是一个典型的十字形市镇,南北略偏东西走向的京杭大运河与东西略偏南北的两条市河共同构成一个典型的十字型市镇,规模宏大。不过,由于大运河过于宽广,且中间仅设一桥以便东西往来,加之从行政区划上,乌镇和青镇长期分属乌程和桐乡两县,其实也可以将运河两岸的镇区分别视为两个丁字形市镇。

所谓的丁字型市镇,顾名思义即两条市河呈丁字形交叉,市区就沿这两条市河延伸。上面所说的乌青镇实际上是分别由位于运河东、西两岸的乌镇与青镇两个单独的丁字形市镇所构成的,此外,嘉兴的王店镇也可作为丁字型市镇的典型。

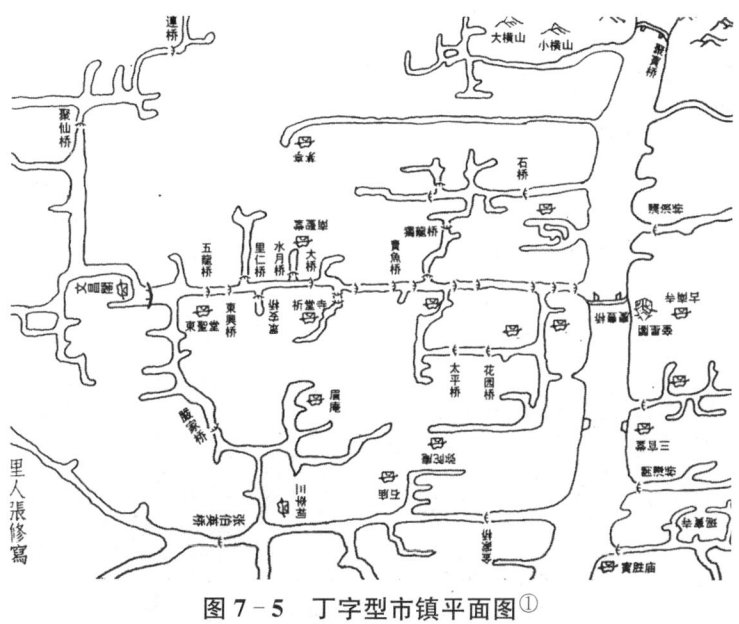

图7-5 丁字型市镇平面图①

---

① 包伟民主编:《江南市镇及其近代命运(1840—1949)》,知识出版社1998年版,第96页。

王店镇的一边是南北走向的大运河支流长水塘，另一边是东西走向的梅溪，也就是王店镇的市河。梅溪与长水塘正交形成丁字形，王店镇就是沿长水塘和梅溪两岸形成了一定规模的街市，其中梅溪沿岸是王店街市的主体。另一个典型的例子就是现在的旅游重镇周庄。周庄南为南湖，与淀山湖连通。此湖向北延伸，形成一条南北向的河流贯穿全镇，这是周庄的南北市河，另有一条东西向的河流名为中市河，通向镇内，两河在富安桥附近交汇，形成一个丁字形的河道。在东西河流的北侧沿河形成街市，南北向河流则形成夹河街市，共同构成了一个丁字形的街市主体。

　　在江南的太湖流域与大运河流经的地区因历代开发圩田，沿圩田开沟排水，形成了许多环状河道，不少市镇即位于这些环状河流中间。这些市镇的街市虽不一定形成完整的环形，但镇区平面布局的环状特征却十分明显，如嘉兴县洲钱镇

图7-6　江南市镇街河市景观

第七章
市·镇——城市与经济

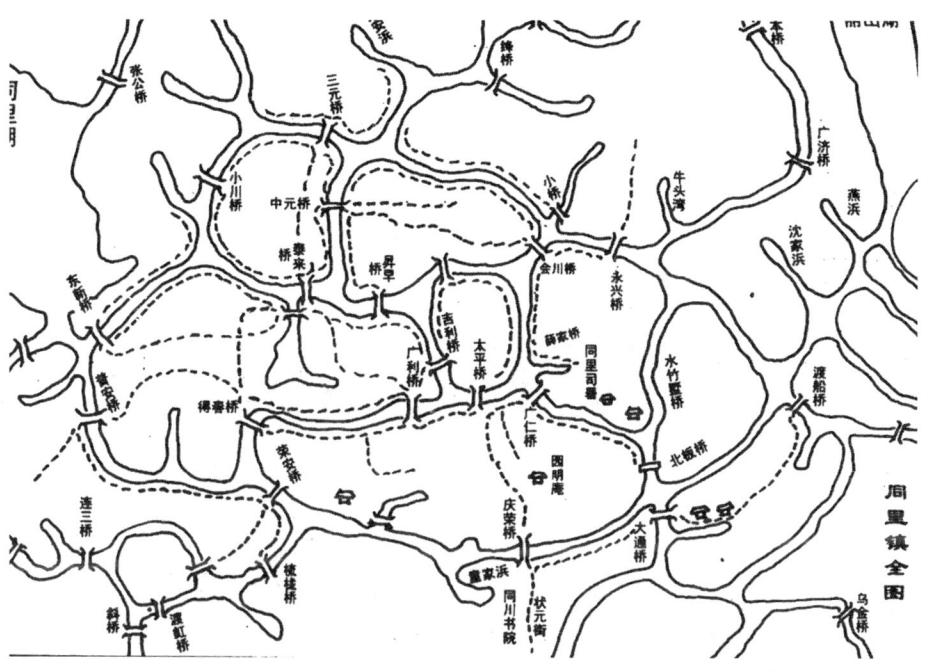

图7-7 环型市镇平面图[①]

即因"其地周围皆水,形如钱布,故名"。[②] 此外,吴江的同里、金山的枫泾、嘉善的斜塘、德清的新市、桐乡的玉溪等镇大都是如此。

事实上,之所以按镇区的平面形态对江南市镇的形态进行归类,是因为位于江南水乡地区的市镇在规模、形制上虽然也有差异,但它们都依河流发育成形,依河设市、夹岸为街的特点是不变的,可变的只是河道与河道之间的空间关系。另外,作为江南农村地区传统商业活动的聚集地,它们还存在一

---

① 包伟民主编:《江南市镇及其近代命运(1840—1949)》,知识出版社1998年版,第96页。
② 光绪《嘉兴府志》卷4《市镇》。

个十分突出的共性,即就发育水平来看,江南市镇基本都处于单一街区的阶段。再具体一些,就是指市镇建筑——无论是店铺,还是民居——都沿市河平行分布,屋与河之间是街道,屋与街随河延展,纵向蜿蜒可达数里甚至更长,但横向的规模基本不超过一个街区,也就是在沿河建筑的背面,很少存在与临河街道平行的第二层商业街道。

图 7-8　江南市镇的排水设施

造成这一特征的基本原因是对于交通的需要。当然,人们也可以靠肩挑人扛来解决不临河街区的货运问题,但权衡下来,街与屋都临河显然是更简便的解决办法。也就是说,市镇经济对航运的需要,制约了非临河的第二层街市的发育,因此也制约了复式街区的形成。在此之外,从城镇建设史的角度看,单一街区也是最适合于江南市镇初步城镇化发展水平的一种空间形态。在这种空间形态下,市镇街道建设所占土地比例最少,建设成本最低,尤其适合人多地少、土地昂贵的江南地区。同时,单街区对排污的要求较低:每单元建筑除了

第七章
市·镇——城市与经济

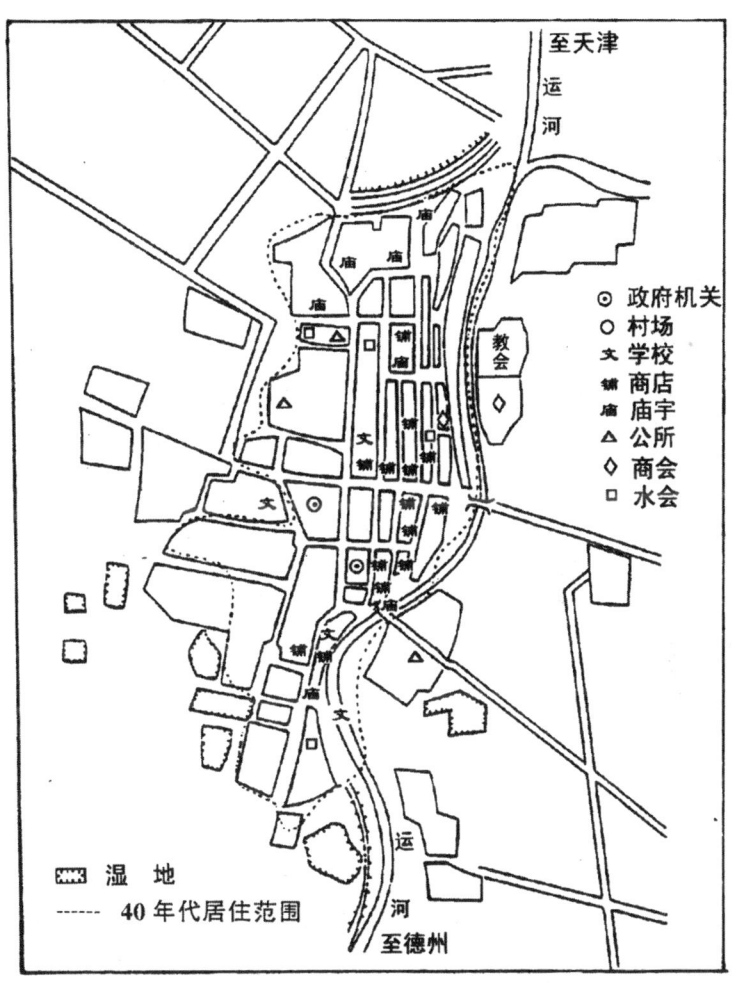

图 7-9 天津独流镇平面图①

---

① 包伟民主编:《江南市镇及其近代命运(1840—1949)》,知识出版社 1998 年版,第 100 页。

一条通向河道的简易水沟外，一般不需要其他更复杂的下水道系统。

　　由于交通运输主要依靠畜力而不是船运，北方的市镇不仅比较容易形成多重的街区，街道规模也远较江南地区宏阔。如天津的独流镇即是多重市镇的典型。另外，一些由其他因素形成的市镇往往也能形成复式街区。如慈溪观城镇地处海塘之上，源于明代的观海卫。考虑到此镇的设置更多是基于政治军事因素，显然是有组织有规划建成的市镇，因此直到今天看来整个镇区仍是街区井然，形制规整，规模可观，共有纵横街道57条，俨然一个都邑的缩影。

　　当然，随着市镇经济的不断发展，江南地区的市镇也逐渐由单一结构转变为复式结构，所以现在的镇区面貌已完全不可能再用上面所说的那几种类型概括了。

第八章 水·城——城市与交通

城市与交通路线的关系极为密切。交通路线不仅可以保证行政中心的城市能够下传政令,上达民情,输送赋税,调动军队等等,更重要的是,交通路线可以保障城市居民的日常生活用品的供给,同时也通过城市将整个区域甚至其他区域的商品转输到各地。因此说,交通路线是城市发展的生命线一点也不为过。

一 水陆会通

我国境内的长距离商业运贩,已有悠久的历史。《尚书·酒诰》中有"肇牵车牛,远服贾用,孝养厥父母",就已提到了长途商贩活动。《史记·货殖列传》中记载"富商大贾,周流天下,交易之物莫不通,得其所欲"。事实上,从战国时起,各地有名的手工业产品习惯上都标明产地及制造者姓名,所谓的"物勒工名",显然是为了远销他方。在湖南马王堆遗址出土的漆器,有些就写明了"成市包"等的字样,据考订这就是指成都造的意思。这说明当时的长途运输已经比较普遍。

除了商人以外,政府也为了保证各地公务来往的通畅,下

匠人营国
中国历史上的古都

情上达,倾国家财力来维持以首都为中心的驿道系统。《周礼·地官》中记载:

> 凡国野之道,十里有庐,庐有饮食;三十里有宿,宿有路室,路室有委;五十里有市,市有候馆,候馆有积。

这就是春秋战国时期的邮传制度,沿途设有邮站和传舍,供旅客打尖住宿,甚至还设有仓库供商人们临时停放货物。

前工业化时期的交通运输方式大致上可分为陆路、水路和海上三类。虽然说我国古代交通运输的特点是南船北马,也就是北方以陆路交通为主,南方则以水路交通为主。但事实上,由于陆路运输能力的限制,加上早期运输物品多为笨重的农副产品,古代中国人总是尽可能地想办法利用水运,甚至不惜劳民伤财开凿人工运河,以保证商品运输的通畅。

尽管学者们认为,商代晚期可能已经形成了以商都为中心的道路系统,①而《诗经》中已有"周道如砥,其直如矢"和"周道倭迟"之句,意味着周朝境内也有了绵长平直的陆路大道,但我国城市与城市之间和城市与全国各地相连接的交通体系的形成,确切地说是始于春秋战国时期。

春秋战国时期,因列国之间交往频繁,工商业也逐渐发达起来,这些都推动了全国性交通网络的形成。当时,魏、赵、齐等国之间的联系频繁,道路众多,纵横交错。重要的交通干道主要有东西方向上的东方各国与西方的秦国之间由成皋沿黄河至函谷关的"成皋之路";南北方向上的则有太行山东麓大

---

① 参见邹逸麟:《中国历史地理概述》,上海教育出版社2005年版,第326—327页。

第八章
水·城——城市与交通

道,这是古代华北地区最重要的南北通道,也是燕赵地区与中原交通的主要通道;而南方的楚国则是通过南阳盆地东出伏牛山隘口北上中原,这条道路又被称为"夏道"。此外,还有一些次要的区域间交通道路,比如秦国开凿的通往四川盆地的金牛道,以及山西高原沿汾河谷地通往关中或河洛地区的道路,都是联系各个区域间的重要通道。

利用内河进行长途运输更是当时非常重要的交通方式。在秦穆公十三年(公元前 647 年),秦国曾经沿着渭水,过黄河,再上溯汾水,将大量的粮食由秦都雍城运到了晋国当时的都城绛,以帮助晋国渡过饥荒。这一事件在历史上非常有名,被称为"泛舟之役"。事实上,由于水运较之陆路依靠肩挑人扛更为省力,所以成为春秋战国时期各国重点发展的交通运输方式。魏惠王迁都大梁,也就是今天的开封后,首先做的一项工作就是开凿了沟通黄河与淮河两大水系的鸿沟,不仅使河淮地区的济水、汝河、颍河、涡河、濉河和泗水联系在一起,形成了以鸿沟为干渠的水运交通体系,更重要的是,使中原地区与江淮地区的交通更为便捷与顺畅。

春秋战国时期交通运输的发展,无疑极大地促进了城市的兴起和发展,尤其是在各主要交通路线上,都形成了一些重要的城市。甚至城市与交通路线之间的关系远远超出了我们的想象。可以说,春秋战国时期重要的城市全部位于交通要道上:秦都咸阳,坐落在渭河北岸,而渭河几乎是关中通往中原地区最便捷的水路运输通道;魏的大梁,在鸿沟凿通后,成为沟通南北、东西的交通枢纽;而坐落在太行山东麓大道上的城市有燕国的蓟(今北京)、赵国的邯郸。那个从西周时就已是"天下之中"的洛阳,更是位于秦、齐、楚、赵之间纵横往来的交通孔道上。事实上，在春秋战国时期，还有一个被认为是"天下之中"的城市，这就是地处中原主要水运航道济、泗二水交汇处的陶。陶的位置就在今天的山东定陶，这里当时是各国货物交易的中心，既可西达河洛，又可南下江淮。① 值得我们注意的是，这些城市大多数一直延续到当代，成为中国历史上许多重大事件展开的舞台。

秦汉一统天下，形成了以都城为中心的全国性交通网络，以及以郡国行政中心为主的城市体系。但是并没有改变城市

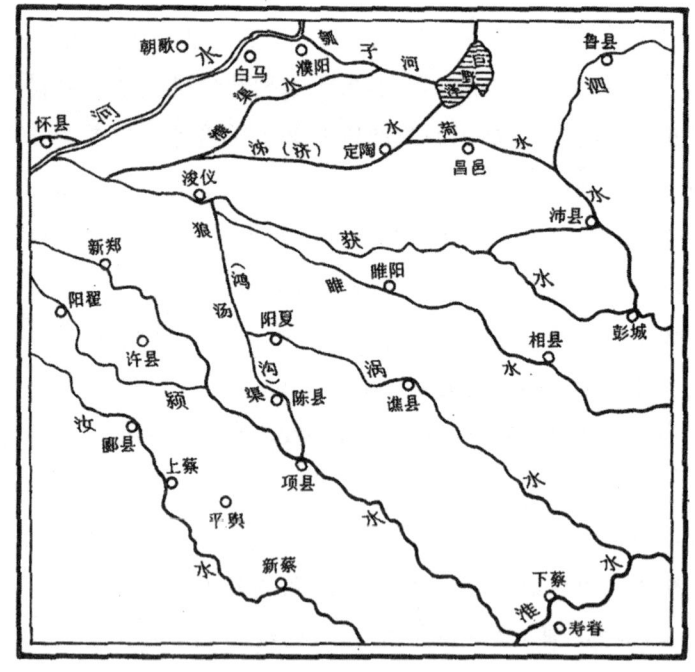

图 8-1　战国鸿沟水系形势图②

---

① 《史记》卷 129《货殖列传》。
② 邹逸麟：《中国历史地理概述》，上海教育出版社 2005 年版，第 328 页。

第八章
水·城——城市与交通

布局与交通线路之间的相互关系。这一点我们可以从《盐铁论·力耕》中所说的"自京师东西南北,历山川,经郡国,诸殷富大都,无非街衢五通,商贾之所臻,万物之所殖者"中充分体会到。

然而,东汉亡后,尤其是永嘉之乱后,中原地区生产力遭到了巨大的破坏,商业停滞,自然经济完全占据了统治地位。自春秋战国以来发展起来的商业城市,也丧失了经济支柱而走向衰落。甚至因为战争与政治格局的变化,交通路线与城市分布都出现了新的特点。

东汉末年,建安年间(196—220年),曹操为了征伐乌桓和控制河北地区,主持兴修了白沟、利漕渠、平虏渠、泉州渠、新河以后,河北平原上增添了一条贯通南北,起自河南淇门,东北直达现在的天津东的水运航线,特别是引漳水入白河以通漕的利漕渠的开凿,使从白沟上游来的漕运船只,可以由此渠折入漳水,西溯邺城。这使原来已处于南北陆路交通要道上的邺城,又添加了水运的便利,如虎添翼,终于替代了邯郸,成为河北平原上的第一都会,甚至曹操称魏公后也以此为都。再往后,十六国及北朝中的许多政权,如后赵、前燕、东魏、北齐均在此建都,显然是与邺一带的水运发达有着密切关系。

然而,以长安—洛阳为轴线的城市体系,在魏晋南北朝的战乱时期受到了极大的破坏,这种局面一直到隋文帝一统天下,结束了长达数百年的纷争动乱之后才得以扭转。隋及其后继者唐,都以长安为首都、洛阳作为东都,因此这一城市轴线再次成为全国城市体系中的核心。

统一帝国的出现,尤其是倾全国之力修建的南北大运河的凿通,为全国交通网的形成奠定了基础。与此同时,经过三

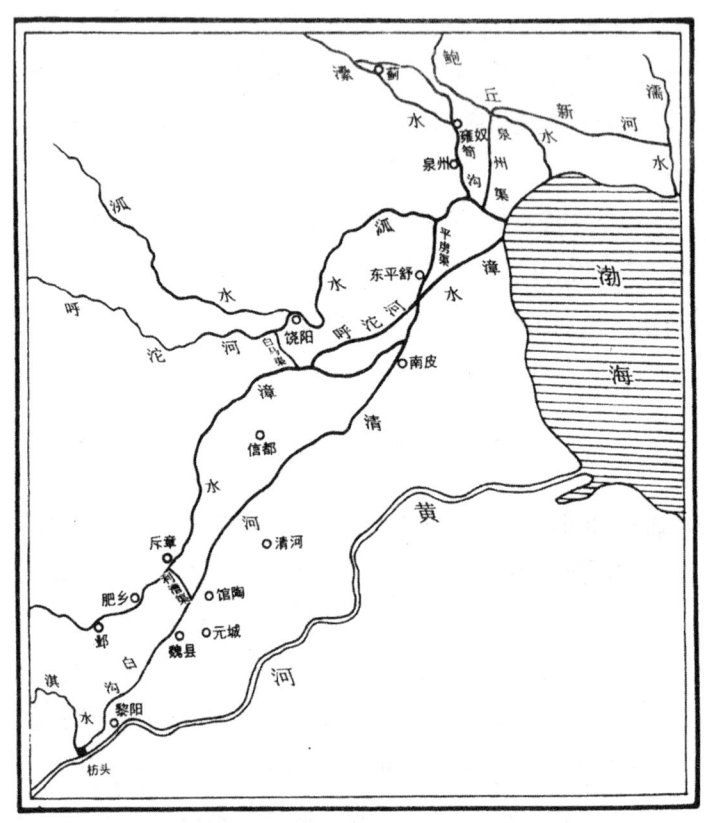

图 8-2 曹魏时期河北地区运河水系示意图①

国两晋及南朝的发展,长江流域已逐渐成为与黄河流域并驾齐驱的经济区。虽然"给京师,备水旱,常转漕东南之粟"②讲的是中唐以后的情形,但这一状况的形成肯定不可能是一蹴而就的。作为联系两大经济区的重要通道,黄河、淮河、长江和大运河对于全国城市体系的形成与发展功不可没。《旧唐

---

① 邹逸麟:《中国历史地理概述》,上海教育出版社 2005 年版,第 333 页。
② 《新唐书》卷 59《食货志》。

第八章
水·城——城市与交通

书·崔融传》中记载了唐代全国水路运输的繁忙兴盛:

> 天下诸津,舟航所聚,旁通巴汉,前指闽越,七泽十薮,三江五湖,控引河洛,兼包淮海。弘舸巨舰,千轴万艘,交贸往还,昧旦永日。

足见得唐代内河航运的繁盛。

基于内河航运,各主要水运航道沿岸相应地形成了一批交通贸易型河港城市。在黄河流域,长安、洛阳自不必多言,另外一些重要的城市,如我们后面要讲到的许多运河城市,如汴州(今开封)、宋州(今商丘)、楚州(今淮安)、吴郡(今苏州)、余杭(今杭州)等都因河运便利而兴盛。在长江及其主要支流沿线则有成都、荆州、鄂州等城市兴起。如江陵所谓的"右控巴蜀,左联吴越,南通五岭,北走上都"①,都是通过水路联通上述地区的,并因此发展成为长江中游地区一大都会。尤其需要提及的是,当时全国最发达的工商业城市已南移到了长江流域,即长江首尾的成都和扬州,当时有所谓的"扬一益二"之称。其中,位于江南运河与长江相交处的扬州,就因为"当南北大冲,百货所集"②,成为唐代漕运及盐铁转运中心。下面《唐语林》中的这段话也可以为这种重要城市分布的变迁作一旁证:"东南郡邑,无不通水,故天下货利,舟楫居多。"

隋唐时期的对外贸易也十分繁荣。与西向的陆上丝绸之

---

① 《全唐文》卷 336 颜真卿《谢荆南节度使表》。
② 《唐会要》卷 86《市》。

匠人营国
中国历史上的古都

路的繁忙相对应，海上对外贸易也颇为兴旺，并带动了沿海港口城市的发展。就全国而言，扬州以北比较重要的海港城市有淮水入海口附近的楚州、山东半岛北部的登州（今蓬莱）和莱州、渤海湾的平州（今河北卢龙）和辽东半岛南端的都里镇（今旅顺），扬州以南的主要海港城市有广州、潮州、泉州、福州、温州、明州及松江。其中最值得一提的是泉州。作为制糖中心和茶叶市场，泉州当时与南洋、日本、南亚间的往来十分密切，成为中国东南沿海地区最重要的通商口岸城市，因此有不少外国商人长期居留在这里从事商贸活动。

在河港、运河港、海港城市发展的同时，陆路交通在隋唐时期也有了长足的进步。隋炀帝时"凿太行山，达于并州，以通驰道"[1]，又开御道，广百步，"东达于蓟，长三千里"[2]。唐代在玄宗时(712—756年)再开大庾岭，使广东与内地之间通畅无阻。宪宗时(806—820年)又开福建陆路四百余里，使商路更加便捷。不仅区域间的陆路交通有所改善，更重要的是，唐代还形成了以长安为中心的、有驿道通往全国的陆路交通网。其中比较重要的有以下四条：由长安西向经河西走廊，可通向西域；由长安西南出，经褒斜山口至汉中，可达剑南西川；长安向东南，经鄂州、南昌抵岭南地区；长安东进，经洛阳沿运河南下，抵苏、杭、福、泉东南地区。在这一以长安为起点的放射状驿道系统沿线兴起了大量的城市，如楚州（今淮安）、洪州（今南昌）、凉州（今甘肃武威）、敦煌、范阳（北京）等。

宋元以后，随着关中不再成为都城所在和经济中心稳定

---

[1]《隋书》卷3《炀帝纪》。
[2]《隋书》卷51《长孙晟传》。

第八章
水·城——城市与交通

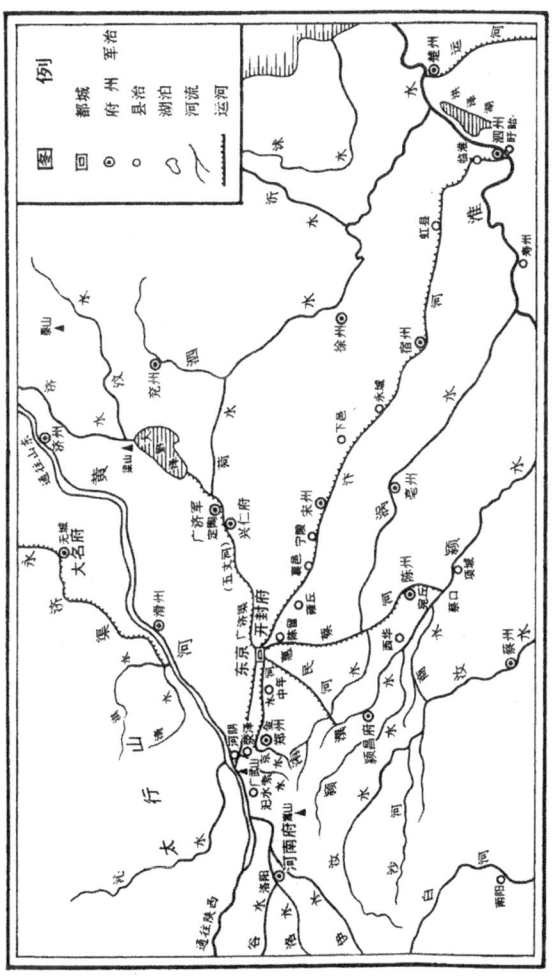

图8-3 宋代以开封为中心的水道交通示意图[1]

[1] 邹逸麟:《中国历史地理概述》,上海教育出版社2005年版,第340页。

匠人营国
中国历史上的古都

在长江中下游地区，长安—洛阳城市轴线也经由开封而转移到北京—南京一线。与此同时，手工业、商业的大规模兴起，使得中国城市发展中的经济因素开始更具意义，交通也以一种前所未有的影响力对城市分布的空间格局发挥作用。这其中最具意味的就是北宋建都汴州开封。

隋代开凿的通济渠，也就是汴河，在唐末逐渐淤废。建隆二年（961年）赵匡胤甫一建国，就疏浚并引附近水源入汴河。之后北宋政府又疏通与整理了惠民河、五丈河和金水河，这三条经人工改造过的河流与汴渠一起被称为贯通开封的漕运四渠。四渠所贯，加上黄河，使得开封成为当时最大的水运枢纽。《宋史·河渠志》中是这样形容汴梁的水运地位："有惠民、金水、五丈、汴水四渠，派引脉分，咸会天邑，触舻相接，赡给公私，所以无匮乏。"四水之中又以汴水为要，所谓"唯汴水，横亘中国，首承大河，漕引江湖，利尽南海，半天下之财赋，并山泽之百货，悉由此路而进"。而北宋时期的开封之所以有极为丰富多彩的城市生活，显然与开封的四渠所贯、连通江淮的关系十分密切。

到了帝国后期的元明清时期，城市的发展明显是南方超过了北方，尤其是工商业城市崛起于长江流域及东南沿海地区，使得城市的分布向长江沿岸及大运河沿线集中。如大运河沿岸的苏州是明代驰名中外的工商业城市，到了清代更成为与京师南北辉映的文化中心。而沿江的南京，明洪武十一年（1378年）在此建都，到了洪武二十四年（1391年），不过是十几年的时间即已达到了"比舍无隙地"①的繁华。永乐迁都

---

① 万历《上元县志》卷2《户口》。

后，南京仍为明王朝的留都，并因地当南北之要冲、扬子江之滨，而成为"五方辐辏，万国灌输"，"南北商贾争赴"的重要工商业城市①。可以说，这一阶段最出名的、发展最快的城市大都位于长江与运河构成的水运交通轴线上，因此我们在下面专门讨论这类城市。

二 运河城市

我国历史上政治中心与经济中心的分布常常是不一致的，而为了解决政治中心与经济中心的空间背离，历朝政府不得不采用多种措施，其中最主要的方法就是以人工运河连接政治中心与财赋供给区域，保证政治中心得以维持一个人数庞大的官僚阶层。事实上，历代漕渠的兴修就是依这一思路而做的努力。如果从这个角度来看，南北大运河不仅仅是这一政治经济空间格局的产物，更是中唐以后政治中心逐步北迁与经济中心已然南移的结果。

隋文帝统一全国，结束了长达数百年分裂动乱的局面。而大一统帝国的形成，也为倾全国之力兴修大型水利工程提供了物质保障，南北大运河正是在这时横空出世。

实际上，我国修筑沟渠的历史十分悠久，但最初的目的大多不是为了航运，而是灌溉农田、改良土壤。先秦时期最出名的水利工程是魏国的引漳十二渠、蜀中的都江堰和秦关中的郑国渠。公元前246年，秦国强盛，威胁到东方诸国，韩国于是派水工郑国劝秦王兴修水利工程，用以"疲秦"，也就是消耗秦国的财力，使其不能向东进取。不料，秦国用了十年的时间

---

① 《松窗梦语》卷4《商贾纪》。

修成此渠后，国力反而更为强大。《史记·河渠书》中是这样评价郑国渠的作用的："（郑国）渠就，用注填阏之水，溉泽卤之地四万余顷，收皆亩一钟。于是关中为沃野，无凶年。"郑国渠用所引泾河河水中的泥沙，把下游低洼地区盐碱地中的盐碱成分冲淡，使这里也成为适宜种植农作物的肥沃土地。所以说，郑国渠的主要功用是改良灌区的土壤，其次才是灌溉农作物，而于航运意义不大。

先秦时也曾兴筑以航运为目的的人工运河。最出名的就是魏国在战国时期开凿的鸿沟。鸿沟的凿通将济、汝、颍、涡、濉、泗等自然河流连结起来，形成了以鸿沟为干渠的水系网，并贯通了黄河与淮河两大水系，促进了这个地区的航运，造就了陶与大梁等沿岸城市的繁荣。而吴国修建的邗沟，则是连接长江与淮河两大水系，目的是为了吴国水军北上，并从此道运送军粮。齐国当时也修了一条济淄运河，将境内的济水与淄水连接起来。不过，这些运河都很短，与后来隋代开挖的南北大运河及元代贯通的京杭大运河完全无法相比。

隋初建都关中，需要从关东地区调运余粮以济京师，故整修渭水以达黄河成为新王朝急迫解决的问题之一。开皇四年（584年）自大兴城（今西安）西北凿渠引渭水东流注入黄河，名广通渠，稍稍缓解了都城的供给压力。紧接着，开皇七年（587年）为平陈需要，隋又重新疏通了江淮之间的邗沟，并改称为山阳渎。炀帝即位后着力营建东都洛阳，并于大业元年（605年）开通济渠，从洛阳西苑引穀水和洛水，东至偃师入洛，由洛再入河，再由板渚（今河南荥阳氾水镇东）引河水东流，经今开封等地至今江苏盱眙县对岸入淮。这一段是炀帝修大运河中最重要的一段。大业四年（608年）为用兵辽东，又

第八章
水·城——城市与交通

开永济渠,引沁水与清水、淇水相接,以下大致循白沟故道及今天的南运河至现在的大清河折入漯水,也就是永定河的前身后,直抵蓟城,即今天的北京。大业六年(610年)再重新修凿京口(今镇江)至余杭(今杭州)段的江南运河。至此,几段运河完成,沟通了河、海、淮、江、钱塘江五大水系,形成了以政治中心长安、洛阳为中心,向东北直达蓟城、东南至杭州的扇形分布的南北大运河,全长共2000多公里。

唐代也建都关中,其漕运路线与隋代基本相同,并没有大的改变,只是在隋代运河的基础上加以疏浚与维护。但是,南北大运河对城市发展的影响却是在唐代初现端倪。如江南运河沿线的杭州、苏州、润州,及江淮运河沿线的扬州、楚州(今淮安)等,都是在这一时期开始成长为江淮地区重要的经济都会。尤其是扬州,成为东南地区的水运枢纽——临江跨海、交通河淮,经济地位空前,为唐代第一工商业都会。无论是交通区位还是经济地位都相当于今天的上海。江淮以北受水运之便而发展的城市,还有永济渠沿岸的魏州(今河北大名东)、贝州(今清河),通济渠沿岸的汴州(今开封)、宋州(今商丘),汴水与泗水交汇的徐州,汴水与淮河交汇的泗州(位于今江苏盱眙附近洪泽湖中)等。

北宋放弃了在关中建都的打算,而是在水运交通枢纽的汴州建都,这当然十分有效地缓解了都城对粮食需要的压力。因为终唐之世,尽管有大运河作为交通河淮的通道,但首都长安却始终处在缺粮的威胁下,中唐以后情况更加严峻,德宗时甚至供天子六宫之膳的太仓储粮不敷十日之用。这也是在两唐书中我们常常能看到有皇帝携百官前往东京洛阳就食的记载的原因。

223

匠人营国
中国历史上的古都

事实上,北宋建都汴京的原因,主要是仰仗以汴京为中心的放射状水运系统,其中又以直接沟通江淮粮食产区的汴渠最为重要。我们可以用以下数据作一说明:宋太宗太平兴国六年(981年),开封四渠漕运总量达550万石,其中汴渠承担了400万石的运量,占到了72%以上。汴渠对首都开封的作用,宋太宗曾有一颇为精要的评价:"东京养甲兵数十万,居人百万家,天下转漕,仰给在此一渠水。"不过,关于水运对首都开封城市发展的影响,《宋史·河渠志》中引张洎所言更为全面:

> 今天下甲卒数十万众,战马数十万匹,并萃京师,悉集七亡国之士民于辇下,比汉唐京邑,民庶十倍。甸服时有水旱,不至艰歉者,有惠民、金水、五丈、汴水等四渠,派引脉分,咸会天邑,舳舻相接,赡给公私,所以无匮乏。唯汴水横亘中国,首承大河,漕引江湖,利尽南海,半天下之财赋,并山泽之百货,悉由此路而进。

正是因为地处黄河与汴河交汇处,可联通江河之间,开封城市经济才形成了"舳舻相衔,千里不绝。越舲吴艚,官艘贾舶,闽讴楚语,风帆雨辑,联翩方载,钲鼓镗鎝,人安以舒,国赋应节"①的壮观局面。

金人南下,宋室播迁,定都临安,也就是杭州。杭州在北宋时已然为全国重要的工商业城市,又是对外贸易的重要港口,经济繁荣,人烟稠密。建炎以后,宋室曾辗转于江宁(南

---
① 《宋文鉴》卷7。

第八章
水·城——城市与交通

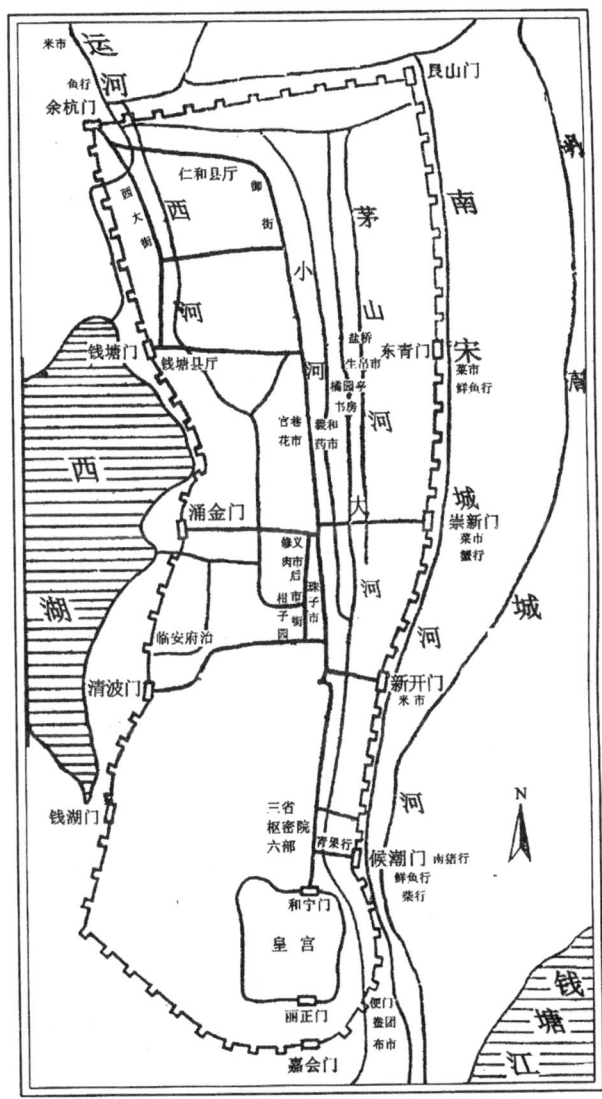

图 8-4 南宋临安城市商业平面示意图①

---

① 杨宽:《中国古代都城制度史研究》,上海人民出版社 2003 年版,第 365 页。

京)、越州(绍兴)等地,最终还是决定驻跸临安/杭州,取的就是杭州的水运便捷。对此,《宋史·河渠志》中也并不回避:

> 国家驻跸钱塘,纲运粮饷,仰给诸道,所系不轻。水运之程,自大江而下至镇江则入闸,经行运河如履平地,川广巨舰,直抵都城,盖甚便也。

正因为此,才会有"大驾初驻跸临安,故都及四方士民商贾辐辏"①的畸形繁荣局面。

  蒙古人灭南宋后,将统治中心由漠北草原迁往中原,改金中都为大都,也就是今天的北京。由于大都远离经济中心,所以供养京城所需的物品,必须靠长途漕运从江南运来。元初,南北漕运一共有三条路线同时进行:主要路线是海运,其次是河海联运,第三条路线则是利用几段南北大运河,进行水陆联运。但这到底不方便,于是元政府开凿会通河与通惠河,相继打通几处不相连贯的河段,至元三十年(1293年),这条长达3400多里的京杭大运河才全线通航,南北漕运的运道从此大体定型。终元一代,大运河因维修时兴时废,运量也时有起伏,但对沿线的经济,尤其是城市的发展作用卓著。

  明初建都南京,政治中心与经济重心区域重合,京师的粮食供应当然不是问题。可惜不久明成祖朱棣将都城搬到了北京,政治中心再次与经济重心空间分离,因此全面恢复南北漕运当然十分必要。永乐初年部分漕粮尚依赖海运,但不久会通河与通惠河经过疏浚与拓宽,于是大运河再次成为南北交

---

① 陆游《老学庵笔记》卷8。

第八章
水·城——城市与交通

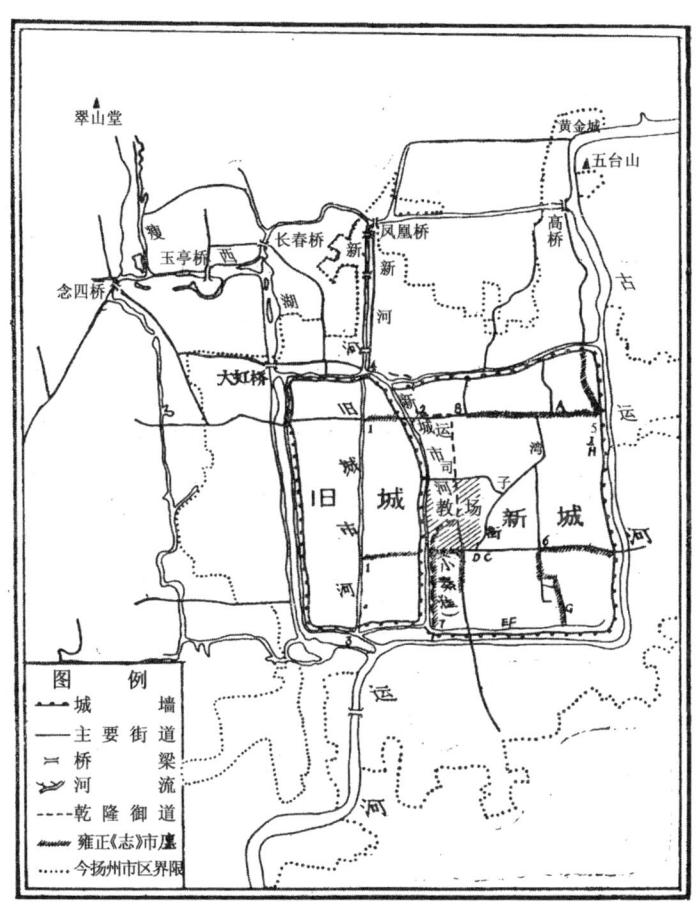

1. 在城市　2. 东关市　3. 南关市　4. 北关市　5. 田家巷市
6. 井巷口市　7. 钞关市（据嘉靖《惟扬志》卷7）
A. 宗家店　B. 安家店　C. 傅家店　D. 史家店　E. 黄家店　F. 高家店
G. 樊家店　H. 穿店　I. 夏家店

图8-5　明清扬州城市平面示意图①

---

① 王振忠：《明清两淮盐商与扬州城市的地域结构》，见《历史地理》第10辑，上海人民出版社1992年版。

通的干线。清代大多承袭明代旧制，无甚改易，大运河一直发挥着重要的交通南北的作用。

  与此同时，明清时期长江流域作为我国重要的商品粮生产基地和棉、麻、茶、桑等经济作物主要产区，手工业和商业都很发达，从而也促进了运河沿岸城市的发展。其时重要的城市大多位于运河两岸，如通州、天津、德州、聊城、济宁、淮阴、扬州、镇江、常州、无锡、苏州、杭州均以经济繁荣、人物殷阜著称于世，这其中又以扬州最为繁盛。

  明清时期，扬州因地处运河与长江交汇的交通要冲，南来北往的商人汇聚其间，尤其是两淮盐运使设置于此，更带动了整个城市经济的繁荣。扬州城内的主要交通干线市河、湾河等均与运河相通，而密如蛛网的河流不仅可方便商品运送到城内各处，同时也是城市内部纵横交错的街巷所依。由于运河在城东，因此在旧城与运河沿岸逐渐形成商业中心，特别是旧城外运河岸边商业繁盛，财富聚集，因而在万历年间(1573—1620年)拓建新城时将这一地区圈入城内。据地方志记载，当时扬州"处新城者皆富商大贾"，而"旧城多缙绅家"。① 清代康乾以后，新城商业区迅速拓展，尤其是乾隆巡幸的路线，"由天宁门城内东入彩衣街，左折运司街、教场、辕门桥、多子街、埂子上，出钞关门，右折花觉行，入九峰园"的小东门外新城御道，成为扬州商业最为繁华的地段。小东门、小秦淮(市河)等地附近，名肆大店，鳞次栉比，"市肆稠密，居奇百货之所出，繁华尤甲于两城，寸土拟于金"②。由此可知，明

---

① 万历《江都县志》。
② 焦循《扬州足征录》。

清扬州城市凭借运河交通便利,极尽奢华。

作为南北交通要道,大运河发挥功用最大的时期是在明代永乐至清中叶这一段时间内。清中叶以后,大运河若干河段已严重淤塞,以至于竟无法疏浚。所以,道光初年群臣争议是否应改从海运。到了道光六年(1826年),清廷最终下决心设立海运总局,雇商船从海上运输漕粮至北京,河漕自此遂废。作为运河上的大宗货物,漕粮的改道,使南北大运河失去了作为南北交通干线的专断地位,运河城市大受打击。雪上加霜的是,几十年后西方殖民者以坚船利炮为后盾,打开中国国门,近海航运和铁路运输成为南北交通的主要方式。在这双重打击下,运河城市随之渐渐衰落,为沿海港口城市取而代之。

三　江海通津

我国虽然海岸线绵长,港湾众多,但在早期历史上,海上贸易并不发达,有明确记载的海上交通要到西汉时期了。

两汉时期中外海上交通显然业已频繁,但港口城市并没有得到充分发展。当时北方的海上交通主要是面对朝鲜与日本,南方则从日南障塞(今越南顺化)或徐闻、合浦出海,目的地是东南亚各国,主要输出黄金、丝绸,输入琉璃、玛瑙、琥珀、药材和香料等。到了魏晋南北朝时期,海上贸易更为繁忙,并在南方发展出了广州这样大型的海外贸易商港。这一时期,北方的海上交流仍集中在胶东半岛地区。

隋唐统一帝国形成,海上交通自然也受到重视。在海上交通与贸易的推动下,沿海地区兴起了一批港口城市,北有登州(今山东蓬莱)、莱州,南有楚州(今淮安)、扬州、华亭县(今

匠人营国
中国历史上的古都

上海松江)、温州、福州、明州(今宁波)、泉州、潮州、广州、交州(今越南河内)等。其中,广州已发展成为全国对外贸易第一大港,每日约有十余艘外国船只抵达广州,大量的中国丝绸与阿拉伯香料由此出入。《新唐书·柳泽传》称开元时(713—741年)广州已置有市舶使。除了中国人自己的记载外,曾到过广州的外国商人对广州也留下了十分深刻的印象。10世纪初阿拉伯人阿布·赛义德在他的《中国印度见闻录》中就记载说,在9世纪后期居留在广州的伊斯兰教、犹太教、基督教和拜火教教徒大约在12万人左右。当然,我们不能全然相信这一类推测的数据,但唐代广州城内从事贸易活动的长期定居的外国人之多应该是确实的,这从广州城内设有番坊就可以得知。

到了宋元时期,海上交通更加发达,贸易往来频繁。中国商人泛海贸易的区域也不断扩大,甚至已有远抵波斯湾沿岸、阿拉伯半岛等地的记录。在隋唐对外港口城市兴起的基础上,更多的海港城市出现。是时,宋元政府通过设立市舶司、务、场来管理各地的对外贸易,所以我们就以当时设立市舶司的城市作为其海外贸易状况的一个指标。北宋时设立市舶司的城市共有6个,它们是广州、杭州、明州、泉州和密州板桥镇(今山东胶州市)、秀州华亭县(今上海松江)。南宋时,则再增置温州市舶务、江阴军市舶务和秀州海盐澉浦市舶场。蒙古人在至元十四年(1277年)取得闽、浙等地后,随即沿用南宋的制度,在泉州、庆元(宁波)、上海、澉浦四处设立市舶司,后来又增置广州、温州、杭州三处。到了至元三十年(1293年)温州司并入庆元司,杭州司与当地税务合并。再到后来,大德元年(1297年)又将澉浦、上海两司并入庆元司。此后元代只

第八章
水·城——城市与交通

剩下庆元、泉州、广州三地有市舶司的设立。

市舶机构的设立,当然间接证明了这些城市的对外贸易额十分可观,而它们所依托的港口,自然也因对外贸易而繁荣兴旺。这里我们可以举几个例子以加深读者们的印象。

广州自隋唐以来一直在各海外贸易港口中列居首位。南宋初年广州市舶司的"收课入倍于他路"[①]。不仅如此,广州因为对外贸易发达,所以"大贾自占城、真腊、三佛齐、阇婆涉海而至,罗数十柁",以至于广州城内"凡西南群夷之珍,犀、象、珠、香、流离之属,禹不能名,离不能计"。[②]

泉州港因位于东海航路和南海航路的交汇处,自唐代起海外贸易就开始兴盛。入南宋以后,更是突飞猛进。海上来的大船多停泊于此,"东南之利,舶商居其一"[③]。大批的外国商人居留在泉州城内,像广州一样,泉州城内也设有专门的蕃坊。到了元代,泉州甚至取代了广州在对外贸易中的地位,成为海外贸易第一大港。那个时候,南洋、印度、波斯、阿拉伯等一百多个国家和地区的商船云集泉州。泉州城内"百货山积",所谓的"番货远物,异宝奇玩之所渊薮,殊方别域,富商巨贾之所窟宅,号为天下最"。[④] 泉州也因此被认为是"七闽之都会也"。

此外,如明州、秀州澉浦、华亭青龙镇、上海镇的海外贸易也盛极一时。事实上,除了上述设置市舶机构的城市外,其他的沿海港口城市,如通州(今南通)、楚州、海州(今连云港)、越

---

① 《宋会要辑稿·职官》四四之一四。
② 洪适《师吴堂记》,《盘洲文集》卷31。
③ 《宋史》卷186《食货志下八》。
④ 吴澄《送姜曼卿赴泉州路录事序》,见《吴文正公集》卷16。

州（绍兴）、台州、福州、漳州、潮州、雷州、琼州（今海口市）等，也因海上贸易而获得了一定的发展。

明代开国之初，我国海上交通承袭宋元余绪，仍继续发展。尤其在永乐、宣德年间（1403—1435 年），郑和七下西洋，不但促进了与东南亚的经济、文化交流，也彰显了当时我国先进的航海技术。事实上，明初洪武时还在宁波、泉州、广州设立了市舶司，且"宁波通日本，泉州通琉球，广州通占城、暹罗、西洋诸国"①，分工明确。但自明中叶以后，朝政腐败，边防松弛，倭寇侵扰，海疆不靖，于是明中叶以后，开始厉行海禁。嘉靖元年（1522 年）首先关闭了泉州、明州（宁波）等口岸，仅留下广州一港作为对外贸易主要港口。这一政府行为竟使对外贸易全线萎缩，全国原有的沿海大、中海港城市陷入停滞与衰落。虽然隆庆元年（1567 年）又开放海禁，但此时著名的泉州港淤塞严重，港口交通不便，完全丧失了在国际贸易中的优势地位。

清初沿袭明末的贸易制度，开始时对沿海贸易并无明文禁止。但不久，为了防止占据东南沿海的南明反清势力，分别于顺治十二年（1655 年）、十三年及康熙元年（1662 年）、四年、十四年五次颁布禁海令，不许片板入海。又在顺治十七年（1660 年）及康熙元年、十七年三次下达"迁海令"，将沿海二十里以内的居民尽行迁离，实行了极为严格的海禁政策。港口城市自然难以为继，相继没落。不过，到了康熙二十二年（1683 年）统一台湾后，随即在第二年下令开放海禁，准许外商在指定的口岸，如广州、漳州、宁波、云台山（今连云港）等地

---

① 《明史》卷 81《食货志五·市舶》。

第八章
水·城——城市与交通

进行贸易,并置关管理。这时,"粤东之海,东起潮州,西尽廉南,南尽琼崖,凡分三路,均有出海门户"①。福建、浙江、江苏沿海也是"江海风清,梯航云集,从未有如斯之盛者也"②。而北方沿海的山东、河北、辽宁港口的"轻舟"贩运也十分活跃。全国沿海港口城市进入了一个新的发展高潮。当时开放给中外商人进行贸易的大小港口,共达127处,并且自北而南形成了以牛庄、天津、上海、宁波、福州、厦门、澄海、广州等大中城市为主的沿海港口城市发展轴线。

然而,好景不长。18世纪中叶以后,由于英商"屡违禁令,潜赴宁波"进行贸易。为了巩固海防,防患于未然,乾隆二十二年(1757年)再次封闭了宁波等口岸,只许外商在广州一处收泊贸易。

明清时期,我国的商品性农业生产与手工业生产正快速发展,尤其是江南经济的蓬勃兴起,对外部市场的依赖也不断加深。因此,在官方对外贸易禁止时,民间的海上贸易却悄然兴起,"市舶"繁于"贡舶"成为这一时期对外贸易的主要特征。当然,我们也不应该忘了另一个大的时代背景,那就是地理大发现及新航路的开辟,使得全球性市场开始形成。而老牌西方殖民帝国——葡萄牙、西班牙、荷兰相继到来,他们各以满刺加、吕宋为根据地,逐渐将贸易活动伸展到中国东南沿海一带,客观上也刺激了中国民间海外贸易的兴盛,并形成了一批中小海港城市。如福建沿海的漳州月港、诏安梅岭、泉州安平、福州福清;再如广东沿海的南澳、梅禄墟等,都是明中叶以

---

① 梁廷楠《粤海关志》卷5《口岸》。
② 雍正《浙江通志》卷86《榷税》。

后兴起的对外贸易市镇。像漳州的月港,明初还是一个小渔村,嘉靖后由于民间海上贸易的兴起,很快发展成为"居民数万家"的闽南都会,甚至被誉为福建的"小苏杭"。月港的例子,说明了明清时期对外贸易政策上的"闭关自守"和全球市场形成之间的矛盾,致使我国的海港城市发展始终处于动荡起伏的状态,直接的后果就是依赖官方贸易的大、中海港城市停滞与衰败,因民间贸易起家的小港口城镇大量兴起。

第九章　中·外——城市与中外交流

位于亚欧大陆东端、太平洋西岸的中国,与世界其他地区的物质文化交流几乎与它的历史一样悠久绵长。在商品穿越崇山峻岭、越过茫茫大漠、横渡无垠海域的同时,沿线也兴起了一个个城市。所以说,中外商品流通对中国城市的形成,尤其是中国城市空间分布的影响深远。而这又以汉唐时期的丝绸之路和晚清以来的开埠城市最具代表性。

一　丝路城市

在古代社会,"丝绸之路"无疑是沟通中西经济、政治、文化和思想的一条大动脉。事实上,在地理大发现之前,在新航道大举开通之前,东起中国,穿越西域、古印度、阿拉伯—波斯帝国,一直通向希腊—罗马世界的丝绸之路,几乎成为联接东方与西方的唯一通道。正是因为这一原因,丝绸之路上运送的就不仅仅是丝绸了,实际上,在这条通道上文化交流与物质交流是平分秋色的。

如果我们查看地图,就会发现所谓的丝绸之路实际上是一束穿越了无数城市的交通网,东方的起点是汉唐时期中国

匠人营国
中国历史上的古都

最大的城市长安,经过河西走廊,再越过戈壁瀚海,穿过一个个绿洲,途经无数城市,最终到达西方的罗马。来往于这条道路上的有士兵与海员、商队与僧侣、朝圣者与游客、学者与技艺家、奴婢和使节、得胜之师和败军之将等各色人物,熙熙攘攘。世界三大宗教——佛教、伊斯兰教以及元代基督教的方济各会与景教(聂斯托里教派),甚至一些当时流行的地域性宗教——袄教、摩尼教、犹太教等,都是经过这条路传入中国。中国早期的养蚕术、造纸术和印刷术,治国良策、伦理道德和自然科学等无数内容也是经由这条道路流向世界。

然而,丝绸之路的最初形成却是与丝绸毫无关系。公元前206年汉王朝建立后,由于采取了休养生息的政策,在不到百年的时间里,武帝时的汉帝国便已达到了空前的强盛,开始不断地向四方开疆拓土。尽管受到压制,帝国境内的工商业还是蓬蓬勃勃地发展起来,特别是丝织业欣欣向荣。恰在此时,帝国西部边疆因北方的匈奴力量壮大,常常受到侵扰,匈奴成为汉王朝大患。因此,武帝于建元二年(公元前139年)派张骞出使西域,欲联合大月氏夹击匈奴。尽管这一次张骞的出使在军事上没有取得什么结果,但却意外地打开了东西方交通的大门。

随后,汉王朝在西部不断取得军事上的胜利,疆界逐渐向西推进。从武帝元狩二年(公元前121年)至元鼎六年(公元前111年),先后在陇西地方设置了武威、酒泉、张掖、敦煌四郡。再后来,西域内属,为统辖内属的三十六国,汉王朝设置了使者、校尉等官员进行管理。宣帝时再改为都护。在汉王朝的有效经营下,西部边境形势大为改观,茫茫沙漠地带也随着汉王朝在军事政治上的胜利而成为商人和使者的通道。《史记·大宛传》

第九章

中·外——城市与中外交流

记载:"汉始筑令居(今甘肃永登西北)以西,初置酒泉郡以通西北国。因益发使抵安息、奄蔡、黎轩、条枝、身毒国……使者相望于道。"

正如《汉书·西域传》中所说,这是一个"南北有大山,中央有河,东西六千余里,南北千余里,东则接汉,塞以玉门、阳关,西则限以葱岭"①的地带。但后来,《汉书》又破例,把天山以北的伊犁河流域和葱岭以西的锡尔河(Syr)、阿姆河(Amu)流域一带的国家也记入《西域传》。这一地区因深居大陆内部,远离能带来丰富降雨的海洋,因此气候十分干燥,极少降水。面积广袤的沙漠戈壁,为险峻的高山所分隔。不过,茫茫大漠四周的高山上有常年的积雪和众多的冰川,这些积雪和冰川融化后形成的涓涓细流汇集成河,为干旱的内陆带去了珍贵的水源,形成了一些大型的内陆河流。而穿越这一地区的交通就傍依在因这些内陆河而形成的绿洲上。

对于汉帝国时期的穿越内陆的东西交通路线,《汉书·西域传》中的描述比较详细。主要有南北两条路线:

> 自玉门、阳关出西域有两道,从鄯善傍南山北,波河西行,至莎车,为南道;南道西逾葱岭则出大月氏、安息。自车师前王庭随北山,波河西行,至疏勒,为北道;北道西逾葱岭则出大苑、康居、奄蔡、焉耆。

具体而言,从汉帝国内地赴西域有两条道路,都是从敦煌出玉门、阳关,然后在罗布泊之北分为南北两途:南道经鄯善、至莎

---

① 《汉书》卷96上《西域传》。

车,越葱岭,到大月氏及安息;北道是从楼兰北上至伊吾(哈密),由此西行到高昌(吐鲁番),经天山山脉南麓,至龟兹,最后到达疏勒(喀什噶尔),从疏勒西越葱岭,到大宛(费尔干纳)。若向西南行,可达罽宾。这条北道是通过天山山脉南麓的,所以也叫天山南路。

南道也是赴印度的交通要道。其中还有一条捷径,即不经莎车,而在莎车东南的皮山县折向西南"经乌秅,涉悬度,历罽宾,六十余日行至乌弋山离国……复西南马行百余日,至条支"。① 条支即今天的叙利亚。这条从乌弋山离国至条支的道路是由东汉时派往大秦国的甘英踏勘出的。而这条赴印度的捷径就是研究中亚史地的学者熟知的"罽宾·乌弋山离道"。这条道路的路程是:

> 罽宾(今克什米尔)—陀历(今巴基斯坦的奇特拉尔之南)—悬度山—难兜(今克什米尔西北的吉尔吉特)—竭叉(新疆塔什库尔干县)—莎车—皮山—于阗(今和田)—且末—楼兰—敦煌—肃州(今酒泉)—甘州(今张掖)—凉州(今武威)—长安。

罽宾国在张骞通西域时还不为汉人所知,至汉武帝末年方始出现。罽宾国与中国的交通一直持续到王莽时代。这条道路不仅在汉代使用,后世也利用它出入印度。中国早期历史上前赴后继到天竺求法的众多高僧,大多是循这条道路到达印度的。

---

① 《后汉书》卷88《西域传》。

第九章
中·外——城市与中外交流

当时世界的交通网,以包括阿富汗、哈萨克斯坦、中国新疆的中亚地区为轴心,向东西伸展,形成一个大国际市场。在这个国际市场上,中国的丝绸是最大宗的贸易品,深受西方各国的欢迎。当时的罗马贵族已作为丝绸的消费者而闻名,然而罗马人所穿的丝绸全为安息(波斯)人所垄断。安息商人为获厚利,到印度西北部的罽宾国,越过高耸的葱岭,穿越大漠戈壁,千里迢迢到达中国。显然,丝绸在这里恰似一条彩线,将这一地区的城市串联起来,形成了一条光彩四溢的丝绸之路。

这条从中国内地经西域到中亚,甚至到印度或地中海地区的陆路,自汉武帝经营西域以来就成为东西交流的通途,不仅是商品贸易,东西文化的交流也是通过这一路线进行的,唐代高僧玄奘在印度取经后,就是循着南道回国的。而法显、昙无竭(法勇)、宋云、惠生等西行求法僧也是由南道赴印度的。不仅中国僧人如此,西方高僧也是沿着这条道路进入中国,如六世纪中叶致力于译经事业的阇那崛多也是沿着南道从犍驮罗来到中国的。

盛唐时代,国力强大,政令畅通,西部疆域甚至一度达到药杀水(锡尔河)和乌浒水(阿姆河)所夹的河中地区。更重要的是,唐王朝对西域进行了有效的控制与管理,这些都保证了丝绸之路的畅通无阻,同时也促进了西域地区城市的兴盛。

高昌城遗址地处新疆维吾尔自治区吐鲁番盆地中,位于吐鲁番市东约50公里的哈喇和卓。这座城始建于汉代,魏晋时期称为高昌壁,是为戊己校尉治所。北魏以后成为高昌王国的都城,唐代则是安西都护府的治所。再往后作为高昌回鹘王朝的王都长达五百多年。大约在元末明初时废弃。现存的高昌古城遗址,是高昌回鹘王国在唐代高昌城基础上改建增筑的。

作为古代吐鲁番盆地的中心城市,高昌城的重要性在于控制着从河西走廊西端敦煌西出玉门关,穿越莫贺延碛(沙漠戈壁)西进的去路。这条路在汉代称为北道,魏晋以后称为新道。《三国志·魏书》卷三十注引《魏略·西戎传》中称"从玉门关西北出,经横坑,辟三陇沙及龙堆,出五船北,到车师界戊己校尉所治高昌,转西与中道合龟兹,为新道"。

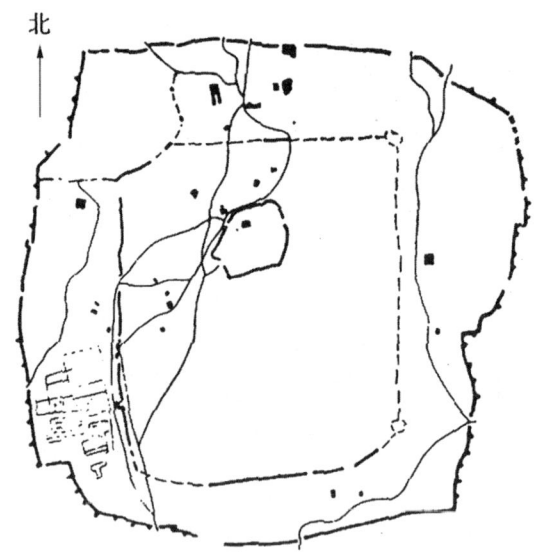

图 9-1　高昌城址平面示意图①

现在的高昌古城由外城和中城两部分组成。外城略呈不规则方形,周回约 5000 多米,城垣基本保持完好。城墙残高

---

① 曲英杰:《古代城市》,文物出版社 2003 年版,第 186 页。

第九章
中·外——城市与中外交流

大约 5—11 米,基址厚达 12 米,城墙夯筑,夯层为 8—12 厘米的薄夯层,墙体有弧线和内凹的现象。城墙外筑有较密集的马面,东、西、南三面保存完好。从外城城垣的缺口并结合吐鲁番出土文书来看,高昌城外城共有九座城门:北面有两门,是为北门和鹿门,文献中称为武城门和玄德门;东面两门,故东门和新东门,文献中记载为青阳门和建阳门;西面两门,鑫福门和金章门;南面三门,新南门、故南门和大门。① 九门之制和城门的命名明显受到中原文化的影响。外城还残存有寺院及民居的遗址。

中城位于外城的中间,平面略呈长方形。西、南两面城墙大部分保存完好,同样是夯筑而成,高与外城相当。中城的城门已完全没有痕迹,城内主要是一些宫殿及寺院建筑。另外,在中城中间偏北的地方有一个堡垒式建筑,是为子城,当地称为"可汗堡",大概是高昌王国的宫城。子城的平面略呈不规则的椭圆形,周回约 700 米左右。结合《隋书·西域传》中所记载的高昌王国"其都城周一千八百四十步",即 3025 米,与考古实测相对照,看来中城很可能就是高昌王城,外城则是唐代扩建的西州城。

中唐以后,中原政权不再能有效地控制中亚内陆地区,丝绸之路则常常因政局的动荡不安而阻隔不通。与此同时,海上交通贸易日益繁荣,东西方之间的贸易往来重心开始由中亚陆路转向东南沿海,陆上丝绸之路不再成为东西方交通的唯一通道,但作为区域间的交通,这一路线仍得以持续,沿途的城市也因之继续作为中亚内陆各国各地区的政治、经济、文

---

① 郑炳林:《高昌城诸门考》,《兰州大学学报》1985 年第 4 期。

化中心延续不断。

二 开埠城市

1840年鸦片战争爆发,在英国的坚船利炮的打击下,清政府被迫打开了国门。首先,我国沿海、沿江地区,以及南方珠江流域和东北黑龙江流域被迫开港开埠,从而形成了一系列通商口岸城市(treaty ports)。到清末,这些城市形成了以上海为中心,南北沿海、东西沿江的两条城市轴线,口岸城市共超过一百个。不平等条约、租界、治外法权、协定关税、外资引入等都对这些口岸城市的经济与城市景观产生了深刻的影响。

如果我们按口岸城市的分布进行一个简单的分类,则可以明显看出它们的空间特征:自北而南的口岸城市有,安东(今丹东)、大连、营口、秦皇岛、天津、龙口、烟台、威海、青岛、海州(连云港)、上海、杭州、宁波、温州、福州、厦门、汕头、广州、赤坎、淡水等20个城市,明显地,这些城市都位于东部沿海地区;而自东往西计有上海、苏州、镇江、南京、芜湖、安庆、九江、岳阳、汉口、沙市、宜昌、万县和重庆等13个城市,是为沿江城市。其中,上海既沿海又沿江,兼具两类城市的特点。

由于通商口岸的经济已纳入世界经济体系,经济多为外向型,所以它们的空间分布原则就是对外交通便利,便于与海外国家,尤其是发达的资本主义国家联系。而在18、19世纪,海外联系的主要交通方式为海运,甚至可以说,世界经济的主要联系方式也是海运。因为海运具有运量大、运费低廉的突出优点,所以,在世界范围内毫不例外的是港口城市获得了空前的发展机遇。这也是为什么通商口岸城市大都布局在沿海

第九章
中·外——城市与中外交流

地区的原因。

另一方面,列强强行打开中国的大门,其目的当然是为了从古老的中国攫取巨额的财富。所以,他们也不得不借助中国原有的经济空间格局,才能深入到中国内地,获取更多的利益。事实上,依《南京条约》最早开放的五口通商城市,分别是广州、福州、厦门、宁波和上海。在这几个城市中,广州、福州和宁波分别是省城或府城,都是区域性的政治、经济中心。只有厦门和上海是一般县城,但这两个城市却早在明清时期的对外、对内贸易中占据了重要的地位,成为典型的因商贸发展起来的地区性经济中心。所以说,列强仍十分重视利用中国传统经济地理资源。这样我们就可以理解为什么除了沿海港口城市被辟为通商口岸外,长江沿线的许多重要城市同样也被列入通商口岸。显然是因为明清以来我国长江沿线经济高度发达、人口密集,不仅是沿海城市的巨大腹地,而且还可作为国外商品的倾销地。沿江城市也得到了列强的青睐。

通商口岸城市的崛起,改变了过去我国以内需为主的城市体系,也就是以大运河、长江为轴线的城市分布状况,奠定了现代中国城市分布的空间格局。通商口岸城市的出现,同时也转变了中国传统的城市内部空间结构特点,引起了城市景观的改易。

单岸·双岸

传统的中国城市几乎无一例外的是为单岸型城市。更确切一些,就是城市虽然沿河沿江布局,但并不跨过河岸向对岸发展。

如前所述,中国古代的城市大多是沿江、沿河分布。这些沿江、沿河分布的城市大多位于河岸江边,并且随着城市的不断发展，市区也会逐渐向河边江畔逼近，尤其是城市的商业区多依河岸发展，但是无论如何发展，这些城市总是位于河流的一侧，没有在河流沿岸形成对称的市区。如开埠以前的上海、宁波、南京等这些城市都是这样：上海只在黄浦江左岸发展，尽管它也利用黄浦江的水运，并且位于黄浦江岸边的大东门（现十六铺一带）附近商业发展，热闹非凡，但从未有跨过江去发展的意图。同时，开埠以前的上海县城远离后来的发展轴线苏州河，当时叫吴淞江。因此，它在开埠之前始终是位于黄浦江西岸的一个城市；宁波也是同样。它靠甬江与内陆联系，但也只位于甬江的一侧。南京更是这样，当时被视为天堑的长江，自然限制了南京向对岸发展，不仅如此，长江还成为南京的一道有效防线，以成其"虎踞龙盘"之势。

图 9-2　上海县十六铺景观①

---

① 伍江：《上海百年建筑史（1840—1949）》，同济大学出版社 1997 年版，第 5 页。

第九章
中·外——城市与中外交流

但开埠后,各地的口岸城市随着城市经济的不断发展,城市布局也有所改观,其中最明显的一点,就是双岸城市不但开始出现,而且还渐渐多了起来。

1843年11月17日,上海依约开放为商埠。开埠以后,作为通商口岸,上海地处长江入海口的地位得到加强,黄浦江作为通入长江口的主要水道,地位更加重要。1845年,经多方协商,中国政府将黄浦江西岸、上海县城以北的洋泾浜(延安东路)至吴淞江南岸的李家庄一带划为英租界。最初划定的英租界西以今河南中路(界路)为界,东达黄浦江,洋商们以县城小东门为起点,沿黄浦江西岸向北修建了一系列的店铺洋行以及货栈,形成了外滩的雏形。

与此同时,由于黄浦江过于宽阔,按照当时的技术水平,不可能在江上架桥,难以渡过,所以上海城区并没有即刻越过黄浦江向对岸发展,而是北上,跨过苏州河(时称吴淞江)在其北岸发展。这里面有一个很重要的原因,就是苏州河当时是苏、锡、杭、嘉与上海联系的重要通道,其地位并不逊于黄浦江。甚至可以说,英国人之所以将上海列入通商口岸,更主要是因为上海作为港口所凭依的腹地是中国最富庶的江南地区。

苏州河对岸,也就是北岸的发展,是以美租界的兴建为标志。当时美国圣公会主教文惠廉见苏州河北岸沿江土地辽阔,地价低廉,便擅自租赁土地,建造住宅。1848年文惠廉向上海道台提出以此地作为美国人的居留地,竟获得同意。当时的上海道官员认为,这不过是片荒旷的土地,又远离市区,所以才会轻率答应。但不料,这却成为苏州河北岸发展的契机,更令人意外的是,上海竟因此成为一个跨苏州河两岸的双岸城市。

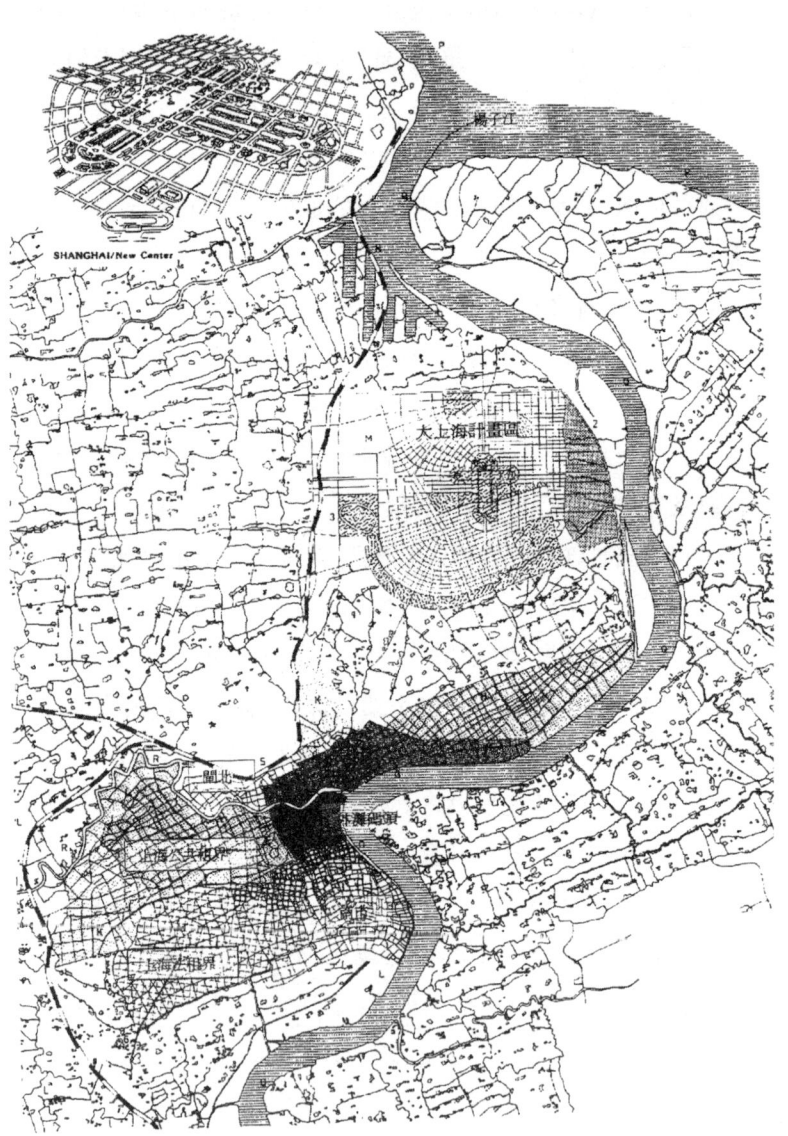

图 9-3 民国时期上海城市空间分布示意图

第九章
中·外——城市与中外交流

这里需要说明的是,苏州河之于上海的重要性,并不是开埠以后才有的。在明清时期苏州河已是联系上海与太湖地区的重要通道。当时,苏州河(那时还称为吴淞江)上船只往来熙熙攘攘,沿江兴起了一些市集。据嘉庆《上海县志》记载,在老闸(康熙十四年修,位于今福建路桥)、新闸(乾隆二年修,位于今新闸路桥)等津渡处都形成了较为繁盛的市集。尤其是新闸市,作为吴淞江下游航运的主要泊船地,镇上有船作、铁铺和商肆,市面兴旺。但仅此而已,那时的吴淞江北岸村舍稀疏,市场寥落,是江南地区常见的河港纵横的乡村原野。

而美租界的开辟全然改变了苏州河沿岸的景观。在这里,城市建成区迅速扩展,并很快与南岸的英租界连为一片,因此英美租界在1863年合并,成立公共租界。到了这个时候,公共租界的苏州河以北地区,北一直抵达虹口一带,东到杨树浦,西面到了周泾(今西藏路),真正形成了以苏州河为轴线的双岸城市。

在苏州河沿岸发展的同时,尽管黄浦江受到水面宽阔、交通不便的制约,但随着上海城市经济的不断增长,对外部市场的依赖不断加强,上海也越来越倚重对外联系的主要通道黄浦江。因此,外商还是将势力渐渐伸向对岸,在浦东抢占岸线,建造码头仓库货栈,开设工厂企业。早在1866年,浦东沿江已有立德成码头、广隆码头、李百里栈、端祥栈等码头仓栈11个。到了1921年,浦东码头数量甚至超过了浦西。

更为重要的是,浦东还陆续出现了一些工厂企业。由于贸易和航运的需要,外商首先在浦东的黄浦江边建立了船舶修造厂。1859年由D.莫海德经营的浦东船厂有四五家之多。此外,一些轻工业企业,如三井花厂、鸿源纱厂、英美烟草公司浦东工厂、燮昌火柴公司、龙章造纸厂、长余肥皂公司等也出现在浦东沿江地区。随着浦东沿江码头、仓栈、工厂的修建，一些通往江边的道路发展起来，如东昌路、陆家渡路、杨家渡路先后建成。但总的来看，黄浦江东岸在20世纪大部分时间仍以传统的乡野景色为主。

图9-4 青岛城市平面示意图①

① 李孝聪：《历史城市地理》，山东教育出版社2007年版，第427页。

第九章
中·外——城市与中外交流

上世纪 90 年代改革开放以后,上海市政府大力发展浦东地区,用了不到十年的时间把这里建成了金融贸易区及出口加工区。所以,从现在的情况来看,上海已经是一个典型的沿黄浦江两岸发展的双岸城市。

宁波也是同样。从宋、元、明的城市图中,宁波(明州)是建筑在姚江和奉化江西岸的城市,虽然随着城区的扩大,城市也在向江岸靠近,但一直位于两江的西岸,而没有跨到江东去发展。道光二十二年(1842 年)《中英南京条约》中将宁波定为五口通商城市之一,遂在宁波设置浙海关,对外商开放。自此,外商进入宁波,紧邻奉化江在东岸建筑商业、住宅区,即著名的江夏区,开展商贸活动,城市遂逐渐发展成跨江的双岸型城市。

功能·分区

由于口岸城市交通便利,它们很快发展成为各个区域的商业贸易中心,城市功能与传统城市大为不同。也因之使得口岸城市的内部空间围绕着商业贸易活动展开,而行政职能则退居其次,甚至成为城市空间中最不受重视的部分。在城市空间以工商业为主导的情况下,城市内部的功能分区逐渐发育,日益凸现。这一点以近代最大的工商业城市上海表现得最为突出。

开埠后,随着城市经济的发展,上海首先因租界的设立,在租界内部形成了外商聚居区,而在各租界交界处,因人员往来频繁,则形成商业贸易发达的工商业区。太平天国时期及其后,租界接纳了大量的躲避战乱的华人,中心区域开始人满为患,有钱的外侨开始逃离市中心,向当时的城市西郊迁移,西郊高级住宅区初具规模。现在徐家汇附近以及静安区、长宁区那些风格各异的别墅,就是那时的遗存。

249

随着京沪铁路的通车,以及租界内部土地紧张,地价居高不下。上海老火车站附近的闸北区,因是新辟地区,地价低廉,并兼有水运之便,所以许多中外厂商在这里挟资办厂。如1904年商务印书馆迁往闸北宝山路,开辟东、西宝兴里。到了1909年,在新闸北面的久成缫丝厂已有工人600余名,协和缫丝厂也有800余名工人,颇具规模。大约在辛亥革命前后,闸北已有缫丝厂、布厂、印刷厂、制革厂、碾米厂、雪茄烟厂、矿质化炼厂、风琴制造厂、肥皂公司、面粉公司、火柴公司等多种工商企业,并且成立了能供给部分地区水电的闸北水电公司。闸北区便成了近代上海最重要的工业区。而在闸北工业区的外围,聚集了大批外地破产贫民,他们靠出卖劳动力为生,生活水平低下,只能靠搭盖窝棚借以栖身,形成大片棚户区。(参见图9-5)

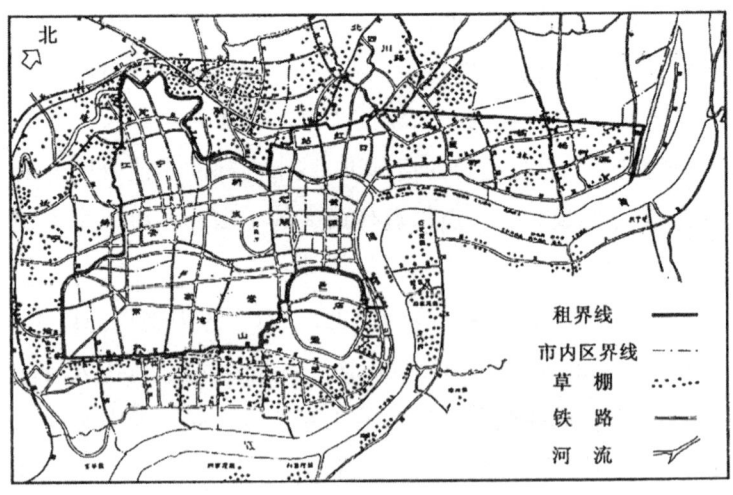

图9-5　上海棚户区分布示意图[①]

[①] 韩起澜:《苏北人在上海,1850—1980》,上海古籍出版社2004年版,第43页。

第九章
中·外——城市与中外交流

事实上,这样的功能分区在近代开埠城市中非常普遍。如北方最大的城市天津,1860年被开辟为通商口岸以后,英、法、美三国援引上海等通商口岸的先例,胁迫清政府将天津城南沿海河的紫竹林地区辟为租界。以后德、日、俄、奥、意、比

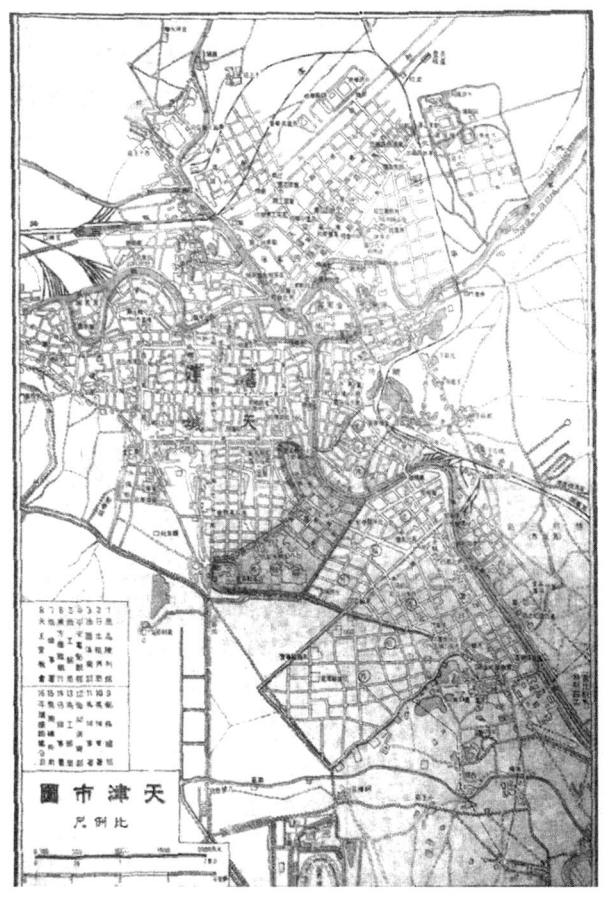

图9-6 天津城市平面示意图①

① 李孝聪:《历史城市地理》,山东教育出版社2007年版,第416页。

等六国也先后在海河南北两岸分别建立了各自的租界。其中,紫竹林段的海河航道河宽水深,便于大型轮船进出与停泊,因此各国洋行和航运企业,争相在这一河段建造仓库和码头,奠定了近代天津港区的基本轮廓。①

此外,通商口岸城市或因交通之便在铁路沿线与火车站附近,或因土地价格低廉在城市外围的乡镇形成新型的工业区,近代工业得以发展。如天津的河北新区,以1902年直隶总督袁世凯批准建设河北新火车站为契机,建设了新式的火车站、道路、工厂、学校和市政管理机构等,迅速发展成天津华界的政治、文化中心及现代工业区。

图 9-7　1868 年上海外滩②

---

① 樊如森:《天津与北方经济现代化(1860—1937)》,东方出版中心 2007 年版,第 281—282 页。
② 仲富兰:《图说中国百年社会生活变迁:市井·行旅·商贸》,学林出版社 2001 年版,第 60 页。

第九章
中·外——城市与中外交流

风情·异域

因为历史原因,通商口岸城市大多都有一个相对集中并独立的外侨居住区。那里的建筑风格往往与中国的传统城市极不相同,带有更多原住国的建筑风格,这对口岸城市的建筑景观有很大的影响。

图9-8 上海法租界景观①

最典型的仍然是上海。沿黄浦江的外滩,有多家外国银行在此修筑西式楼房,形成了各具特色的建筑风格,因此得了一个"万国建筑博览会"的雅称。大连也有这样一个区域,那是在市中心的中山广场周边,西洋风格的建筑群环绕四周,形成了独具特色的城市风貌。

由于侨民的来源不同,所以不同口岸城市的建筑风格迥

---

① 吴亮:《老上海:洋场时光》,江苏美术出版社1998年版,第39页。

异。如哈尔滨的外侨主要是俄国人，所以那里的建筑深受俄罗斯建筑风格的影响，甚至有"小莫斯科"之称。而大连则受俄国和日本的双重影响，建筑风格也兼具两国的特点。不过，尽管后来为日本所控制，但青岛却更多受德国文化的濡染，崂山附近有众多颇具中欧风情的小别墅。

图 9-9　青岛外国医院①

总的来讲，殖民地的城市景观一般会越来越接近宗主国的城市风格。这一点我们在上海外滩的浦发银行营业厅内的天顶画中可以清楚地看出。特别是这些城市的标志性建筑，更具有异国情调。而像上海这样有多个国家租界的城市，从其建筑风格上也可以明显地辨识出各国特色。如黄浦区的英租界的建筑，明显与虹口区日本人聚居区的建筑风格不同。

---

① 仲富兰：《图说中国百年社会生活变迁：市井·行旅·商贸》，学林出版社 2001 年版，第 60 页。

第九章
中·外——城市与中外交流

图 9-10 民国时期上海虹口区景观[1]

城市景观受外国影响的另一个表现,就是道路的命名。在口岸城市中,道路多用外国侨民中的社会贤达命名,这一点就与中国的传统城市区别开来。不过,上海租界区的道路命名,不同租界并不一致,而是各成体系。

英租界自1862年起,开始趋向于以中国各省的省名和城市名来命名道路。经过不长的时间过渡后,1865年起,英租界当局通过严格照行的议案,决定在原英租界内实行南北向的道路以中国的省名命名,东西向的道路以中国的主要城市

---

[1] 吴亮:《老上海:洋场时光》,江苏美术出版社1998年版,第160页。

命名的原则。为了统一，租界当局还特意将旧有的一些道路名称作了调整和更改。这一命名系统在外滩以西的地区表现最为明显，如南北向的云南路、山东路、四川路、河南路、西藏路等，东西向的南京路、北京路、天津路、宁波路、汉口路等。

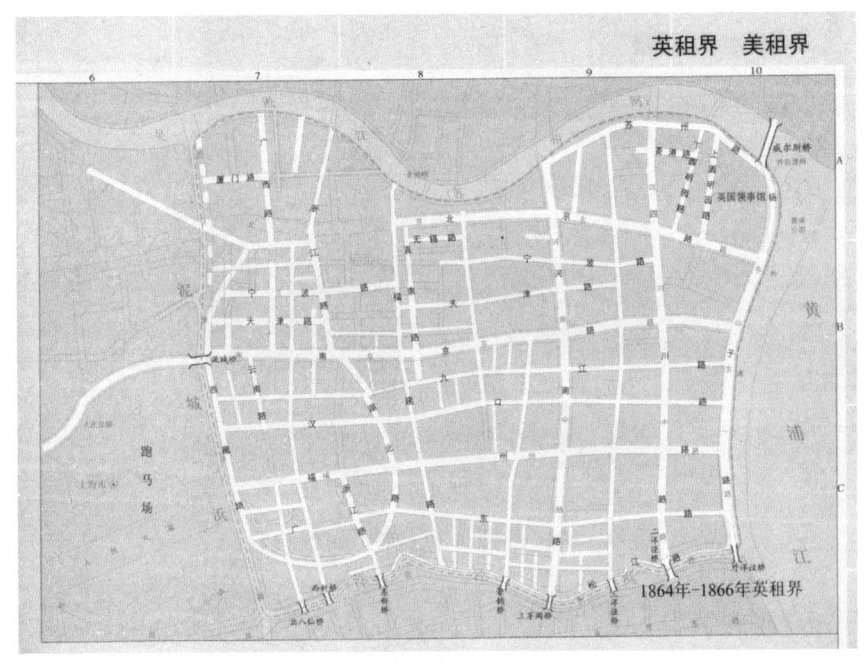

图9-11　上海黄浦区道路系统①

而美租界虽与英租界合并于1863年，但它的道路命名却具有一定的独立性，并不遵循这一规则。甚至在1899年公共租界新拓展的区域内，也不完全实行1865年英租界所制定的命名原则，而是较多地使用了英美人的姓名来命名道路。如

---

① 周振鹤：《上海历史地图集》，上海人民出版社1999年版，第71页。

第九章
中·外——城市与中外交流

现在的汉阳路,当时名为汉壁礼路。汉壁礼是一个英国商人,来沪后靠经营房地产业致富,曾在上海出资兴建了一些学校,故用他的名字命名道路。另有一条蓬路,也称为文监师路,就是今天的塘沽路。无论是蓬路还是文监师,实际都是指 William Jones Boone。此人是奠定美租界的那个牧师,当然值得纪念。另外,还有戈登路,就是现在的江宁路。戈登,了解太平天国历史的读者大多知道此人,就是那位参加镇压太平军的常胜军首领。

上海的法租界使用的则是另一套道路命名系统:在最初的租界范围内,主要利用了中国街巷的名称资源,如公馆马路(今金陵路)两侧由于毗邻县城,所以多采用与县城立意相近的街巷名称,如永安路、老北门大街(今河南南路)、典当街(今金门路)、带钩桥街(今山东南路)、磨坊街(今盛泽路)等等,以示尊重中国原有文化,这倒是法国殖民者一以贯之的文化策略。不过,在 1900 年第二次扩张的范围内,也就是周泾以西的地区,开始实行以中国的山川名称命名道路的原则:南北向的道路用山名,东西向的道路用江河之名。如南北向的有天山路、泰山路、华山路、嵩山路、衡山路等,而东西向的有洋泾浜路(今延安中路)、吴淞江路、黄河路、珠江路等等。只是这一命名原则贯彻得并不好,因为后来法国人又在新扩张出来的租界内以法国人名命名道路。如今天的东湖路当时称杜美路,是为纪念 1896—1905 年时任法属印度支那总督的杜美将军。此人对上海的法租界有过贡献,曾派出安南巡捕充实上海法租界的巡捕房,后来又于 1931 年出任法国总统。今天的香山路,当时称莫利爱路,就是以那位著名的、写了不少喜剧的法国剧作家莫里哀之名命名的。今天的巨鹿路,当时名为巨籁达路，是纪念1901—1909年间任法国驻沪总领事巨籁达。民国时期演绎过许多可歌可泣故事的著名的霞飞路，也就是今天的淮海中路，也是纪念一战时一位法军将领。甚至法租界当局还将原来以山川命名的道路改用法国人名，如雅砻江路改为葛罗路（今嵩山路），葛罗是第二次鸦片战争中法国驻华特使，曾与清政府签订了《中法天津条约》和《中法北京条约》。衡山路改为萨坡赛路（今淡水路），而萨氏曾担任过法租界公董局的总董。

　　通商口岸城市固然根植于传统的商业据点，但通商口岸的港埠设计及都市规划，无疑是一种西方模式。德人在青岛，英人在香港、上海、厦门等的都市设计都是显例。这些新兴都市与传统城市景观大不相同，它所代表的文化意义与传统中国城乡一致性的文化也有不同特质。这就像R. II. Tawney所说的："是镶饰在老式长袍四周的新式花边。"